郑州大学当代资本主义研究中心资助

河南省哲学社会科学规划项目（编号：2017BZZ007）

河南省高等学校哲学社会科学应用研究重大项目（编号：2018-YYZD-15）

郑州大学政治学丛书

Zhengzhou University Political Science Series

当代中国社会组织治理研究

孙发锋 / 著

中国社会科学出版社

图书在版编目(CIP)数据

当代中国社会组织治理研究 / 孙发锋著 . —北京：中国社会科学出版社，2019.12

（郑州大学政治学丛书）

ISBN 978-7-5203-5522-3

Ⅰ.①当… Ⅱ.①孙… Ⅲ.①社会组织管理—研究—中国 Ⅳ.①D669.3

中国版本图书馆 CIP 数据核字（2019）第 245698 号

出版人	赵剑英
责任编辑	赵 丽
责任校对	季 静
责任印制	王 超

出　　版	中国社会科学出版社
社　　址	北京鼓楼西大街甲 158 号
邮　　编	100720
网　　址	http://www.csspw.cn
发 行 部	010-84083685
门 市 部	010-84029450
经　　销	新华书店及其他书店
印　　刷	北京明恒达印务有限公司
装　　订	廊坊市广阳区广增装订厂
版　　次	2019 年 12 月第 1 版
印　　次	2019 年 12 月第 1 次印刷
开　　本	710×1000 1/16
印　　张	17.75
字　　数	251 千字
定　　价	79.00 元

凡购买中国社会科学出版社图书，如有质量问题请与本社营销中心联系调换
电话：010-84083683
版权所有　侵权必究

总 序 一

2016年5月16日，习近平总书记在哲学社会科学工作座谈会上的重要讲话中呼吁包括政治学在内的哲学社会科学创新，这对充分体现新时代中国特色、中国风格、中国气派的政治学的发展，提出了新的更高的要求。

什么是政治学？在弄清什么是政治学之前，需要先弄清什么是政治。早在1940年，毛泽东在《新民主主义论》中就指出："一定的文化（当作观念形态的文化）是一定社会的政治和经济的反映，又给予伟大影响和作用于一定社会的政治和经济；而经济是基础，政治则是经济的集中的表现。这是我们对于文化和政治、经济的关系及政治和经济的关系的基本观点。那末，一定形态的政治和经济是首先决定那一定形态的文化的；然后，那一定形态的文化又才给予影响和作用于一定形态的政治和经济。"毛泽东这段著名论述告诉我们，一个大社会，是由经济、政治、文化三个部分组成。经济是基础，经济基础决定上层建筑，不仅决定政治的上层建筑，而且进而决定文化的上层建筑。但政治是经济的集中表现，在一定条件下，政治对经济、政治的上层建筑对经济基础又起着决定性的反作用。一定形态的政治又与一定形态的经济一道首先决定一定形态的文化。所以，一定的政治在一定的社会形态中，占有十分重要的不可替代的作用。

为了进一步弄清什么是政治学，让我们进一步从习近平总书记"5·17"讲话中寻找答案。习近平总书记指出："马克思主义理论体系和知识体系博大精深"，"涉及历史、经济、政治、文化、社会、生态、科技、军事、党建等各个方面";"中国特色哲学社会科学"应该"体现系统性、专业性。中国特色哲学社会科学应该涵盖历史、经济、政治、文化、社会、生态、军事、党建等各领域，囊括传统学科、新兴学科、前沿学科、交叉学科、冷门学科等诸多学科，不断推进学科体系、学术体系、话语体系建设和创新，努力构建一个全方位、全领域、全要素的哲学社会科学体系"。在列举的所有学科中，习近平总书记没有直接讲到法学，这决不是总书记的疏漏。法学本身不是一个领域，它仅是渗透到社会各个领域的一个工具，是阶级斗争的工具，是阶级意志的体现。法学也十分重要。但在总书记的讲话中，法学在哪，我个人理解，法学在政治学的涵盖之中。

无论从毛泽东的论述，还是习近平的论述，都说明我们不能把政治学的内涵理解得过于狭窄甚至偏颇。政治学的研究领域十分广阔，其研究对象应该是经济、政治和文化这三者组成中的"政治"即也可以称之为"大政治"，应是与历史、经济、文化、社会、生态、军事、党建等各个领域相并列的政治领域，而不是仅仅限定于公共政策、公共管理、人事管理、社会调查与社会统计等方面的"小政治"。具体而言，政治学就是研究群众、阶级、领袖、政党、国家、政府、军队、法律以及统一战线、战略策略等方方面面发展变化着活动及其联系并上升到规律和本质的学问。仅仅研究公共政策、公共管理、人事管理、社会调查与社会统计等方面的"小政治"学，既不能有效地为坚持和发展中国特色社会主义服务，又不利于中国特色、中国风格、中国气派政治学的创新发展。

政治学作为治国理政的学问，其研究应当顺应历史趋势、围绕时代主题、坚持问题导向、满足人民期待。新时代中国政治学的创新需要适应新形势新任务的要求，紧随时代步伐，站在历史高度，坚持正确的政治方向、理论方向和学术方向，从理论与实践的结合上总结和提升马克思主义中国化的经验，在与政治建设和政治发展的互动中繁荣发展中国特色、中国风格、中国气派的政治学。

中国政治学研究的根本任务是为坚持和发展中国特色社会主义政

总序一

治制度服务，把马克思主义的基本原理与当今世情、国情、党情相结合，不断解决坚持中国特色社会主义政治制度和依法治国中的重大理论问题和实践问题。在经济全球化、政治多极化、文化多样化、社会信息化的当今世界，在改革开放和中国特色社会主义现代化建设的关键时刻，政治学研究者应该进一步增强责任感和使命感，坚定马克思主义信仰、坚定正确的政治立场、坚持理论与实践相结合，把政治学放到世界和中国发展大历史中去创新，着力建构中国特色社会主义的政治学。

郑州大学政治学团队正是立足"大政治学"的研究视野，服务国家和区域经济社会发展，着力研究"互联网国际政治学""政治安全学""文化政治学"，并取得了阶段性的丰硕成果。其中，余丽教授经过多年潜心研究出版了一部开创性学术著作《互联网国际政治学》，并入选2016年度"国家哲学社会科学成果文库"，这在一定程度上填补了业界空白，对我国国际政治学科的建设和发展都具有较为重要的作用。在郑州大学政治学学科荣获河南省重点学科之际，郑州大学政治学学科团队出版"郑州大学政治学丛书"，助力推进郑州大学"双一流"建设。

李慎明

2019年7月于北京

总 序 二

政治学是研究社会政治关系及其发展规律的学问，改革开放四十年来，在党和政府领导下，在前辈学者开拓和建设的基础上，在政治学同仁的共同努力下，政治学已经成为我国哲学社会科学领域的重要学科，成为我国治理现代化建设的支撑学科，培养了一大批治国理政和政治学学术人才。

在习近平新时代中国特色社会主义思想指引下，构建具有科学性、民族性、原创性、时代性和专业性的中国特色社会主义政治学学科体系，建设具有中国特色、世界水平的一流政治学学科，是新时代政治学学科发展和建设的目标之所在。

同时，我们清醒认识到，我国政治学学科发展和建设面临的任务相当艰巨，所涉及的内容和范围也十分广泛。从宏观来看，按照社会科学发展的基本规律，任何一门社会科学学科的发展，首先集中在学科基本理论的发展和突破，研究方法的更新和扩展，重要研究领域的选择和深化这三个方面。按照这一基本规定性，可以认为，我国政治学的学科发展，应该把着眼点放在基础理论的深化发展、研究视角和方法的拓展以及具有重大现实和实践价值的领域确定和研究方面。这就要求我们首先要基于时代的发展和政治实践的进步，深入研究政治学的基本理论问题，以期在政治学基本理论研究方面取得突破性进展，进而形成具有相对成熟和科学的政治学基本理论。其次，在马克思主义政治理论和方法指导下，围绕政治学基本理论问题，结合时代和实践，针对新时代中国特色社会主义现代化和改革开放事业发展提出的重大实践问题，展开深入研究，力求获得重大突破。再次，需要对中国特色社会主义政治实践形成的经验加以总结提炼，上升为政治学的理论形态。

政治学本质上是经世致用之学。政治学的生命力不仅在于其学术价值和理论价值，更在于其实际应用价值，这是政治学研究保持强大生命力的源动力。在这其中，尤为重要的是，我国政治学研究应该特别关注中国社会和政治发展的独特性。中国作为具有五千年文化传统的东方文明古国，作为中国共产党领导人民在半殖民地半封建社会基础上建设起来的社会主义国家，作为从传统计划经济转向社会主义市场经济的国家，它的社会、政治、经济、文化诸方面都具有自身的特殊属性，其发展和变革在人类社会文明发展史上亦具有独特之处，其在发展和变革过程中面临的许多问题，更是史无前例。这些独特之处，既是我国政治学学科发展和建设的巨大挑战，又为政治学科的发展和建设带来了独特机遇。

中国特色社会主义发展的新时代，为我国政治学人提供了前所未有的广阔舞台，也呼唤着政治学研究者的新探索、新理论、新创造和新贡献。作为习近平新时代中国特色社会主义事业发展的纲领性文件，十九大报告具有鲜明的政治特性，集中展现了中国共产党人新时代锐意开拓发展的中国立场、中国气派、中国风格和中国智慧，周详阐述了新时代中国特色社会主义政治建设和发展的目标任务、总体布局、战略布局、发展方向、方式动力和实际步骤，是新时代中国政治学发展前行的航标和指南针，确立了中国政治学研究的历史方位、根本依据、指导思想、人民属性、主要命题、总体目标、核心精髓以及重大使命。

在新时代的历史方位下，我国政治学人应该坚持辩证唯物主义和历史唯物主义，以人类社会历史发展为宏远视野，以习近平新时代中国特色社会主义思想为指导，根据中国社会主义经济政治社会的历史发展变化，深入研究共产党执政规律、社会主义社会政治建设规律和人类社会政治发展规律，紧紧把握"新时代治理什么样的国家和怎样治理这样的国家"这一重大时代和实践课题，从政治意义上分析和定性新时期、新阶段和新时代的各种矛盾，推进人民民主与国家治理的有机结合，为深入研究中国特色社会主义新时代的治理模式和深入探索中国特色社会主义政治发展道路贡献智慧和力量。

郑州大学政治学团队坚持本土化与国际化相结合，立足扎根中国的深厚土壤，以中国的实际问题为首要关切，着力研究"互联网国际政治学""政治安全学""文化政治学"，已经取得了阶段性成果。其中尤其值得一提的是，本学科带头人余丽教授的专著《互联网国际政治学》入选2016年度"国家哲学社会科学成果文库"，对学术前沿问题互联网国际政治学、网络空间政治安全管理进行了探索性、战略性、前瞻性的基础理论研究和应用研究，研究报告多次被中共中央和国务院相关部门采纳。

在郑州大学政治学学科荣获河南省重点学科之际，郑州大学政治学学科团队出版"郑州大学政治学丛书"，相信必将助力推进郑州大学的"双一流"建设，必将助力我国政治学科的发展和建设。为此，特联系我国政治学科发展的时代和实践使命，以序志贺，并且与全国政治学界同仁共勉！

王浦劬
2019年8月于北京

目 录

社会组织行政化

去行政化：推动中国民间组织发展的根本举措 …………… （3）
中国民间组织"去行政化"改革的障碍及消除 …………… （13）
中国民间组织"去行政化"改革：反思与建议 …………… （23）
国内社会组织行政化研究述评 …………………………… （36）
依附换资源：中国社会组织的策略性生存方式 …………… （50）

社会组织政策参与

政策参与视野下的中国民间组织发育问题探析 …………… （67）
中国社会组织政策参与的主要特征 ………………………… （75）
社会组织影响政策过程的应然条件 ………………………… （83）
中国社会组织影响政策过程的实然条件 …………………… （94）

社会组织监管

选择性扶持和选择性控制：中国社会组织
　　管理体制改革的新动向 ………………………………… （107）
中国社会组织登记管理制度改革——基于地方创新的视角 …… （124）

去营利化：中国社会组织发展的必然要求 …………………（136）
禁止社会组织营利化的域外经验及对中国的启示 ……………（147）
中国政府向社会组织转移职能：机理、模式与特点 …………（158）
中国社会组织承接政府职能转移：问题与对策 ………………（168）

慈善组织规制

信息公开：中国慈善组织公信力建设的突破口 ………………（179）
中国慈善组织行政化的根源、危害及对策 ……………………（189）
第三方评估：中国慈善组织公信力建设的必然要求 …………（200）
中国慈善组织公信力的缺失与重塑 ……………………………（211）

境外非政府组织管理

涉外民间组织对中国国家安全的影响及对策 …………………（225）
在华境外非政府组织营利化的根源及对策 ……………………（233）
美国基金会的创新功能及其对中国的启示 ……………………（243）
大合作、小冲突：在华境外非政府组织与
　中国政府关系的基本态势 ……………………………………（257）

后　记 …………………………………………………………（272）

社会组织行政化

去行政化：推动中国民间组织发展的根本举措[*]

中华人民共和国成立后的一段时期里，由于对马克思主义的错误理解、对社会主义认识上的偏差和国家政策的失误，导致社会国家化，国家过多地干预和压制社会，社会失去应有的自主性。在国家与社会高度统合的情况下，所有的经济与社会资源都由政府及其附属机构以"公有"的名义进行统一配置和使用，社会活动也完全由各级各类国家机关直接组织并统一管理，因而，在这一时期里，中国缺乏独立于政府之外的民间组织。改革开放后，随着国家权力持续下放，国家与社会逐渐分离。由此，中国民间组织赖以存在的条件不断具备，生存空间不断拓宽。但是，在路径依赖的作用下，中国民间组织也沾染上了旧体制的缺点，即民间组织行政化。如同有学者所指出的，中国民间组织"在不同程度上继承了计划体制的'遗产'，行政化运作方式和'官'方思维仍然困扰着新生事物，限制着它的发展"[①]。因此，去行政化是中国民间组织健康发展的必然要求，它不仅有利于政府职能转变、民主政治建设，而且有利于民间组织回归其原本的性质和功能定位，更好地服务于公众、服务于社会。

---

[*] 原载《理论与改革》2010年第4期，人大复印报刊资料《中国政治》2010年第11期全文转载，收录时有改动。

[①] 郭道久等：《杜绝"新人"患"老病"，构建政府与第三部门间的健康关系》，《战略与管理》2004年第3期。

一 中国民间组织的行政化

学者们普遍认为，民间组织具有自愿性、自主性、非政府性等本质属性。这意味着，民间组织在体制和组织上独立于政府之外，与国家政治与行政系统无直接隶属关系，且在组织内部建立民主治理机制。然而，受行政化的影响，中国民间组织处于"准政府组织"的境地。无论是在人员构成、经费来源、组织结构方面，还是在运作规范、活动方式等方面，中国民间组织都体现出强烈的行政色彩。这种现象用田凯的话来说，就是"组织外形化"[①]，即民间组织仅具有外在形式，而实际运作机制并不符合其本质要求。

当前，中国民间组织行政化正以多种方式表现出来。首先，政府在民间组织成立过程中居于关键地位。多数民间组织是基于政府的工作需要成立的，或者是由于转变政府职能的需要，或者是由于精简机构、分流人员的需要。例如，292个全国性行业协会，全部为政府所创办；广东省112个省级行业协会中有103个由政府倡议成立[②]。由于这种历史渊源，许多民间组织与政府部门存在着密切联系。其次，民间组织与政府组织具有一定的同构性。许多民间组织与政府部门一样，具有一定的行政级别，占有行政编制，组织支出由财政负担。再次，民间组织与政府组织在价值理念上雷同。作为一种自治组织，民间组织内部本应体现着平等自治的契约关系，体现着友爱精神和奉献精神。而行政化的民间组织内部等级与身份关系发达，以权力为核心的利益关系明显，组织运行主要依靠行政控制，上领导下，下服从上，因此，其内在精神气质和价值理念与科层化的政府组织并无二致。最后，民间组织成为政府部门的附庸。许多民间组织的负责人表面上是组织选举产生，实际上往往由政府部门指派。有关调查表明，

[①] 田凯：《组织外形化：非协调约束下的组织运作》，《社会学研究》2004年第4期。
[②] 贾西津等：《转型时期的行业协会——角色、功能与管理体制》，社会科学文献出版社2004年版，第124页。

有2/3的民间组织的干部或者直接来源于业务主管部门的派遣和任命，或者由组织提名再通过业务主管部门批准[①]。结果，这些组织没有活动主动权，开展什么活动，怎样开展活动都取决于业务主管单位的意见。

中国民间组织行政化的原因是多方面的。

第一，民间组织的生存资源匮乏，导致一些民间组织主动依附行政组织。一般来说，民间组织的收入来源主要包括社会捐赠、政府资助、商业收入三个部分。企业和个人向民间组织捐赠的税前扣除比例过低和可以出具捐赠减免税凭证的民间组织数量过少，导致公司及个人捐赠的积极性不高，民间组织的捐赠收入较低。长期以来，人们普遍认为，民间组织应该致力于赔本的事业，是不能营利的。因此，中国民间组织通过经营活动获取商业收入的能力偏低。而随着民间组织活动范围的不断扩大，提供的产品和服务越来越多，它所耗费的资源也日益增多，许多民间组织由此陷入了资金困境。一项调查显示，41.4%的中国民间组织认为资金问题是制约它们发展的瓶颈，缺乏资金在总共列出的12项困难中被排在第一位[②]。在这种情况下，一些民间组织自愿接受行政干预，主动挂靠在有关政府部门之下，以争取更多的体制内资源，获取更多的政府资助和财政支持。

第二，强迫民间组织找"婆家"（业务主管单位）的做法，使民间组织不得不靠近党政机关，接受行政系统的吸纳，利益取向呈现"官附性"特征。由于业务主管部门要对挂靠在其名下的民间组织负政治领导责任，其必然要对民间组织的各项活动进行干预。正如有学者所指出的，民间组织需要与相应行政级别的政府部门结成业务管理的关系，意味着它从成立之初就可能依赖于其业务主管单位，造成了

---

① 邓国胜：《非营利组织评估》，社会科学文献出版社2001年版，第48页。
② 王名主编：《清华发展研究报告2003：中国非政府公共部门》，清华大学出版社2004年版，第73页。

民间组织独立性先天就弱，业务主管单位的控制力先天就强①。

第三，登记注册的高门槛为政府支持的、具有官方背景的民间组织的发展提供了便利，制约了行政化色彩较淡的草根组织的发展。按照有关规定，成立民间组织需要同时满足许多限制性条件，包括会员数量、资产经费、民事能力、固定场所、专职人员等。注册登记的高门槛意味着只有自上而下的民间组织才能完全满足登记注册的限制性条件，而对草根组织来说，获取登记许可则是一种奢望。有关数字表明，在全国登记的民间组织中，行政色彩较浓的行业协会占民间组织的总量接近一半，近年来发展较快的也是行业协会，每年的增长率大概在10%以上，而联谊类的组织则有减少的趋势②。长此以往，行政化民间组织在中国民间组织总量中占支配性地位的局面就不会得到根本扭转。

第四，非竞争性原则进一步增强了民间组织的行政色彩。所谓非竞争性原则，是指同一行政区域内已有业务范围相同或者相似的民间组织，登记管理机关认为没有必要再成立的，将不予批准筹备或登记。这一制度性规定是传统计划经济体制下的行政管理模式在民间组织管理上的复制，制约了民间组织的独立发展。因为它不仅人为地造成官方民间组织的垄断地位，而且为草根组织的设立造成法制上的障碍，结果，民间组织不能以竞争方式提高自身能力、祛除行政化色彩，即不能以"增量改革"的方式实现民间组织的民间化。某些行政化的行业协会人员和知识结构老化，企业认同度低，在行业内没有代表性，不能适应新形势的要求，但是根据非竞争原则确立的"一业一会"的要求，草根性的行业组织难以获得法律认可，也就难以替代这些行政化的行业协会。例如，官方色彩较浓的天津市服装协会对天津市服装行业的企业服务有限，企业也不太信任它们，但是按照非竞争原则，民间性质的天津服装商会处于无法进行法人登记的地位③。

---

① 李珍刚：《当代中国政府与非营利组织互动关系研究》，中国社会科学出版社2004年版，第121页。

② 王名主编：《中国民间组织30年》，社会科学文献出版社2008年版，第79页。

③ 俞可平等：《中国公民社会的制度环境》，北京大学出版社2006年版，第252页。

第五，民间组织的重大活动请示报告制度和年度检查制度不利于民间组织保持独立性和自主性。而政府部门对民间组织的控制必然导致民间组织依赖政治体系。为了顺利实施重大活动请示报告制度和年度检查制度，现行法规还规定了相应的罚责，如撤销或吊销民间组织的登记许可证。但是，有关法律对这些罚则的规定相当模糊、笼统，导致政府部门的行政裁量权过大，这进一步强化了政府部门对民间组织的主导权，增强了民间组织的依赖性。

第六，不适当的民间组织扶持政策，加剧了民间组织的行政化。政府部门为了扶持某类民间组织，赋予其部分行政管理权，结果，这些民间组织以非政府的名义行使着部分政府权能，导致它们的职能范围不清，目标定位不清。在实践中，这些民间组织通常以行政机构自居，甘心充当"二政府"，偏重于对组织成员的管理，而不是偏重于为组织成员服务，为社会公众服务。这一点在行业协会身上表现得很明显。行业协会在发展中得到了政府赋权，可以行使部分行业管理权，这导致行业协会的行政化色彩非常突出。一项调查显示，在温州，77.4%的行业协会认为行业组织和管理是行业协会最重要的职能[①]。

二 行政化是制约中国民间组织发展的重要障碍

民间组织行政化是在经济体制改革不到位、政治与行政体制改革缓慢的特定条件下形成的一种畸形的非常态现象。无论从民间组织社会功能的发挥、社会公信力的提高方面来看，还是从民间组织的自身建设、去营利化方面来看，行政化都是民间组织良性发展的主要制约因素。

---

① 郁建兴、黄红华、方立明：《在政府与企业之间：以温州商会为研究对象》，浙江人民出版社2004年版，第288页。

第一，民间组织的行政化妨碍了民间组织社会功能的发挥和提高。行政干预频繁使政府主导民间组织的各项活动，进而使其独立性差，依赖性强。在这种情况下，民间组织不能以平等的身份参与政策过程，不能以独立的姿态代表公众参与，也就难以代表多元化的民间立场向决策者表达根据独立判断所得出的政策诉求，而是一味强调与政府决策者保持一致，一味附和、迎合决策者的政策见解，成为政府的传声筒和代言人。事实正如一位学者所说的：民间组织依附于政府行政机关，过滤了公众的声音，抑制不同意见的提出，从而制约公众决策参与的范围和质量，甚至使决策参与流于形式；民间组织的行政化打破了它与政府间原本平等互动的常态关系，使之在利益诉求方面有所顾忌，或言不及义，或言不由衷[①]。行政化除了削弱民间组织的政策倡导功能外，还降低了民间组织的公共服务功能。行政化的民间组织与政府部门关系密切，利用这种关系，它们承揽了大量业务。由于行政化民间组织的业务竞争不是靠质量、信誉，服务供给不是由社会需要和市场需求决定的，导致这些组织提供的服务质量差、服务效率低下。

第二，民间组织行政化容易导致民间组织营利化。一般来说，行政化民间组织与业务主管部门的关系不规范，或资产不清晰，或债权债务关系不明确，或民间组织充当业务主管部门的"小金库"。在这种情况下，民间组织与挂靠单位容易结成利益共同体，双方配合默契，各取所需，即民间组织在为本单位甚至个人谋取私利的同时，也为挂靠单位捞取好处。近年来，新公共管理运动的理念、做法与经验在中国得以传播，中国的公共服务民营化方兴未艾。这意味着，民间组织获得了参与提供公共产品的机会。为了与政府合作获取更多的体制内资源，特别是为了获取超额利润，一些民间组织力图向挂靠单位"寻租"，甚至不惜以行贿的方式在官僚机构内部扩展人际关系，从

---

① 杨朝聚：《我国非营利组织的行政化及其影响》，《华北水利水电学院学报》（社会科学版）2007年第6期。

而引发了廉政建设问题。例如，个别行政色彩较浓的商会在招商引资过程中，搞了一些非常下作的手段，导致政商关系不清，沦落为"腐败中介"。这说明，在某种情况下，行政化会强化营利化。营利化是民间组织对自身宗旨和原则的背离，不利于民间组织的持续发展。

第三，民间组织行政化损害民间组织的社会公信力。由于种种原因，中国民众对民间组织有着根深蒂固的不信任。一项调查显示，90%以上的人在面临问题时倾向于找政府解决，并对党和政府有着高度的信任，相反，只有3%的人遇到问题寻求民间组织解决，一半以上的人对私人、社会属性的东西不信任[①]。因此，提升民间组织的整体形象、累积民间组织与公众之间的社会资本是促进民间组织发展的关键环节。然而，行政化的民间组织以行政手段处理内部事务，官僚主义严重。例如，国家内贸局、国家煤炭工业局等9个国家局改成行业协会后，"官服"易脱，"官架"难丢，"官本位""命令式"和"垄断式"的思维和行为在其日常中难以割舍[②]。另外，行政化的民间组织主要为政府服务，对政府负责，忽视或难以代表相关方面的利益和愿望，必然导致其脱离社会基层民众。例如，行政化民间组织的机构设置不以服务对象的需要为导向，而是围绕政府机关而聚集。这些都使民间组织丧失必要的社会信任和公众基础。

第四，民间组织行政化不利于民间组织的自身建设。主要表现是：其一，行政化使民间组织将处理好与政府的关系作为首要任务，无暇顾及或不重视自身建设。其二，行政化降低了民间组织的社会吸引力和民间合法性，导致服务对象不积极参加民间组织的各项活动。例如，在广东，112家省级行业协会中，仅有5家协会的行业覆盖率在50%以上，其他省级行业协会都在10%以下[③]。2007年，重庆市

---

① 贾西津主编：《中国公民参与：案例与模式》，社会科学文献出版社2008年版，第15页。

② 郭道久等：《杜绝"新人"患"老病"，构建政府与第三部门间的健康关系》，《战略与管理》2004年第3期。

③ 贾西津等：《转型时期的行业协会——角色、功能与管理体制》，社会科学文献出版社2004年版，第124页。

政府出台文件，要求政府与民间组织在人员、资产、利益、办公场所和职能等五个方面彻底脱钩，此举促进了民间组织实力和规模的壮大。例如，"去行政化改革"后，重庆典当协会会员的缴费积极性提高，会员的数量也大幅度增加[①]。正反两方面的对比凸显了行政化对于民间组织持续发展的阻碍作用。其三，行政化的民间组织内部缺乏民主治理机制和自治制度，存在家长制和形形色色的特权现象，妨碍了组织成员积极性和创造性的发挥。其四，行政化使民间组织的工作职能扭曲，因此，行政化程度与民间组织的组织绩效负相关，行政化程度越高的民间组织，其组织绩效越低下[②]。其五，"二政府""准政府组织"不利于调动社会成员的志愿精神和公益精神，导致中国社会的志愿参与处于较低的水平上，进而妨碍民间组织获取必要的人力资源和物质资源。

三 去行政化的具体思路

上述分析表明，行政化已严重制约了中国民间组织的健康发展。因此，去行政化改革是促进中国民间组织健康发展的重要条件。当前，可采取以下措施推动中国民间组织的去行政化改革。

第一，多元化民间组织筹集资金渠道，提高民间组织筹集资金的能力。资金来源单一使中国民间组织主要着眼于争取上级领导的重视，以争夺财政资源。因此，中国民间组织具有严重的财政依赖倾向。财政依赖使民间组织具有行政化的内在冲动，直接造就了民间组织对政府强烈的依附性。正是从这个意义上，笔者认为，多元化民间组织的筹资渠道，才能持续保持民间组织的独立性和自治性。

为此，要加强社会捐赠法制法规建设，保护捐赠方的合法权利，

---

① 廖青兰：《重庆民间社团"去行政化"的烦恼》，《中华工商时报》2007年8月2日第9版。
② 尹海洁、游伟婧：《非政府组织的政府化及对组织绩效的影响》，《公共管理学报》2008年第3期。

明确规定捐赠方申请减免税的条件、范围和数量,并逐渐扩大减免限额。同时,要建立民间组织强制性信息披露规则,督促民间组织履行基本信息公开义务,督促民间组织将服务成本、捐款使用、行政性开支等基本信息通过指定的渠道、方式公开。唯其如此,才能提高民间组织的捐赠收入。另外,要鼓励民间组织通过适度商业活动获取资源。对于民间组织进行的与宗旨有关的商业活动和经营活动,应切实给予它们免税待遇,从而使民间组织可以通过从事一些经营性质的活动来扩大运作资金。

第二,完善民间组织内部治理制度。民间组织最重要的内部治理机制是理事会。理事会代表社会利益,它可以保证民间组织的所作所为对社会负责,保证民间组织完成自己的使命。"但是这一机制在中国不存在。从总体上来说,无论是官办 NGOs 还是草根 NGOs,都没有货真价实的理事会"[1]。因此,要建立健全完善的理事会制度,使理事会成为民间组织的最高决策机构。具体办法是:完善民主程序,保证民间组织成员的民主选举权利;限制举办者及其代理人在理事会中的人数;完善监事会制度,强化监事会对民间组织财政收支状况的监管;建立理事会决策失误追究责任制度;建立弹劾民间组织负责人制度,等等。通过这些措施在民间组织内部形成多元制衡机制,使民间组织真正成为自我管理、自我约束的自治组织。

第三,改革双重管理体制。如前所述,双重管理体制使民间组织处于政府的直接控制之下,成为政府的附庸。因此,改革双重管理制度是民间组织去行政化改革的重要内容。改革双重管理制度可以分两步走。第一步,首先确立"分类管理"的基本原则,对那些专业性极强的或者享有国家正式编制的民间组织仍然应当坚持双重管理制度,但应当合理划分民政部门和业务管理部门各自的职责,避免重复

---

[1] [美]丽莎·乔丹、[荷兰]彼得·范·图埃尔主编:《非政府组织问责:政治、原则与创新》,康晓光等译,中国人民大学出版社 2008 年版,第 133 页。

管理和留下管理空白,而对于一般的民间组织可以通过试点,逐步实行民政部门的单一管理体制。第二步,在前期改革的基础上,提高民间组织管理机关的行政级别,"像设立国家证券监督管理委员会或国家银行监督管理委员会那样,设立直属于国务院的'国家民间组织监管委员会'"①。

  第四,限制领导干部在民间组织任职兼职。领导干部在民间组织任职兼职不仅不利于民间组织保持独立的法人地位和非政府特征,而且容易将政府机关的运作规范和管理方式带入民间组织内部,使民间组织官僚化。为此,党和政府先后下发了多个规范性文件,要求限制党政机关领导干部、现职公务员在民间组织任职兼职,对于保持民间组织的人事权独立起到了重要作用。但是,这些文件都具有一定的弹性,表现在,这些文件规定,特殊情况下,领导干部可以在民间组织任职兼职。由于开了这样一个口子,"仍有大量现职党政领导干部按照所在民间组织的章程履行规定程序后,兼任民间组织领导职务"②。因此,当务之急是要进一步明晰"特殊情况"的具体内涵,更加严格的限制领导干部在民间组织任职兼职,切实将党和政府的有关文件精神落到实处。

  第五,完善相关配套措施,减少去行政化改革的阻力。民间组织工作人员的户籍、工资、职称、养老、医疗、失业、子女教育等问题关系到他们的切身利益。这些问题如果不解决,民间组织工作人员就会向往"公务员编制""事业编制",因为这些问题与编制问题直接相关。因此,要建立起一套合理的民间组织工作人员的职称、养老、医疗、失业制度,并使它与政府有关部门的相关政策相协调,以抑制民间组织行政化的内在冲动。同时,政府要切实转变职能,将不适合自己承担的职能转交给民间组织,不断拓展民间组织的发展空间;民间组织要增强服务能力,不断拓展适合自身发展的业务。否则,去行政化改革不可避免地要发生回潮,改革的结果就不会巩固。

---

① 俞可平等:《中国公民社会的制度环境》,北京大学出版社2006年版,第42页。
② 王名主编:《中国民间组织30年》,社会科学文献出版社2008年版,第128页。

中国民间组织"去行政化"改革的障碍及消除[*]

受行政化的影响，中国民间组织处于"准政府组织"的境地。无论是在人员构成、经费来源、组织结构方面，还是在运作规范、活动方式等方面，中国民间组织都体现出强烈的行政色彩。这种现象用田凯的话来说，就是"组织外形化"[①]，即民间组织仅具有外在形式，而实际运作机制并不符合其本质要求。行政化既不利于市场经济发展，也不利于民主政治建设。因此，近年来，中国政府将"去行政化"改革作为推动民间组织健康发展的重要举措，采取了一系列措施来减少民间组织的行政色彩和官僚化倾向。任何一项改革的推行，都不可能是一帆风顺的，总要面临这样那样的障碍。中国民间组织"去行政化"改革也不例外。因此，要顺利推进中国民间组织"去行政化"改革，必须理性分析其阻力，在此基础上，采取各种积极有效、切实可行的措施，最大限度地挖掘变革的推动因素，消解变革的障碍因素。

一 中国民间组织"去行政化"改革的障碍

认清障碍因素，"去行政化"改革才不会陷入盲目、被动的境地，

---

[*] 原载《学习与探索》2012年第8期，收录时有改动。
[①] 田凯：《组织外形化：非协调约束下的组织运作》，《社会学研究》2004年第4期。

改革的目标才不会落空。在笔者看来,"去行政化"改革的障碍主要是以下几种。

(一) 习惯性心理

人们长期在特定环境下从事特定工作,就会在潜意识里形成对于环境和工作的固定性看法,即习惯性心理。它就像条件反射一样,当人们一遇到类似的问题就回到老路上去,重复同样的工作模式,遏制了人们的创新火花。正如有学者所言:"这种习惯性建立在时间延续和动作反复的基础之上,逐步沉淀在他们的意识深层,一旦形成,就会在一个较长的时期内影响甚至支配他们的心理活动和行为。除非环境发生显著的变化,否则他们通常总是按照自己的习惯对外部刺激作出反应"[1]。随着环境的改变,任何固定的看法和做法终究要显示出不适应性。在这种情况下,习惯性心理就成为改革的障碍。习惯性心理的消极作用在"去行政化"改革过程中也是存在的,在政府官员身上表现得尤其明显。官僚制政府具有天然的垄断性和惰性。英国学者J. S. 密尔指出,官僚制政府具有"对来自外部改良措施的组织起来的永恒的敌意,这是连一个有魄力的皇帝的专制权力也很少或决不足以克服的"[2]。在官僚制下,政府官员容易趋于僵硬、保守、墨守成规、因循守旧。而"去行政化"改革要求政府官员改变管理民间组织的传统模式,采取符合市场经济要求的管理方法。在习惯性心理的作用下,政府官员常常对"去行政化"改革持抵制态度。

(二) 认知障碍

目前,对民间组织的作用及民间组织行政化的弊端尚缺乏统一的认识,这导致部分民众和政府官员缺乏支持"去行政化"改革的主动性和自觉性。民间组织是民主政治建设的亲密伙伴、现代化建设的

---

[1] 金太军:《行政组织变革的动力和阻力分析》,《学海》2001年第4期。
[2] [英] J. S. 密尔:《代议制政府》,汪瑄译,商务印书馆1982年版,第90页。

有益力量，在提供服务、反映诉求、规范行为方面发挥着重要作用。在现实生活中，一些政府官员并不是从这个角度看待民间组织的作用，相反，他们把民间组织视为异己力量，认为"民间组织的发展壮大，势必会削弱党对社会的领导，削弱政府对社会的管理"[①]。这种错误观念导致他们对促进民间组织健康发展不重视，对"去行政化"改革持否定态度。民间组织行政化是在经济体制改革不到位、政治与行政体制改革缓慢的特定条件下形成的一种畸形的非常态现象，是民间组织良性发展的主要制约因素。然而，有些人认为行政化对政府和民间组织都有有利的一面，在一定程度上是一种双赢的制度安排。如有学者认为："官民二重性赋予中国社团组织以极大的活力，并有助于在政府、社团以及社团成员三方之间达致一种可欲的正和博弈状态"[②]。由于这种模糊认识，一些人反对"去行政化"改革。"去行政化"改革的目的是增强民间组织的独立性和自主性。随着民间组织与政府机关在人员、财产、机构等方面的彻底脱钩，"行政吸纳社会"的现象将被根本改变。因此，有些人认为"去行政化"改革使民间组织面临着"脱管"的风险。为了保证民间组织的政治正确性，他们赞成民间组织行政化，主张维持现有管理体制不变。上述分析表明，认知障碍妨碍了"去行政化"改革。

（三）集权文化传统

文化是一个民族在特定时期流行的一套态度、信仰和感情。它是在本民族的历史和现实社会、经济、政治活动进程中形成的。人们在过去的经历中所形成的态度类型对未来的社会行为有着重要作用。马克思指出："人们自己创造自己的历史，但是他们并不是随心所欲地创造，并不是在他们自己选定的条件下创造，而是在直接碰到的、既定的、从过去承继下来的条件下创造。一切已死的先辈们的传统，像

[①] 俞可平：《中国公民社会研究的若干问题》，《中共中央党校学报》2007年第6期。
[②] 于晓虹、李姿姿：《当代中国社团官民二重性的制度分析——以北京市海淀区个私协会为个案》，《开放时代》2001年第9期。

梦魇一样纠缠着活人的头脑。"① 对于中国民间组织"去行政化"改革来说，传统文化的制约作用不可忽视。

中国传统文化的政治导向是专制主义中央集权，正如有学者所说的，传统文化"从根本上是一种专制主义的文化，其核心是维护封建皇权、等级制度和宗法家族制度"②。在这种集权文化的支配性影响下，传统中国缺乏独立、自治的民间组织。历代统治者都对民间组织持怀疑态度，因此，"拆散各种先赋的和人为的社会联系，压制民间组织，避免社会的离散和多中心化是历代统治者不遗余力的政治举措"③。即使像国民党政府那样的"弱势独裁政权"，也极力控制社会，利用政治权威打压社会自治力量，对民间组织的管制非常严格。总体而言，国民党统治时期的民间组织，"处于官方严格掌控之下，是一种形态不完全的民间组织"④。改革开放以来，传统文化中的糟粕因素虽然受到批判，市场经济虽然推动传统文化现代化，但是，"政治文化价值系统的转型需要长期的甚至是数百年的社会化过程。我们看到，迄今为止，实际发生的政治文化转型主要局限于政治文化的表层结构，而传统政治文化价值系统的主体作为深层文化因素依然被延续下来"⑤。可见，集权传统是"去行政化"改革的文化障碍。

（四）路径依赖

路径依赖是新制度经济学采用的一个术语，意指"一种制度一旦形成，不管是否有效，都会在一定时期内持续存在，就好像进入一种特定的'路径'"⑥。路径依赖表明制度具有"自我强化机制"，原因在于那些与这种制度共荣的个人或组织为了自己的利益而尽力维护它。"去行政化"改革是对民间组织管理制度的革新，在此过程中，

---

① 《马克思恩格斯选集》第1卷，人民出版社1995年版，第585页。
② 杨阳：《90年代复兴儒家运动批判》，《天津社会科学》1998年第4期。
③ 王名主编：《中国民间组织30年》，社会科学文献出版社2008年版，第55页。
④ 俞可平等：《中国公民社会的制度环境》，北京大学出版社2006年版，第201页。
⑤ 刘泽华：《王权思想论》，天津人民出版社2006年版，第204页。
⑥ 徐大同主编：《现代西方政治思想》，人民出版社2003年版，第432页。

路径依赖现象同样存在。

"去行政化"改革的实质是利益再分配。那些在改革中利益受损的人，往往为了维护既得利益，以各种各样的方式阻挠改革。长期以来，政府官员笼罩在德行完美的神话之下。20世纪70年代以来，公共选择学派对政府官员的自利性进行了鞭辟入里的分析，认为政府官员也是经济人，政治家、官僚具有追求自身效用最大化的动机。公共选择学派的政府官员的经济人本性理论启示我们，政府官员并非仅具有为公的动机，他们可能是为了追求个人利益而参与公共活动的。一项改革尽管符合公共利益的要求，但是如果损害了政府官员的利益，也很难被提上政府的议事日程。民间组织"去行政化"改革要触动部分政府官员的切身利益。中国大部分公共服务曾由政府部门或者事业单位垄断提供，"去行政化"改革要求推行公共服务市场化，这必然引起既得利益者受损或者不安。行政化的民间组织是"代替行政"的工具，即政府部门经常将本应由自己承担的工作任务交由民间组织完成，自己成为指挥者和旁观者。行政化民间组织还是安置机构改革过程中分流行政人员的"蓄水池"。显然，"去行政化"改革后，上述利益关系即不复存在。这是部分政府官员阻碍"去行政化改革"的重要原因。

来自利益方面的阻力不仅可能发生在政府官员身上，而且可能发生在民间组织身上。中国民间组织具有严重的财政依赖倾向。"去行政化"改革后，民间组织要与政府"断奶"，要走向市场，以自己优质的服务争取公众和政府的支持。对于在政府的怀抱中过惯了安稳日子的中国民间组织来说，这确是一个不小的挑战，一些民间组织由此陷入了生存资源危机。基于此，这些民间组织常常对"去行政化"改革怀有抵触情绪。

二 消除障碍的策略和方法

分析"去行政化"改革的障碍因素是为了采取措施最大限度地化

解它，尽量不让它发挥作用，将改革的阻力降至最低。可供选择的策略和方法主要有以下几种。

（一）提高利益相关者的参与水平

利益相关者参与不仅是正义原则的要求，也是化阻力为动力的要求。利益相关者参与改革计划、措施的讨论与制定过程，可以培育他们的主人翁意识，使之产生"我是变革的主人"的责任感，从而把"要我改"变成"我要改"。换而言之，参与可以使利益相关者从被动适应改革转变成主动要求改革。在这种情况下，改革计划会得到利益相关者的认同、支持、拥护，容易化为他们的自觉行为。扩大利益相关者参与，要做到以下几点：一是提高利益相关者的参与意识。在千百年义务型政治文化的熏陶下，中国民众养成了被动接受的习惯，权利意识淡薄。一项改革措施即使牵涉自己的切实利益，民众可能也是漠不关心。因此，要通过多种方式，提高利益相关者的权利意识和自主意识，坚决摒弃落后的"草民""顺民"意识。二是确保利益相关者的知情权。参与是以获取必要的信息为前提的，如果信息不公开、改革过程不透明，利益相关者的参与就是形式主义的，他们在"去行政化"过程中就是一个被动的接受者。这里所说的信息公开，是指将"去行政化"改革措施的详细内容、实施操作方法、变革后利益格局将发生何种变化等通过互联网、新闻发布会及电视、报刊、广播等便于利益相关者知晓的方式公开。三是畅通利益相关者参与的渠道。现行法规虽然对利益相关者参与的渠道做了一些原则性规定，但是由于缺乏可操作性的程序规定，其政治功能并没有充分发挥出来，参与的渠道显得单一、狭窄。要采取包括听证会、恳谈会、协商会、新闻媒介等多种方式，确保利益相关者能畅所欲言，说出对"去行政化"改革的真实看法。特别是对于利益相关者的质疑，有关方面要在深入调查的基础上予以解释和回应。

（二）加强宣传教育

"去行政化"改革是维护公众利益、增进社会福利的重要举措。但是，这不代表"去行政化"改革能够自然而然地得到公众和政府官员的支持。因此，改革者要重视宣传教育，通过宣传教育来提高公众的认识、更新观念、消除不满。首先，要培育改革对象的大局意识。通过摆事实、讲道理，改革对象可以从个人的和家庭的自私性的狭小圈子中摆脱出来，从整体、全局出发来认识变革。这会消解他们的抵触情绪。当某些改革措施有利于整体利益、长远利益，但是损害了改革对象的眼前利益时，通过宣传教育树立他们的大局意识尤其重要。例如，民间组织的编制改革是"去行政化"改革的重要组成部分。但是，从民间组织原来采用的行政编制、事业编制转变到社会团体编制，民间组织从业人员的利益会受到一定影响。"有些群众往往容易注意当前的、局部的、个人的利益，而不了解或者不很了解长远的、全国性的、集体的利益"[1]。因此，如果不加强宣传教育工作，编制改革就会夭折。其次，要促成全社会对民间组织"去行政化"改革的目的、意义达成共识。运用典型案例、清晰的逻辑和浅显易懂、生动活泼的语言，广泛宣传民间组织行政化的弊端，澄清在此问题上的种种误区和疑惑，统一人们的思想认识，使"去行政化"改革成为人们的一种强烈愿望，从而坚定人们的改革信念，增强人们对改革的责任感。再次，对于在"去行政化"改革中做出了突出成绩的民间组织领导人和政府官员要及时进行宣传报道，以便形成示范效应，营造革新氛围。当然，宣传教育一定要适度。如果过多、过频，容易引起受众的反感，使之产生逆反心理，进而使宣传教育得不偿失。为了减少心理反抗现象的发生，可在坚持正面灌输的基础上，积极开展隐性教育，以收到"润物细无声"的效果，潜移默化，使受众自觉认同"去行政化"改革。

---

[1] 《毛泽东文集》第七卷，人民出版社1999年版，第236页。

(三) 对利益受损者进行补偿

在"去行政化"改革中，利益受损者会不支持改革、消极对待改革甚至给改革"使绊"。从一定意义上说，来自于利益方面的阻力是最顽强的和最富有破坏力的。因此，能否正确处理利益矛盾、合理开展利益补偿是关系改革能否顺利进行的重要因素。"如果受益者不能够补偿受损者的利益，那么改革就几乎没有号召力。即便在潜在收益足以弥补损失的时候，改革也是很难进行的，因为收益散布到了许多人手中，而受损者虽然人数很少，但是势力很强而且影响力大"[①]。这就是说，利益受损者在某方面失去利益的同时，在其他方面得到一定的利益补偿，可以减少改革的阻力，利益补偿是顺利实施"去行政化"改革必须支出的成本。合理开展利益补偿，需要注意以下几个问题：首先，补偿成本应当控制在一定范围之内。并非所有的既得利益受损都需要给予补偿。某个人或某个团体在旧体制下的利益不合理，就不需要给予补偿。例如，某些政府部门与行政化民间组织结成利益共同体，利用行政化民间组织的中介身份，开展寻租活动，牟取不正当利益。"去行政化"改革触动此种利益关系，根本不需要给予任何补偿。其次，补偿应该是一次性，"而不应该是没完没了的，否则，新体制不可能形成"[②]。再次，补偿要把握好时机。即在利益受损的关键时刻进行补偿，否则受损时间太长，受损太严重，即使补偿了，也难以获得利益受损群体的支持。

(四) 做出必要妥协

当"去行政化"改革面临的阻力很大且短期内难以改革这种状况时，改革者做出一定的妥协，是一种有效的策略。改革者以现实主义的眼光审视既定的改革条件，放弃较高的目标期望值，以有条件退让

---

① 世界银行《1997年世界发展报告》编写组编著：《1997年世界发展报告：变革世界中的政府》，蔡秋生等译，中国财政经济出版社1997年版，第14页。
② 张维迎：《改革中的利益补偿问题》，《中国商界》2008年第3期。

的方式换取有限目标的实现，从表面上看这是一种退步，但实际上能收到"退一步，进两步"的功效。在改革阻力重重的情况下，如果改革者贸然采取强制措施，往往要付出很大的代价，甚至引起过激反应。适度妥协可以达成各方相对满意的结果，避免更大冲突的爆发和社会矛盾的激化，有利于保持社会稳定。在稳定的社会环境中，可以继续推进"去行政化"改革，稳步向既定改革目标推进。例如，双重管理体制是中国民间组织行政化的主要原因。但是，从目前的情况来看，短期内取消双重管理体制是不现实的，不但政府部门担心民间组织"脱管"，而且民间组织也担心失去政府支持。一项调查显示，80.6%的行业协会认为业务主管单位制度对行业协会本身有帮助[①]。基于此，温州、杭州等城市对双重管理体制进行了有限改革，即由边缘政府部门如工商联承接部分行业协会的业务主管单位职能。作为一种过渡性措施，这种做法具有一定的合理性。从这个意义上，妥协不是消极被动地回避矛盾，相反，它是改革者积极主动地面对矛盾的表现。中国曾经历了如火如荼的阶级斗争年代。在斗争哲学的影响下，极化思维方式盛行一时。时至今日，有些人仍认为妥协就是保守、落后的代名词，是懦弱表现。正如有学者所指出的："人们在认识妥协时往往有意无意偏重其贬义，甚至把它与'屈服'、'投降'等同，在伦理上对它做'有害的'、'可耻的'价值判断。"[②] 在民间组织"去行政化"改革过程中，我们必须摒弃这种错误的思维方式，正视妥协的价值与意义。

（五）选择合适的时机和方式

推进民间组织"去行政化"改革，要等待时机成熟，切不可武断行事。最好选择民众的心理承受能力较强、政府与民间组织互信程度

[①] 郁建兴、黄红华、方立明：《在政府与企业之间：以温州商会为研究对象》，浙江人民出版社2004年版，第291页。

[②] 龙太江：《论政治妥协——以价值为中心的分析》，华中科技大学出版社2004年版，第2页。

较高的时候开展"去行政化"改革。在改革的方式上,要坚持将自下而上和自上而下相结合。中央政府要给予地方政府一定的创新空间,鼓励地方政府在综合考虑本地市场经济发展水平、行业协会发育程度等因素的基础上因地制宜地出台改革措施。换而言之,中央政府应当鼓励区域性、多元性的改革模式。同时,中央政府要及时总结和提升各地的经验,并以法律的形式向全国推广,促进民间组织"去行政化"改革向纵深方向推进。此外,还要坚持渐进改革与激进改革相结合。渐进改革可以使改革对象有较为充裕的时间去适应新环境,从而减轻他们的心理压力,避免引起震荡。假如改革进程过快,将改革计划一揽子提出,那么"会立即把维持现状的卫道士们动员起来"[①],把所有的反对意见在同一时刻集中起来。这可能导致改革计划遭受毁灭性打击。当然,渐进改革也并非完美。它零敲碎打、时间缓慢,且不易激发人们的进取精神。因此,在时机成熟时,要尽可能迅速解决问题,积极推进激进改革。

---

① [美] R. J. 斯蒂尔曼编著:《公共行政学:观点与案例》,李方等译,中国社会科学出版社1988年版,第202页。

中国民间组织"去行政化"改革：反思与建议*

学术界普遍认为，民间组织具有自愿性、自主性、非政府性等本质属性。这意味着，民间组织在体制和组织上独立于政府之外，与国家政治与行政系统无直接隶属关系。然而，受行政化的影响，中国民间组织处于"准政府组织"的境地，它们仅具有外在形式，而实际运作机制并不符合其本质要求。如同有学者指出的：中国至今仍不存在真正意义上的民间组织，其中的原因复杂多样，但根源于各类民间组织的行政化[①]。无论从民间组织社会功能的发挥、社会公信力的提高方面来看，还是从民间组织的自身建设、去营利化方面来看，行政化都是民间组织良性发展的主要制约因素。在这种情况下，中国政府将"去行政化"改革作为推动民间组织健康发展的重要举措，采取了一系列措施来减少民间组织的行政色彩和官僚化倾向。毋庸置疑，这些措施取得了一定成效，但是，"去行政化"改革的目标并未完全实现，相对多的民间组织并未真正回归其原本的性质和功能定位。因此，我们必须采取一系列行之有效的、具有针对性的措施，进一步深化"去行政化"改革，使中国民间组织更好地服务于公众、服务于社会。

---

* 原载《郑州大学学报（哲学社会科学版）》2014年第1期，人大复印报刊资料《中国政治》2014年第4期全文转载，收录时有改动。

① 杨朝聚：《我国非营利组织的行政化及其影响》，《华北水利水电学院学报》（社会科学版）2007年第6期。

一 中国民间组织"去行政化"改革取得的成效

民间组织是民主政治建设的亲密伙伴、现代化建设的有益力量。改革开放以来，为了充分发挥民间组织在提供服务、反映诉求、规范行为方面的积极作用，中国政府制定了一些培育和扶持民间组织的政策法规，民间组织的数量因之激增。然而，随着时间推移，行政化对民间组织发展的瓶颈作用越来越明显。因此，中国政府启动了"去行政化"改革，以使民间组织在数量激增的同时质量得到明显改观。目前，中国的"去行政化"改革取得了阶段性成果。

第一，双重管理体制改革获得突破性进展。双重管理体制强迫民间组织找"婆家"（业务主管单位），导致民间组织不得不靠近党政机关，接受行政系统的吸纳。另外，双重管理体制为政府支持的、具有官方背景的民间组织的发展提供了便利，制约了行政化色彩较淡的草根组织的发展。为了克服上述弊端，一些地方政府结合本地实际，对双重管理体制进行了突破性改革。2008年，深圳市颁布《关于进一步发展和规范我市社会组织的意见》，指出："除法律、行政法规规定须由有关部门在登记前进行前置审批的社会组织外，工商经济类、社会福利类、公益慈善类的社会组织申请人均可直接向社会组织登记管理机关申请登记"[①]。2011年，广州市民政局印发《关于进一步深化社会组织登记改革助推社会组织发展的通知》，规定行业协会、异地商会、公益服务类、社会服务类、经济类、科技类、体育类、文化类等八类社会组织可以直接向登记管理机关申请登记。对部分社会组织实行"无主管登记"，已经触及中国社会组织登记管理制度的硬核，标志着中国社会组织登记管理制度改革取得了突破性进展。因

---

① 廖鸿、石国亮、朱晓红：《国外非营利组织管理创新与启示》，中国言实出版社2011年版，第117页。

此，深圳、广州的改革措施被舆论称为"破冰之举"。

第二，在民间组织任职兼职的党政机关领导干部数量减少。由于实行双重管理体制，民间组织需要与相应行政级别的政府部门结成业务管理的关系，才可能获得民政部门的登记许可。利用这种体制，业务管理部门经常向民间组织派遣或推荐领导人。研究发现，中国77%的社团领导位置由主管部门或"挂靠单位"的领导所占据[①]。在北京市，"政府人员在行业协会中兼职较多。仅从会长、秘书长两个职务统计，就有27名副处级以上的政府人员在协会中兼职。有些部门负责人还一人身兼数个协会的领导职务"[②]。党政官员兼任民间组织负责人既不利于党政官员集中精力做好所担负的工作，又不利于保持民间组织的独立性和自主性。为此，党和政府先后下发了多个规范性文件，力图限制党政官员在民间组织任职兼职，如《关于部门领导同志不兼任社会团体领导职务问题的通知》《关于党政机关领导干部不兼任社会团体领导职务的通知》《关于审批中央管理的干部兼任社会团体领导职务的有关问题的通知》。从文件精神来看，党政官员在民间组织兼职任职的条件越来越严。从实践效果上看，这些文件颁布后，许多政府部门对领导干部兼任民间组织领导职务进行检查清理，一些领导干部或者辞去所兼任的民间组织领导职务，或者辞去所担任的党政领导职务。

第三，行业协会"去行政化"改革取得实质性进展。行业协会是典型的行政化民间组织。重要原因是政府在行业协会成立过程中居于关键地位。多数行业协会是基于政府的工作需要成立的，或者是由于转变政府职能的需要，或者是由于精简机构、分流人员的需要。例如，1993年，党的十四届二中全会审议通过《关于党政机构改革的方案》，强调将原专业经济管理部门的一部分改为行业总会。此后不

[①] 郁建兴、吴宇：《中国民间组织的兴起与国家—社会关系理论的转型》，《人文杂志》2003年第4期。

[②] 翟鸿祥主编：《行业协会发展理论与实践》，经济科学技术出版社2003年版，第222页。

久，国家经贸委所属的9个国家局撤销，翻牌组建成立了相应的十大行业协会。"翻牌"现象说明中国行业协会从出生开始就被打上了行政化"胎记"。2003年后，随着市场经济的发展，行业协会在行业自律、行业服务、对外交流等方面的作用日益凸显。在这种背景下，党和政府出台了一系列规范性文件，以培育和扶持行业协会。跟以往文件不同，这些文件的着眼点不是指导登记和注册，而是行业协会的规范和转型。2003年，党的十六届三中全会从完善社会主义市场经济体制的高度上指出："积极发展独立公正、规范运作的专业化市场中介服务机构，按市场化原则规范和发展各类行业协会、商会等自律性组织"。2007年，国务院办公厅颁布的《关于加快推进行业协会商会改革和发展的若干意见》，指出了行业协会存在的结构不合理、作用不突出、行为不规范等问题，强调了政会分开原则的重要性，明确了市场化和民间化的改革方向。按照国家的政策要求，广东、重庆、天津、湖北、浙江、上海等省市陆续开展了行业协会"去行政化"改革，取得了明显成效。例如，重庆市出台《关于党政机关与行业协会脱钩改革的意见》，要求党政机关与行业协会实行人员、资产、业务、办公住所、利益"五脱钩"，政会分离取得实质性进展[①]。

第四，民间组织与政府间的契约合作关系初步形成。在资金缺乏情况下，一些民间组织自愿接受行政干预，主动挂靠在有关政府部门之下，以争取更多的体制内资源，获取更多的政府资助和财政支持。在现实生活中，那些行政化色彩较浓的民间组织通常能够承揽政府交给的大量业务。这说明，行政化民间组织的业务竞争不是靠质量、信誉，而是靠与政府的密切关系。其示范效应导致许多民间组织甘心充当政府的附庸和跟班。为了改变这种局面，使民间组织不以独立性丧失为代价获取财政资金支持，中国政府开始探索向民间组织购买公共服务。其基本做法是，政府与民间组织签订契约，由政府界定服务的

---

① 廖青兰：《重庆民间社团"去行政化"的烦恼》，《中华工商时报》2007年8月2日第9版。

种类及品质，向民间组织支付费用以购买全部或部分公共服务。公共服务购买的核心意义是"公共服务提供的契约化，政府与社会组织之间构成平等、独立的契约双方"①。由于引进竞争机制，民间组织通过优质的服务争取政府的财政支持，而不是通过与政府部门的密切关系争取财政支持，公共服务购买在很大程度上抑制了民间组织行政化的内在冲动。《中国农村扶贫开发纲要（2001—2010）》在"十一五"扶贫工作的基本思路中提出鼓励和支持民间组织参与扶贫项目的实施。2002年，国家艾滋病防治社会动员项目设立专项资金，每年招标，支持民间组织参与艾滋病防治工作。2006年，财政部、国家发改委、卫生部联合下发《关于城市社区卫生服务补助政策的意见》，指导政府购买城市社区公共卫生服务试点②。在地方层面，上海、北京、浙江、广东等地方政府向民间组织购买公共服务的探索不断增多，形成了各具特点的公共服务购买模式。

第五，民间组织的编制改革逐渐推开。许多民间组织，特别是自上而下成立的民间组织，占有行政编制或者事业编制，具有一定的行政级别，组织支出由财政负担。行政编制、事业编制意味着民间组织专职工作人员的管理要参照公务员制度。这进一步强化了政府与民间组织间的依附关系，增加了民间组织的行政化程度。因此，编制改革是推进政社分开的重要举措。1991年，有关部门颁布了《关于全国性的社会团体编制及其有关问题的暂行规定》。该规定在行政编制、事业编制之外，设立了社会团体编制，并要求"编制管理部门不再对社会团体核定行政和事业编制。原使用行政和事业编制的社会团体，应持原编制批件到民政部登记，并在一定期限内转为社团编制"。该规定还指出："目前开支国家行政、事业经费的社会团体，应积极创造条件，限期实现经费自理"。1992年，民政部颁布了《关于申请社会团体编制有关事项的通知》，明确了设立社会团体编制的条件。为

---

① 王名主编：《中国民间组织30年》，社会科学文献出版社2008年版，第206页。
② 苏明等：《中国政府购买公共服务研究》，《财政研究》2010年第1期。

了配合编制改革，民政部、人事部于2000年颁布了《关于全国性社会团体专职工作人员人事管理问题的通知》，对与社会团体编制有关的档案管理、档案工资、社会保险、职称评定、住房公积金等人事管理工作予以规范。

二 中国民间组织"去行政化"改革存在的问题

中国民间组织"去行政化"改革虽然取得了一定成效，但仍存在一些亟待解决的问题，具体来说有几个方面。

第一，民间组织与政府机构人员分离不彻底。现职公务员在民间组织兼职任职，会将某些政府部门存在的官僚习气和衙门作风带进民间组织，进而损害民间组织的自治性和非政府性。自从中央下发文件对党政领导干部在民间组织任职做出限制性规定后，在民间组织兼职的领导干部数量减少。但是，民间组织与政府机构人员分离仍不彻底。首先，有关文件规定，特殊情况下，领导干部可以在民间组织任职兼职。由于开了这样一个口子，"仍有大量现职党政领导干部按照所在民间组织的章程履行规定程序后，兼任民间组织领导职务"[①]。其次，离退休官员任民间组织领导人的情况比较普遍。调查显示，温州商会的秘书长"多数来源自行政、事业部门离退休人员，比例各为50%和22.2%。由于他们的三金保险、退休金都是由原来单位提供，所以在实际工作中往往容易受制于原有工作部门，管理者的老龄化和缺乏独立性都直接影响了商会管理工作的创新能力"[②]。再次，有关文件对县（处）级以下的现职公务员在民间组织任职未作出严格规定。民政部《关于对〈中共中央办公厅、国务院办公厅关于党政机关领导干部不兼任社会团体领导职务的通知〉有关问题的解释》第

[①] 王名主编：《中国民间组织30年》，社会科学文献出版社2008年版，第128页。
[②] 潘旦：《民间组织民主治理机制研究》，《社会主义研究》2010年第4期。

四条规定,"《通知》适用范围,包括担任现职的副县(处)长以上领导干部,以及按照中共中央、国务院有关规定,经组织部门正式任命的副县(处)级以上非领导职务的人员"。因此,大量县(处)级以下的现职公务员仍在民间组织任职。

第二,政府监管手段单一。民间组织监管的海外经验表明,第三方评估已经成为或日益成为民间组织监督约束的重要方式[①]。其优点在于,能够减轻政府管理的压力,减少不必要的行政干预[②]。换而言之,第三方机构在规范和引导民间组织行为时,能够维护民间组织的自主性和自治性。但是,"我国目前尚无第三方独立评估机构"[③]。中国民间组织监管是典型的行政监管模式,而且政府主要运用行政手段、以行政指令的方式监管民间组织。主要表现是,政府通过重大活动请示报告制度和年度检查制度督促民间组织遵守法律、恪守章程。为了顺利实施重大活动请示报告制度和年度检查制度,现行法规还规定了相应的罚责,如撤销或吊销民间组织的登记许可证。但是,有关法律对这些罚责的规定相当模糊、笼统,导致政府部门的行政裁量权过大,这强化了政府部门对民间组织的主导权。

第三,民间组织主动依附问题严重。民间组织的生存资源匮乏,导致一些民间组织主动依附行政组织。一般来说,民间组织的收入来源主要包括社会捐赠、商业收入和政府资助等几个部分。由于企业和个人向民间组织捐赠的税前扣除比例过低和可以出具捐赠减免税凭证的民间组织数量过少,导致公司及个人捐赠的积极性不高,民间组织的捐赠收入较低。长期以来,人们普遍认为,民间组织应该致力于赔本的事业,是不能营利的。因此,中国民间组织通过经营活动获取商业收入的能力偏低。美国学者莱斯特·M.萨拉蒙的非营利组织国际

---

① 杨道波:《公益性社会组织约束机制研究》,中国社会科学出版社2011年版,第272页。
② 李本公主编:《国外非政府组织法规汇编》,中国社会出版社2003年版,第493页。
③ 陈金罗、刘培峰主编:《转型社会中的非营利组织监管》,社会科学文献出版社2010年版,第142页。

比较研究表明，所调查的32个国家中，服务收费、政府拨款和私人慈善捐赠平均分别占到非营利组织总收入的50.9%、38.8%和10.3%，服务收费成为各国非营利组织的主要资金来源①。而在中国，民间组织的营业性收入，平均仅占总收入的6%②。于是，一些民间组织自愿接受行政干预，主动挂靠在有关政府部门之下，以争取更多的体制内资源，获取更多的政府资助和财政支持。在现实生活中，那些行政化色彩较浓的民间组织通常能够承揽政府交给的大量业务，其示范效应导致许多民间组织甘心充当政府的附庸和跟班。在双重管理体制下，业务主管单位的干预是民间组织失去独立性的重要原因。近年来，为了增强民间组织的自主性，温州、杭州等城市对双重管理体制进行了有限改革，即由边缘政府部门如工商联承接部分行业协会的业务主管单位职能。但是，对温州行业协会的调查显示，61.3%行业协会倾向于选择政府职能部门作为自己的业务主管单位，只有22.6%行业协会愿意选择工商联作为自己的业务主管单位③。其原因，乃是"相比较其他政府部门，工商联在一定程度上被边缘化，资源也相对不多"④。这从侧面反映，在"以依附换取资源"的情况下，许多民间组织对行政化是持欢迎态度的。

第四，政府职能转变滞后。政府职能转移的重要内容是政府权力的再分配和收缩，而政府权力不过是实现经济利益的手段。在利益的驱动下，一些政府部门不愿意卸载自身的职能。结果，中国政府职能转变仍不到位。一些本该交由民间组织承担的职能，政府部门却抓住不放。在政府职能转变不到位的情况下，利用行政化，民间组织能够得到生存和发展所需的政府资源。但是，"去行政化"改革后，如果

---

① 占苏：《非营利组织营利收入及其税收优惠可行性探讨》，《价格月刊》2010年第11期。
② 邓国胜：《非营利组织评估》，社会科学文献出版社2001年版，第57页。
③ 李建琴：《转型时期行业协会的行政合法性》，《中共浙江省委党校学报》2004年第5期。
④ 孙春苗：《行业协会管理改革的比较研究——基于双重管理体制》，《中国非营利评论》2008年第2期。

政府职能转变滞后，民间组织则面临着生存资源匮乏的危机。例如，重庆市蔬菜协会"去行政化"改革后断了"奶"，仅剩下一名专职工作人员，每年仅能收上4000元左右的会费。而它以前靠农业局每年拿出十几万经费来运转。对于如何摆脱困境，现任会长说："重庆市能给蔬菜协会一定的认证权，比如参与绿色蔬菜基地的认证，协会马上就能活起来"①。这说明，政府职能转变不到位，民间组织的发展空间就会很窄，就不会积极有为。如此，则"去行政化"改革不可避免地要发生回潮，改革的结果就得不到巩固。

第五，民间组织内部治理机制不健全。民间组织以自己内部的民主治理机制区别于行政机关。民间组织的民主治理机制包括会员大会、会员代表大会、理事会、监事会等。其中，最重要的内部治理机制是理事会。完善的理事会制度可以在民间组织内部形成多元制衡机制，使民间组织真正成为自我管理、自我约束的自治组织，使民间组织的所作所为对社会负责。某些民间组织虽然建立了形式上的理事会，但是理事会的功能极其有限，难以成为民间组织的最高决策机构。原因在于：缺乏民主程序，民间组织成员的民主选举权利虚化；举办者及其代理人在理事会中的人数过多；理事会决策失误追究责任制度缺失；关于理事会负责人的弹劾制度不健全，等等。由于内部治理机制不健全，民间组织的财务管理混乱。相当多的民间组织没有特殊情况不做年度财务报告，或者虽做年度财务报告但无严格审计。另有调查显示，几乎有一半的民间组织成员不能看到组织的财务报告，66.7%的组织不对外公布财务报告②。没有严格、健全的财务管理制度，导致民间组织与一些政府部门特别是业务主管部门债权债务不清，甚至成为它们的"小金库"，强化了民间组织的依附地位。

第六，"去行政化"改革缺乏法律保障。目前，中国没有一部专

---

① 《重庆："去行政化"，能否解社团之困？》（http://news.sohu.com/20070703/n250875438.shtml）。

② 丁元竹主编：《问责性、绩效与治理——中国非政府公共部门治理状况研究》，中国经济出版社2005年版，第3页。

门规范民间组织的法律,政府对民间组织的监督管理,主要依据《社会团体登记管理条例》《民办非企业单位登记管理暂行条例》等行政法规。随着时间的推移,规范民间组织的法规显得内容滞后,如没有对民间组织的性质、地位、权利义务等作出明确规定,没有对政府行为作出禁止性规定,没有为违法行为所承受的不同惩罚提供明确清晰的信息等。因此,这些法规未能发挥规范和引导政府行为和民间组织行为的作用。在这种情况下,民间组织"去行政化"改革具有较强的人治色彩。领导重视,"去行政化"改革的速度就快,成效显著;领导看法和注意力转移了,"去行政化"改革就停滞不前,甚至会发生回潮。此外,法律缺失、法规不健全还使"去行政化"改革形式主义化,如民间组织与政府机关表面上脱钩,实质上藕断丝连。

三 推进"去行政化"改革的对策建议

上述分析表明,中国民间组织的"去行政化"改革与市场经济的要求相比,仍存在一定的差距。进一步推动"去行政化"改革,可以采取如下措施。

第一,统筹"去行政化"改革与政府职能转变。要在厘清政府与民间组织关系、界定好政府与民间组织职能的基础上,推进"去行政化"改革。换而言之,要在转变政府职能中推进"去行政化"改革,在"去行政化"改革中转变政府职能。一方面,要按照"经济调节、市场监管、社会管理、公共服务"的政府职能定位,将那些政府不该管、管不好、管不了的事交给民间组织办理,还权于社会;另一方面,要通过"去行政化"改革提高民间组织的自身素质,使之有能力来承接政府卸载的职能。当前,一些地方政府进行了积极探索。例如,广东省颁布《关于发展和规范我省社会组织的意见》。该文件以列举的方式详细规定了适合社会组织承担的职能、事项,并要求政府各部门对各自承担的职能进行全面梳理和分解,提出职能转移具体方案。应及时总结和提升地方创新的经验,整体推进"去行政化"改革和政府职能转变。需要指出的是，转变政府职能并不意味着政府可以放弃监管职责，全国牙防组乱用认证权就说明了这个问题。

第二，构建党组织与民间组织在法律上的平等独立关系。"去行政化"改革的目的是增强民间组织的独立性和自主性。随着民间组织与政府机关在人员、财产、机构等方面的彻底脱钩，"行政吸纳社会"的现象将被根本改变，民间组织面临着"脱管"的风险。加强民间组织中党的建设，有利于通过党的组织力量来加强对民间组织的领导和引导，增强党对民间组织的政治影响力，使"去行政化"改革沿着正确的方向顺利前进。但是，在加强民间组织中党的建设过程中，要防止民间组织政党化，防止民间组织由行政依赖转变为政党依赖。加强民间组织中党的建设不是将社会组织变为党组织的附属团体，相反，党组织要尊重社会组织在法律范围内的政治自由、组织独立和法律地位平等。因此，必须把坚持党对民间组织的政治领导与尊重社会组织的独立性和自主性有机结合起来，积极构建党组织与民间组织在法律上的平等独立关系。在这方面，最关键的问题是明确民间组织中党组织的功能定位。根据国内先进地区的探索经验，民间组织中党组织的职责主要是：支持民间组织及其负责人按照民间组织章程中规定的宗旨、任务开展工作；加强对党员的教育、管理和监督，通过发挥党员的先锋模范作用，积极开展业务活动，发挥民间组织在社会主义建设中的作用；监督民间组织负责人贯彻党的路线、方针、政策，遵守国家法律、规范[1]。把握好民间组织中党组织的这种功能定位，党的政治领导与社会组织的独立性才会取得平衡。

第三，存量改革与增量改革相结合。存量改革与增量改革相结合是指在对现有官僚化程度较高的民间组织进行"去行政化"改革的

---

[1] 管廷莲：《社会组织中党的建设研究——基于温州的实证分析》，知识产权出版社2012年版，第130—131页。

同时，注重对新成立的草根色彩较浓的民间组织的扶持和引导。要按照"去行政化改革"的要求，改造规范一批民间组织，使之祛除行政化色彩。必要时，建立民间组织退出机制，即对那些"官办"色彩浓厚、服务意识差又拒不改革的民间组织及时进行撤销。因为按照非竞争性原则，它们不被撤销，新成立的草根组织就无法获取合法地位。所谓非竞争性原则，是指同一行政区域内已有业务范围相同或者相似的民间组织，登记管理机关认为没有必要再成立的，将不予批准筹备或登记。建立民间组织退出机制，有利于以"增量改革"的方式实现民间组织的民间化。另外，对于新成立的民间组织，要防止其染上旧体制的"毛病"，鼓励其保持非政府性。要利用各种新闻媒介，宣传草根组织在社会建设、公共服务、民主政治建设中的重要地位和作用；树立典型，利用典型的示范带动作用，引导和促进草根组织珍惜自身的独立性；加强对草根组织的教育和引导，增强草根组织抵制行政化的自觉性。

第四，支持和规范民间组织的商业活动。上文分析表明，财政依赖往往意味着组织依赖。因此，多元化民间组织的筹资渠道是祛除民间组织行政色彩的重要措施。由于中国民众捐赠意识淡薄，再加上，民众的捐赠意愿通常随着经济形势的变化而变化，民间捐赠收入对于扩大民间组织财源的作用有限。对于解决资金匮乏问题具有实质意义的是扩大社会组织的经营性收入。近年来，民间组织从事商业活动，突破资金瓶颈成为一种国际潮流。在美国，20世纪80年代以来，商业性收入占非营利部门总收入增长的半数以上，结果非营利部门的重心明确地转向了市场，非营利部门发生了根本性的"市场化"[1]。正因为如此，有学者认为："现代非营利机构必须是一个混合体：就其宗旨而言，它是一个传统的慈善机构；而在开辟财源方面，它是一个成功的商业组织。当这两种价值观在非营利组织内相互依存时，该组

---

[1] ［美］莱斯特·M. 萨拉蒙：《公共服务中的伙伴——现代福利国家中政府与非营利组织的关系》，田凯译，商务印书馆2008年版，第242页。

织才会充满活力"①。这启示我们，要使社会组织拥有自治独立性质的经济基础，必须支持和鼓励民间组织开展商业活动。为此，要进一步转变观念，拓展民间组织的经营范围，提高民间组织开展与宗旨相关的商业活动的税收优惠标准。虽然"非营利精神+商业手段"值得称道，但是如果不加以限制和约束，手段也可能异化为目标。因此，要引导和规范民间组织的经营活动，对其经营方式、经营规模、经营领域等作出明确规定，避免经营活动成为个人利益的输送工具，避免以民间组织之名，行营利之实。

第五，做好民间组织的人事管理工作。按照"去行政化"改革的方向，将会有越来越多的民间组织从业人员使用社会团体编制。但是，在中国的目前情况下，不同的编制类型，意味着不同的经济待遇、社会保障。例如，就养老保险来说，公务员编制、事业编制与社会团体编制存在明显差距，从而在社会上造成不必要的矛盾和攀比。此外，与编制类型联系密切的户籍、工资、职称、医疗、失业、子女教育等问题关系到民间组织工作人员的切身利益。这些问题如果不解决，民间组织工作人员就会向往"公务员编制""事业编制"，致使"去行政化"改革面临重重阻力。因此，必须慎重地、稳妥地推进民间组织人事管理制度改革。可以在有条件的地方先进行试点，逐步积累经验，逐步建立起一套合理的民间组织工作人员的职称、养老、医疗、失业制度，并使它与政府有关部门的相关政策相协调，化阻力为动力，减少"去行政化"改革面临的障碍。

---

① 参见褚松燕《中外非政府组织管理体制比较》，国家行政学院出版社2008年版，第122页。

国内社会组织行政化研究述评[*]

一些学者认为，改革开放以来，中国社会组织数量激增，已成为现代化事业和民主政治建设的一支健康的和积极的力量。随着学界对社会组织问题的研究深入，部分学者对这一结论提出了如下质疑：中国社会组织在数量激增的同时，其性质是否得到根本改观？是不是所有的社会组织都是民主政治建设的亲密伙伴、现代化建设的有益力量，或者什么样的社会组织才有助于市场经济的健康发展、社会的整体进步？对这些问题的回答不能不涉及社会组织的行政化问题。由此，一些学者对中国社会组织行政化问题进行了初步研究，取得了较为丰硕的研究成果。

一 从类型学的角度研究官办社团、半官方社团

分类是认识事物的一种重要方法。依据不同的标准，可以将社会组织划分为不同的类型。王颖、折晓叶、孙炳耀是国内较早研究社会组织的学者，他们在根据社团组织的民间性程度，将社团组织分为官办、半官办和民办三种类型，并进行概念界定[①]。这一分类方法在学术界较有影响力。此后，许多学者沿用了这一分类方法，用以描述社

---

[*] 原载《求实》2016年第4期，收录时有改动。
[①] 王颖、折晓叶、孙炳耀：《社会中间层——改革与中国的社团组织》，中国发展出版社1993年版，第70—76页。

团组织对政府的依附及政府对社团组织发育的决定性影响,并根据研究需要,对之进行了改造。贺立平为了突出社团自身的能动性与行为特征及"官办"与"官管"的区别,改用官方社团、半官方社团和民间社团代替王颖等人提出的官办社团、半官办社团和民办社团等概念①。贾西津认为按照社会组织的生成路径,可以分为自上而下型社会组织和自下而上型社会组织,并认为:"自上而下的民间组织的组织特征是,具有类似行政化的运作模式"②。事实上,上述分类方法大同小异,它们都认为在中国社会组织中存在官方社团、半官方社团等类型,其数量在中国社会组织中占据压倒性优势。

二 从法律的角度探讨社会组织行政化问题

法律制度、政府监管制度、合法性等是此类研究的重点。作为一种规则体系,制度环境是影响社会组织发展的重要变量,对社会组织的发展起促进或阻碍作用。多数学者认为,目前的制度环境具有强烈的控制和限制倾向,不仅阻碍了中国社会组织的发展壮大,而且导致社会组织自主性缺失、自治性差、独立性弱。苏力等认为,现行法律对民间组织的基本政策就是严厉限制,"我国行政机关目前对民间组织干预的太广、太深。此外,很多干预措施也逾越了法定的权限"③。俞可平认为,目前的制度环境是宏观鼓励、微观约束,结果,虽然中国共产党和中国政府力图增大民间组织的自主性,但是,政府对重要民间组织的主导始终是中国社会的显著特点④。中国社会组织监管制

---

① 贺立平:《让渡空间与拓展空间——政府职能转变中的半官方社团研究》,中国社会科学出版社2007年版,第1页。
② 王名主编:《中国民间组织30年》,社会科学文献出版社2008年版,第192—198页。
③ 苏力等:《规制与发展:第三部门的法律环境》,浙江人民出版社1999年版,第185页。
④ 俞可平等:《中国公民社会的制度环境》,北京大学出版社2006年版,第25—26页。

度的核心特征是双重管理,即有民政部门和业务主管部门共同负责管理社会组织。这一制度赋予政府部门极大的自由裁量权,直接导致社会组织依附于政府部门,甚至天生具有行政化"胎记",因此,广受学者批评。王晨认为,业务主管单位相当于是政府对社会团体、民办非企业单位控制的一种延伸。因此,"许多民间组织往往想尽一切办法讨好业务主管单位,甚至不惜采取行贿手段,在获得合法地位后,这些组织仍须时常讨好业务主管单位以便安全度过年检关"①。陆明远认为,"目前政府对社会组织的管理具有典型的国家主义特征,即政府作为唯一的实际管理主体,直接决定着中国社会组织的发展",而"社会自主"发展目标与目前的国家主义社会组织管理模式之间存在深刻矛盾②。此外,康晓光③、吴玉章④对双重管理体制与社会组织行政化的关联性也进行了深入分析。

在目前不利的制度环境下,社会组织要获得合法性尤其是行政合法性极其困难。这一困境使许多社会组织不得不接受政府部门的依附性吸纳。高丙中将社会团体的合法性分为四种即社会合法性、行政合法性、政治合法性和法律合法性⑤。由于中国的社团管理是以单位为基础的行政体系的延长,所以行政合法性对于中国的社团及其活动具有非常特殊的意义,是它们的命根子。如果社团组织者本身就是相当级别的行政领导,那么,这种社团就具有天然的行政合法性。因此,许多社团乐意与政府部门结成挂靠关系或主动邀请政府领导人担任本组织的负责人。这一观点得到许多学者的赞同。谢海定在《中国民间

---

① 王晨:《中国民间组织发展的三大不利性制度因素分析》,《社会科学》2005年第10期。
② 陆明远:《培育与规制:中国政府的社会组织管理模式研究》,天津人民出版社2010年版,第194—224页。
③ 中国青少年发展基金会、基金会发展研究委员会编:《处于十字路口的中国社团》,天津人民出版社2001年版,第10—12页。
④ 吴玉章:《民间组织的法理思考》,社会科学文献出版社2010年版,第94—117页。
⑤ 高丙中:《社会团体的合法性问题》,《中国社会科学》2000年第2期。

组织的合法性困境》[1] 一文中、刘培峰在《社团管理的许可与放任》[2] 一文中对高丙中的观点作了进一步发挥,对于人们从合法性的角度认识和理解中国社会组织行政化问题、提出解决思路具有一定的启迪意义。

三 从社会组织内部治理的角度分析其行政化问题

社会组织内部治理民主化是社会组织自主性和自治性的重要表现。在社会组织内部建立保障民主选举、民主决策、民主管理、民主监督的组织结构和运行规范,是防止社会组织行政化的重要屏障。一般来说,组织机构健全、民主治理机制完善的社会组织会主动开辟财源,努力夯实组织独立的物质基础;自选领导人,不主动邀请政府官员到本组织任职甚至抵制政府部门派遣的领导人。

在社会组织的内部治理结构中,理事会居于中心位置,是社会组织治理的责任主体。而当前中国社会组织普遍缺乏真正意义上的理事会,这是导致社会组织行政化的重要原因。黄浩明认为:"中国目前比较明显的是政府参与治理民间组织,其主要表现是在行业协会,或称之为政府导向的民间组织。具体体现在理事会主要领导组成、秘书长人选确定和财政资金支持,工作人员仿照政府公务员的标准享受类似待遇"[3]。田凯认为,"一个外在的强有力政府力量的存在,直接影响到非营利组织内部治理机构的实施。其表现之一是非营利组织内部决策权力的外化控制。也就是说,一些原本属于非营利组织的内部决策的权力,被纳入到了政府的运作体系中去,非营利组织失去了对组织内部事务的决策权……事实上,理事长、副理事长、秘书长这些对

---

[1] 谢海定:《中国民间组织的合法性困境》,《法学研究》2004年第2期。
[2] 刘培峰:《社团管理的许可与放任》,《法学研究》2004年第4期。
[3] 陈金罗、刘培峰主编:《转型社会中的非营利组织监管》,社会科学文献出版社2010年版,第119页。

组织发展至关重要的领导人物,是由业务主管部门(或党的组织部门)任命的"[1]。徐晞认为,非营利组织去行政化改革要在完善内部治理机制特别是加强理事会建设上下功夫。他指出:非营利组织民间化就是要在建立健全组织内部民主制度基础上,形成科学民主的非营利组织治理结构和治理机制,在明确非营利组织理事会的具体职责的同时,保证理事会切实履行职责,凡涉及目标方向、章程制度、财务和信息披露的决策,都必须由理事会依法作出决定,不能由主管单位包办[2]。对社会组织内部治理问题的重视,表明部分学者已经认识到,社会组织去行政化改革不仅要处理好政府与社会组织的关系,而且要完善社会组织内部自律机制,以良好的内部治理机制督促社会组织恪守自治性、自主性原则。

四 从政府改革的角度研究社会组织行政化问题

在计划经济时代,中国缺乏独立自治的社会领域。当时的情况是国家统合社会、国家控制社会、国家与社会同一。改革开放后,政治体制改革带来政治环境宽松,政府职能转变带来社会空间扩展,社会组织才具备了生存发展的基本条件。政府主导型生长路径使社会组织不可避免地具有浓厚的行政化色彩。因此,许多学者往往从中国社会组织生发的原初条件出发,论述社会组织的成长规律。较早从事社会组织研究的那批学者,更看重政治体制改革、政府职能转变等因素对社会组织发展的影响。康晓光是国内较早运用法团主义理论解释中国国家和社会关系的学者,他认为,"政府主导型改革"必然是"分步走"的改革,尽管改革促使中国国家与社

---

[1] 高丙中、袁瑞军主编:《中国公民社会发展蓝皮书2008》,北京大学出版社2008年版,第187页。
[2] 徐晞:《我国非营利组织治理问题研究》,知识产权出版社2009年版,第195—198页。

会关系实现了从国家合作主义模式到准国家合作主义模式的转变，但是目前国家仍处于主导地位或支配地位，社会团体发挥"第二行政系统"的职能①。王名、刘国翰、何建宇用蓄水池模型解释社团发育与政府改革的关系。他们认为社团是政府部门安排冗余工作人员的蓄水池，并用机构改革同社团数量的关系验证蓄水池模型的正确性②。王名等人的结论是，中国社团主要在政府选择模式下运作，即社团的成立、活动和注销过程完全由政府主管部门决定。吴锦良所著的《政府改革与第三部门发展》③、李珍刚所著的《当代中国政府与非营利组织互动关系研究》④ 也从政府改革的角度研究社会组织，对社会组织行政化问题多有涉及。

另一方面，一些学者也注意到，社会组织行政化影响了政府改革的顺利进行。毕监武从经济全球化对政府职能的新要求入手，论述了政府职能转变和社团发育的必然性。他同时认为："目前我国的社团组织具有官民二重性，自治和行政机制并行，同时还存在着对国家的资源依赖，无法拥有充分的发展空间、获得较强的自主能力，这与改革的现实要求相脱节"⑤。从政府改革角度研究社会组织行政化问题的学者，往往认为社会组织行政化是政府职能转变不到位的结果。因此，去行政化的基本思路是进一步转变政府职能，把适合社会组织承担的事项交给社会组织，改变政府的公共服务供给方式，创新公共服务供给体系，拓展社会组织的活动空间，增强社会组织的生存能力。

---

① 康晓光：《权力的转移：转型时期中国权力格局的变迁》，浙江人民出版社1999年版，第150—153页。
② 王名、刘国翰、何建宇：《中国社团改革——从政府选择到社会选择》，社会科学文献出版社2001年版，第83—88页。
③ 吴锦良：《政府改革与第三部门发展》，中国社会科学出版社2001年版。
④ 李珍刚：《当代中国政府与非营利组织互动关系研究》，中国社会科学出版社2004年版。
⑤ 毕监武：《社团革命：中国社团发展的经济学分析》，山东人民出版社2003年版，第158页。

五　个案研究

　　个案研究是在一定的理论指导下，对某个或某几个社会组织进行"解剖麻雀"式分析，以小见大，透视中国社会组织发展的现状及存在问题，从实证的角度对中国社会组织发展进行反思。中国青少年发展基金会因举办希望工程而声望卓著，一度成为社会组织开展公益活动的典范。作为一个地地道道的官办社团，中国青少年发展基金会可以成为中国社会组织依附式发展的缩影。近年来，在内外因素的驱动下，中国青少年发展基金会开始对自身进行改革。康晓光从法律框架、章程、高层人事权、收入结构、日常决策权、运行方式、激励机制、监督机制、主观倾向等方面分析了中国青少年发展基金会追求自治化的努力，他认为："这意味着，'自上而下型'社团也可能自觉地追求自治，并能够在现行的法律环境中赢得'自治化'"[1]。律师由于具有较高的文化素质和权利意识，其追求行业自治的积极性也较强，这与律师行业存在的"政会合一"现象存在矛盾。李建新分析了律协行政化的表现，研究了G省律协转型发展的改革举措及其引发的政会冲突即G省律协与G省司法厅之间的冲突[2]。类似的个案研究还有：杨逢银以杭州市餐饮旅店行业协会为例，分析了浙江省行业协会自治功能的发挥及其效果[3]；朱晓阳以中国扶贫基金会为例，研究了中国官办基金会的组织结构调整和理念变迁[4]；贺东航以福建晋江

---

　　[1] 中国青少年发展基金会、基金会发展研究委员会编：《处于十字路口的中国社团》，天津人民出版社2001年版，第123页。

　　[2] 李建新：《非政府组织视野下律协与政府关系》，法律出版社2010年版，第44—45页。

　　[3] 刘玉能、高力克等：《民间组织与治理：案例研究》，社会科学文献出版社2012年版，第74—121页。

　　[4] 高丙中、袁瑞军主编：《中国公民社会发展蓝皮书2008》，北京大学出版社2008年版，第413—428页。

慈善总会为例，研究了国家利用社会模式下的慈善总会行政化问题①。个案研究涉及基金会、行业协会、慈善会等社会组织，研究范围广泛，不仅为中国社会组织行政化问题研究带来了丰富的一手资料，而且提出了一些富有创见性的观点，因而具有较高的学术价值。

六　特定领域、特定类型社会组织的行政化及其转型发展

近年来，中国政府在反思原有社会组织管理体制的基础上，对社会组织采用区别对待的差别化策略，如在维持部分社会组织行政化状态不变的情况下，关注特定领域、特定类型社会组织行政化问题。与此相联系，一些学者对特定领域、特定类型社会组织（慈善组织、公益组织、行业协会等）行政化问题进行了理论阐释。慈善组织数量较多，与普通人的生活密切相关，许多学者因此而将之纳入自己的研究视野。目前关于慈善组织行政化的文献相对较多。陈津利认为，中国慈善组织运行环境有别于西方社会公益慈善市场结构和形式特征，处于以政府控制为主导的社会环境中。但他同时认为："在中国社会体制环境下，慈善组织具有的功能和属性特点，抑或决定了存在有中国特色的成功表现，其背景特征或许成为重要的解释性元素"②。郑功成认为，慈善组织"趋官化"给中国的慈善组织创造一个不存在竞争的发展环境，对慈善组织的发展无任何好处③。冯利分析了公益组织行政化的表现、实质。她认为，公益组织去行政化改革不一定能够持续顺利地进行下去，"实际上，2011年以来，变化的趋势愈加模糊，难以预测。也许行政主导、官办公益组织占据压倒优势的格局将

---

① 贺东航：《地方社群传统与政府主动性——福建晋江慈善总会对构建国家与社会关系的启示》，《华中师范大学学报》（人文社会科学版）2005年第4期。
② 陈津利：《中国慈善组织个案研究——慈善组织的成功、策略和公众参与》，中国社会出版社2008年版，第19页。
③ 郑功成等：《当代中国慈善事业》，人民出版社2010年版，第110页。

长期存在"①。作为经济领域的社团，行业协会商会的健康发展对于市场经济体制完善和国际经济接轨至关重要。在这种背景下，理论界对行业协会商会行政化问题予以高度关注，一度成为新的"学术增长点"。贾西津等所著的《转型时期的行业协会：角色、功能与管理体制》②、徐家良所著的《互益性组织：中国行业协会研究》③是其中的代表性成果。上述学者对慈善组织、公益组织、行业协会等社会组织的功能、组织模式、外部关系、组织体制的分析，深化了人们对社会组织行政化的根源及危害的理论认识，在一定意义上加深了社会组织行政化问题的研究深度。

七 社会组织去行政化改革的地方探索

中国地方政府对社会组织去行政化改革的探索和实践，是地方治理改革的重要内容，也是地方政府创新行政管理体制的重要内容。孙春苗以双重管理体制改革为研究重点，比较了杭州、嘉兴、上海等地的行业协会管理体制改革④。他肯定了地方政府创新行业协会管理体制的重要价值，同时认为地方政府的行业协会管理体制改革并不均衡。沈国琴研究了深圳市社会组织管理制度创新的推进历程，总结了深圳市社会组织民间化改革的特点。他认为，虽然深圳市社会组织民间化改革取得了不菲的成绩，但是，从双重管理到直接登记，"仅仅是从双重许可到单一许可的改革，对于民间组织的设立仍然表现得过于严苛，对民间组织生存、发展仍然存在一定制约作用"⑤。郁建兴

---

① 康晓光、冯利主编：《中国第三部门观察报告（2014）》，社会科学文献出版社2014年版，第33页。
② 贾西津等：《转型时期的行业协会——角色、功能与管理体制》，社会科学文献出版社2004年版。
③ 徐家良：《互益性组织：中国行业协会研究》，北京师范大学出版社2009年版。
④ 孙春苗：《行业协会管理改革的比较研究——基于双重管理体制》，《中国非营利评论》2008年第2期。
⑤ 刘培峰、谢海定主编：《民间组织发展与管理制度创新》，社会科学文献出版社2012年版，第235页。

等在《在政府与企业之间：以温州商会为研究对象》① 一书中、陈剩勇等在《组织化、自主治理与民主——浙江温州民间商会研究》② 一书中总结了浙江温州商会自主发展的经验。谢京辉等在《上海行业协会改革与发展：实践与经验》一书中分析了上海市培育发展行业协会、调整行业行业协会与政府关系的具体措施③。张良认为中国社会组织行政化是"与生俱来"的。他以人民团体、行业协会、社区社会组织为代表，概括了上海市社会组织转型发展的三种模式即双动力（进取型动力和防御型动力）驱动型模式、政府为主驱动型模式、合力驱动型模式④。总体而言，上述成果研究发达地区社会组织去行政化改革的较多，研究欠发达地区社会组织去行政化改革的较少；研究行业协会商会的较多，研究其他类型社会组织的较少。这与地方政府的改革实践有关，也凸显了学界下一步的研究方向。

八 简评

1993 年，王颖等人在《社会中间层——改革与中国的社团组织》一书中认为，很少有人关注社会组织。十年之后（2003），有人认为，社会组织研究在中国具有显学地位⑤。这说明，在短短的十年内，学界关于社会组织研究取得了很大进展。事实上，目前关于社会组织研究的文献呈井喷式增长，其中许多涉及社会组织行政化问题。因此，以上分析不免有挂一漏万之嫌。从研究队伍上看，高校、社科院

---

① 郁建兴、黄红华、方立明：《在政府与企业之间：以温州商会为研究对象》，浙江人民出版社 2004 年版。
② 陈剩勇等：《组织化、自主治理与民主——浙江温州民间商会研究》，中国社会科学出版社 2004 年版。
③ 谢京辉：《上海行业协会改革与发展：实践与经验》，上海社会科学出版社 2009 年版。
④ 张良：《我国社会组织转型发展的地方经验：上海的实证研究》，中国人事出版社 2014 年版，第 20—25 页。
⑤ 范丽珠主编：《全球化下的社会变迁与非政府组织（NGO）》，上海人民出版社 2003 年版，第 1—3 页。

系统和党校系统都有关注社会组织行政化问题的学者,他们分属于政治学、社会学、管理学、法学等学科。民政部门的部分官员也对社会组织行政化问题进行了研究,撰写了一些论著。甚至境外资助机构对中国社会组织行政化问题也给予关注,它们通过资助、培训、访学等方式推动有关研究。从研究方法上看,除定性分析方法外,定量分析和实证分析也被运用于社会组织行政化问题,研究方法多元化趋势越来越明显。

从研究结论上看,学者们都不否认官办社团和半官办社团的存在,但是对于社会组织行政化的根源、社会组织行政化的弊端等重要问题仍存在不小的争议。如前所述,许多学者认为,双重管理直接导致社会组织依附于政府。但是,也有学者认可双重管理的正向功能。陈剩勇等指出,许多学者认为,对社团实行登记管理和业务管理的双重管理体制,严重阻碍了社团自治功能的发挥,人为地造成政、社不分,阻碍了社会的发育和发展。"但是,这种表述表现出太多的先入为主的自由主义色彩,而缺乏经验的足够支撑"。根据温州商会发展的经验,纯粹从抽象的业务主管单位推导出它会影响行业组织的自主性的结论,未免过于简单。"业务主管的设立实际上对行业协会的发展有着正向的功能"[1]。吴锦良等认为,业务主管单位不会明显影响社会组织的自主性[2]。李本公等认为,要进一步强化业务主管单位的职能,在社会团体审批、日常监管、行政处罚方面给予业务主管单位更大的权限[3]。

有学者认为,政府成立社会组织容易导致政府直接管理社会组织,从而加剧了社会组织的行政化色彩。"政府在设立中部门主导性越强,组织运作与政府部门关系越密切,官办色彩越严重;反之,发

---

[1] 陈剩勇等:《组织化、自主治理与民主——浙江温州民间商会研究》,中国社会科学出版社2004年版,第156—157页。
[2] 吴锦良等:《走向现代治理:浙江民间组织崛起及社会治理的结构变迁》,浙江大学出版社2008年版,第258页。
[3] 李本公主编:《国外非政府组织法规汇编》,中国社会出版社2003年版,第411页。

起方比较广泛，有较明确的社会目的，则可能有更多的社会运作因素"①。但是，另有学者认为，社会组织的出生路径与其自主性之间没有必然的联系，政府决定的社团成立方式并不必然意味着这些社团将没有自主性②。

有学者认为，社会组织的财政依赖倾向是其独立性差的主要原因。"资金由谁投入及对人员的管理权是决定一个单位是政府办还是民办的最基本因素。政府办就是政府投资设立。其主要含义为政府从国家财政中拨付直接进行的投资，并进行包括立项审批、勘察设计、组织协调管理或单位领导的任免、单位编制的核定、财政补贴等行政和经济行为。政府对投资项目和投资设立的单位能够产生直接影响和重要作用，实际上是充当投资项目或设立单位的保护人、代理人、扶持者和管理者的角色"③。但是，另有学者认为，社会组织的财政依赖与组织依赖之间没有必然的联系。"社团自身的独立性同社团的经费来源没有直接的关系。我们不能从社团的大部分经费来自政府部门而简单地推断社团的独立性很小，也不能仅仅根据社团的大部分经费来自社会而认为社团的独立性很大"④。

在理论界，对社会组织行政化的弊端尚缺乏统一的认识。不少学者认为，社会组织行政化是在经济体制改革不到位、政治与行政体制改革缓慢的特定条件下形成的一种畸形的非常态现象，是社会组织良性发展的主要制约因素。然而，一些学者认为行政化对政府和社会组织都有有利的一面，在一定程度上是一种双赢的制度安排。比如，有学者认为："官民二重性赋予中国社团组织以极大的活力，并有助于

---

① 王名主编：《中国民间组织 30 年》，社会科学文献出版社 2008 年版，第 194 页。
② 吴锦良等：《走向现代治理：浙江民间组织崛起及社会治理的结构变迁》，浙江大学出版社 2008 年版，第 258 页。
③ 齐炳文主编：《民间组织：管理·建设·发展》，山东大学出版社 2000 年版，第 9 页。
④ 王名、刘国翰、何建宇：《中国社团改革——从政府选择到社会选择》，社会科学文献出版社 2001 年版，第 126 页。

在政府、社团以及社团成员三方之间达致一种可欲的正和博弈状态"[1]。

有学者认为："对政府的资源依赖并不必然导致民间组织自主性的缺失，相反，有效的政府资源支持恰恰可以帮助民间组织找到自身的组织身份"[2]。

有学者认为："'官民二重性'长期共存于组织之中，既是中国非营利组织最大的特点，也是其最大的优势，是任何一个非营利组织都必须去面对的问题""'官民二重性'是我国非营利组织的特殊性的集中体现，不能盲目地呼吁减少官方投入，脱离政府控制，而要尽可能地结合政府的资源优势来发展自己"[3]。有学者认为："政府加强对社会组织的控制与监管，包括对社会组织的成立、人员组成、资源筹集和服务内容等加强控制。这种路径虽然将国家的意志渗透到社会组织中，但可以让社会组织在成长的过程中拥有更多的资源和合法性，对于社会组织的成长具有推动作用"[4]。

由于这种认识，一些学者反对去行政化改革。这说明，凝聚社会组织去行政化改革的共识，寻求去行政化改革的最大公约数较为困难。

上述研究具有较高的学术价值，是后续研究无法回避的理论资源。如果说任何后续研究都须站在"巨人的肩膀"上，那么上述学者的理论贡献就是这里所说的"巨人的肩膀"。但是，这些研究还存在一些值得改进之处：第一，由于许多学者是在论述相关问题时涉及中国社会组织行政化，因而多是从某个层面分析中国社会组织行政

---

[1] 于晓虹、李姿姿：《当代中国社团官民二重性的制度分析——以北京市海淀区个私协会为个案》，《开放时代》2001年第9期。
[2] 吴锦良等：《走向现代治理：浙江民间组织崛起及社会治理的结构变迁》，浙江大学出版社2008年版，第342—343页。
[3] 陆道生、王慧敏、毕昌贵：《非营利组织企业化运作的理论与实践》，上海人民出版社2004年版，第342—343页。
[4] 付建军、高奇琦：《政府职能转型与社会组织培育：政治嵌入与个案经验的双重路径》，《理论与现代化》2012年第2期。

化，研究不够深入，尤其是专题研究中国社会组织行政化问题的论著很少。

第二，社会组织行政化问题已成为一个多学科共同关注的理论问题，研究方法和结论体现了不同的学科背景。由于缺乏对多学科亮点的总结，关于社会组织行政化的问题有"碎片化"的倾向。

第三，从表面上看，社会组织行政化问题是一个"老生常谈的话题"，但是研究尚停留在资料介绍和描述性分析的水平上，缺乏严谨的理论框架和系统的理论创新，对一些重大的理论问题仍缺乏明确答案。比如，如何以清晰的逻辑和确凿的证据揭示了社会组织行政化的负面影响，以凝聚改革共识？不是政府部门的组织却行使行政职能，没有自治性的组织却行使利益代表功能，这一反常现象存在的历史和现实基础是什么？衡量中国社会组织行政化程度的评价指标是什么？如何从国际角度透视中国社会组织行政化问题？以行政命令的方式推行社会组织去行政化改革是否具有可持续性，如何理解社会组织去行政化改革的动力？一些社会组织批评行政化，但又在实践中主动向政府部门靠拢，如何理解这一悖论？如何平衡政府管理权与社会组织自治权，如何走出"一放就乱，一乱就收，一收就死"的治乱循环？这或许是学术界需要进一步研究的重要理论问题。

依附换资源：中国社会组织的策略性生存方式*

资源是组织生存和发展的基础，任何组织要开展活动，必须要消耗一定的资源。然而，任何组织在资源需求上都不是自给自足的，一个组织为了生存和发展，必须与其他组织（环境）进行资源交换。在这种资源流动中，如果一个组织生存和发展的必需资源控制在另一个组织手中，而它又不能通过其他途径获得，它就必须与后者结成依附关系。因此，考察组织的资源获取方式有助于揭示组织间关系及其自主程度。在当前既定的社会经济条件下，中国社会组织普遍面临资源短缺的困境。为了突破资源瓶颈，社会组织主要向政府寻求资源支持。但是，当社会组织接受公共财政支持时，其自主性就会被削弱，从而成为准政府部门。社会组织这种生存方式的基本特征就是"依附换资源"。"依附换资源"可能是社会组织不得已的选择，也可能是社会组织心甘情愿的选择。无论哪种情况，"依附换资源"都是资源短缺背景下社会组织的理性策略。"依附换资源"生存策略及其负面效应表明，推进社会组织去行政化改革、增强社会组织的自主性，要重视改革社会组织管理体制、创新政府监管方式，更要重视多元化社会组织筹资渠道，夯实社会组织自主发展的资源基础。

---

* 原载《河南社会科学》2019年第5期，收录时有改动。

一 中国社会组织的资源困境

改革开放以来，中国社会组织数量激增，活动领域日益扩大，提供的服务种类逐渐增多。这意味着中国社会组织消耗资源的总量剧增。然而，中国社会组织可以获得的资源却极其有限，它们由此陷入了严峻的"资源困局"[①]。一项调查显示，缺乏资金是社会组织面临的首要难题[②]。一些知名社会组织负责人认为："现在很多 NGO 就变成这样，吃了上顿没下顿"[③]。由于缺乏资金，许多社会组织难以组建专业化的管理团体，难以维持对会员的吸引力，结果，这些社会组织靠一两个人在苦苦支撑[④]。在资金匮乏的情况下，为了维持正常运转，一些社会组织号召讲奉献、讲风格。社会组织是使命和价值观驱动的组织，但是一味肯定精神因素的作用，物质激励缺位，社会组织的发展就会缺乏可持续性。邓小平指出，只讲牺牲精神，不讲物质利益，是唯心论，"一段时间可以，长期不行"[⑤]。

中国社会组织的资源困境可以从其收入渠道进行分析。一般来说，社会组织的收入来源主要包括会费收入、社会捐赠、商业收入、国际援助等几个部分。下文的分析表明，社会组织从会费、社会捐赠、商业经营、国际援助等途径获取的收入极其有限。

会费是会员型社会组织的收入来源之一。按照相关政策规定，会员型社会组织可依据章程规定的业务范围、工作成本等因素，自主制定会费标准，无需得到政府部门的批准或备案。但是，会费标准的制

[①] 李健、郭薇：《资源依赖、政治嵌入与能力建设——理解社会组织党建的微观视角》，《探索》2017年第5期。
[②] 俞可平等：《中国公民社会的制度环境》，北京大学出版社2006年版，第33页。
[③] 王名主编：《中国NGO口述史（第一辑）》，社会科学文献出版社2012年版，第204页。
[④] 李妙然：《西北民族地区环境保护非政府组织研究：基于治理理论的视角》，中国社会科学出版社2011年版，第134页。
[⑤] 《邓小平文选》第二卷，人民出版社1994年版，第146页。

定受民主程序的限制，即经会员大会（会员代表大会）的出席会员或者会员代表1/2以上以无记名投票方式表决通过（会员大会或会员代表大会应有2/3以上会员或者会员代表出席），且及时向全体会员公开会费标准。由于会员大会或会员代表大会的约束作用，会员型社会组织的会费标准一般较低。然而，即使执行较低的会费标准，许多社会组织的会员也不愿意缴纳会费。例如，"在统计的上海49家工业行业协会中，会费收缴不足50%的有13家，收缴率在50%—80%的有25家，平均收缴率仅为61.2%"[①]。在这种情况下，中国社会组织的会费收入偏低。

社会捐赠是社会组织的理想收入来源，是最符合社会组织根本性质的收入渠道。当前，中国社会的慈善意识不强，慈善文化氛围较淡。主要表现是，中国的社会捐赠总额与人均捐赠额较小。对此，可从四个方面进行分析。一是私人捐赠额占社会捐赠总额的比重较低。个人捐赠占捐赠总额的比例不到20%。捐赠企业占企业总数的极小部分，99%的企业从来没有参与过捐赠。企业本身也较少成立社会服务性质的基金会。二是人均捐赠额过低。近十年来，中国人均慈善捐赠仅为1.7元。三是中国的富豪和民营企业家个人捐助的整体状况与其财富量不成比例，捐赠一般只占其资产总额的百分之几[②]。四是社会捐赠总额占GDP的比重很小。一项研究报告显示，中国的社会捐赠总额仅占GDP比重的0.17%[③]。有限的社会捐赠也不以社会组织为主要对象。这主要是税收激励机制不健全造成的。按照《企业所得税法》的规定，企业发生的公益性捐赠支出，仅在年度利润总额12%以内的部分，准予在计算应纳税所得额时扣除。《个人所得税法实施条例》规定，公益性捐赠额未超过纳税义务人申报的应纳税所得额

[①] 汤蕴懿：《行业协会组织与制度》，上海交通大学出版社2009年版，第155—156页。

[②] 顾建键等：《非政府组织的发展与管理——中国和加拿大比较研究》，上海交通大学出版社2009年版，第14—15页。

[③] 《2013年我国慈善捐赠总额近千亿 占同年GDP的0.17%》（http://www.ce.cn/xwzx/gnsz/gdxw/201409/22/t20140922_3574582.shtml）。

30%的部分，可以从其应纳税所得额中扣除。这说明，企业和个人向社会组织捐赠的税前扣除比例较低。再加上，可以出具捐赠减免税凭证的社会组织数量过少，减免税程序烦琐。因此，公司及个人向社会组织捐赠的积极性不高。

商业收入是社会组织的最符合国际潮流的资金来源渠道。美国学者J.格雷戈里·迪斯指出，由于经营社会组织的工作日趋复杂，且社会组织的世界正在改变，因此社会组织的领导者必须成为一位企业家才能跟得上潮流①。尽管中国允许社会组织从事经营活动弥补收入的不足，但是税收规制较严。根据《企业所得税法实施条例》，社会组织的免税收入，不包括社会组织从事经营性活动取得的收入。这一规定表明，中国政府对于社会组织经营收入的税收优惠，态度较为严格。此外，长期以来，人们普遍认为，社会组织应该致力于赊本的事业，是不能营利的。因此，中国社会组织通过正规经营活动获取商业收入的能力偏低。据统计，社会组织营业性收入仅占总收入的6%左右②。

国际援助是发展中国家社会组织获取资金的重要方式。非洲、东南亚国家的一些社会组织甚至离开了国际援助就会夭折③。中国社会组织依靠"洋奶"、以国际援助资金为指挥棒的现象也是存在的。但是，国际援助容易受世界经济形势波动的影响，如世界经济不景气，援助资金就会大幅度减少，因此具有不稳定性。同时，由于政治敏感性，近年来中国政府对社会组织接受国际援助的行为监管较严，如对境外机构捐赠外汇实施严格控制，收回针对国际社会组织的免税权等④。在这种情况下，能够获取国际援助资金的社会组织较少，获得

---

① ［美］J.格雷戈里·迪斯、杰德·埃默森、彼得·伊科诺米：《企业型非营利组织》，颜德治等译，北京大学出版社2008年版，第1页。

② 刘贵山、曹海军：《中国NGO的筹资困境及其现实选择》，《行政与法》2007年第3期。

③ 中国现代国际关系研究院课题组编著：《外国非政府组织概况》，时事出版社2010年版，第326页。

④ 康晓光等：《依附式发展的第三部门》，社会科学文献出版社2011年版，第49页。

的援助总额也较小。

二 中国社会组织的财政依赖倾向

面对严峻的资源困局,中国社会组织将政府作为主要的资源求助对象。许多研究者认为,中国社会组织的经费来源主要依赖政府,或者说,政府提供了社会组织收入中的主要部分。政府不仅提供了社会组织生存和发展所需要的资金,而且提供社会组织正常运转所需要的办公场所、办公设施(电话、传真、互联网、打印复印设备等)。邓国胜发现,社会组织最主要的收入来源是政府资助,该项来源几乎占了社会组织所有来源的一半[1]。许德明认为,政府提供的财政拨款和补贴占社会组织总资金的 49.97%,在所有资金来源中排名第一[2]。尹海洁、游伟婧发现,大部分社会组织的经费来自于政府拨款,政府的资金支持主要表现为财政拨款和实报实销[3]。如果我们将目光投向工会等高度行政化的社会组织,中国社会组织的财政依赖倾向会更明显。这些官办社会组织的活动经费大部分由政府供给,并由法律保障,是政府资源的主要获取者之一。

中国社会组织财政依赖倾向的原因,可从以下几个方面进行分析。

第一,改革开放初期"政府办社会组织"的路径依赖效应是财政依赖倾向的历史根源。改革开放初期,出于调整国家与社会关系的需要,政府有意识地组建了一批社会组织。可以说,中国绝大多数社会组织是由政府自上而下成立的[4]。如果从中国社会组织萌生的原始条件来看,政府成立社会组织具有一定的合理性。因为在社会自治力量

---

[1] 邓国胜:《非营利组织评估》,社会科学文献出版社 2001 年版,第 57 页。
[2] 许德明主编:《国外非政府组织运作管理》,文汇出版社 2008 年版,第 165 页。
[3] 尹海洁、游伟婧:《非政府组织的政府化及对组织绩效的影响》,《公共管理学报》2008 年第 3 期。
[4] 高丙中、袁瑞军主编:《中国公民社会发展蓝皮书 2008》,北京大学出版社 2008 年版,第 158 页。

弱小的情况下，政府不出面组建，许多社会组织就会"难产"或"胎死腹中"。政府出资是"政府办社会组织"的题中应有之义。正如有学者所说的："政府办就是政府投资设立。其主要含义为政府从国家财政中拨付直接进行的投资……政府对投资项目和投资设立的单位能够产生直接影响和重要作用，实际上是充当投资项目或设立单位的保护人、代理人、扶持者和管理者的角色"[①]。由于历史惯性的作用，"政府养社会组织"在某种程度上被延续下来。历史制度主义认为，"一旦制度创设之后，制度结构将很难改变"[②]。按照历史制度主义的这个基本观点，人们早期（最初）的选择将持续和决定性地影响未来，一个组织一旦开始沿着某一条路径发展，这条路径就会按照一种惯性趋势一直持续下去[③]。

第二，政府掌控的资源较为丰裕，吸引社会组织向政府寻求资源支持。一个主体持续向另一主体寻求资源支持，是以另一主体的资源状态能够满足它的需要为前提条件的。否则，资源短缺方就会转变求助的对象。当代中国政府手中的丰裕资源使之对社会组织保持强大吸引力。中华人民共和国成立后，中国仿照苏联模式建立了与计划经济相适应的高度集权的政府管理体制。在这种体制下，政府控制了几乎所有社会资源，包括生产资料、生活资料和机会资源等[④]。尽管改革开放后，政府开始向市场、社会流出资源，政府垄断性占有社会资源的局面被打破。然而由于改革不彻底、社会转型不到位，政府控制的资源在整个社会的资源总量中仍居于压倒性优势。有学者甚至指出，改革的一个意外后果是，"权力在市场化中更加重要，政府垄断的资

[①] 齐炳文主编：《民间组织：管理·建设·发展》，山东大学出版社2000年版，第9页。

[②] [美] B.盖伊·彼得斯：《政治科学中的制度理论："新制度主义"》，王向民等译，上海世纪出版集团2011年版，第70页。

[③] [美] B.盖伊·彼得斯：《政治科学中的制度理论："新制度主义"》，王向民等译，上海世纪出版集团2011年版，第70页。

[④] 孙立平：《转型与断裂——改革以来中国社会结构的变迁》，清华大学出版社2004年版，第31页。

源更多了"①。政府的资源优势使之有能力满足社会组织提出的资源要求,因而成为社会组织的持续求助对象。

第三,获取和使用政府资源的低成本倾向使政府成为社会组织的"理想"资源支持者。一般来说,社会组织从政府获取资源的成本和难度低于从社会、市场获取资源。政府部门尤其是业务主管(指导)单位往往给予与自己结成行政隶属或依附关系的社会组织以资金支持的优先权。依附关系是社会组织获取政府资金支持的最重要砝码,这与靠市场竞争、服务能力赢得资源相比代价要低。另一方面,某些政府部门的成本意识较低,"用他人的钱,为别人办事"②。社会组织获得政府资金支持后,在服务质量和价格方面,这些政府部门往往不太"较真",缺乏"硬碰硬"的检查和监督,缺乏科学的绩效评价方法和程序,缺乏严明的奖惩机制和制度。正因为获取和消费政府资源具有廉价性,一些社会组织形成了谋求政府资源的特定资源偏好。

第四,社会组织的主动"嵌入"行为强化财政依赖倾向。一些社会组织没有认识到财政依赖对自身长远发展的危害,对民主政治建设的负面效应,缺乏改变资源获取方式的主动性和积极性。面对生存资源匮乏的现实,一些社会组织产生了犬儒主义情绪,既然自己无力改变现状,不如主动嵌入社会结构以获得生存和发展的资源和机会。例如,许多商会领导人认为:既然不能改变体制,就要主动嵌入体制,获得资源③。如果说政府权力、制度体系引起的行政化是"被动的行政化",那么社会组织的"嵌入"行为引起的行政化可以称为"主动的行政化"④。"主动的行政化"的实质是资源短缺背景下的社会组织主动财政依赖倾向。这种主动财政依赖倾向具有放大效应,一旦在某

---

① 杨光斌:《走出集权—分权的二元对立误区——论十八届三中全会〈决定〉中的集权与分权问题》,《中国特色社会主义研究》2014年第1期。
② 徐大同主编:《现代西方政治思想》,人民出版社2003年版,第411—412页。
③ 王诗宗、何子英:《地方治理中的自主与镶嵌——从温州商会与政府的关系看》,《马克思主义与现实》2008年第1期。
④ 易承志:《社会转型与治理成长:新时期上海大都市政府治理研究》,法律出版社2009年版。

个社会组织身上成功实施，就会对其他社会组织形成示范，激励更多的社会组织采用这一策略，不遗余力地寻找"靠山""挂靠单位"，以求得到政府部门的资源"眷顾"。

三 从财政依赖走向组织依赖：财政资源获取与政府依附的逻辑关联

一些西方学者根据本国经验认为，社会组织的财政依赖并不必然导致组织依赖，即社会组织依附于政府组织。美国学者科勒莫认为，政府资助并不必然导致社会组织自主权的严重丧失，"财政依赖并不意味着组织依赖，即使在那些公共资金占组织收入比例很高的情况下也是如此"[1]。另有研究表明，挪威和德国的社会组织虽然在财务上严重地依赖政府，却仍然能够保持较高的自主性；荷兰的社会组织从政府那里获得绝大部分的资源，但又保持高度的自主运作状态[2]。这些研究是基于西方背景所得出的结论。对中国而言，社会组织的财政依赖与政府依附之间存在紧密的关联性。

第一，在当前的政府主导型社会结构中，政府与社会组织之间形成"非对称性依赖"关系，这种关系直接强化财政依赖与组织依赖之间的正相关性。考察财政依赖与组织依赖之间的关系，必须结合一国的社会结构。一些西方国家形成了政府—市场—社会三元社会结构，社会组织发达，作用突出。在这种情况下，尽管社会组织在资源上依赖政府，但是由于政府在公共服务、政策倡导、社会自治、政治稳定等方面需要社会组织"排忧解难"，社会组织仍然具有自主性。换而言之，政府与社会组织之间是对称性的依赖关系。但是，中国的现实国情是，社会组织具有天生的弱质性，难以担当独立的"第三部

---

[1] 扶松茂：《开放与和谐——美国民间非营利组织与政府关系研究》，上海财经大学出版社2010年版，第118页。
[2] 张钟汝、范明林：《政府与非政府组织合作机制建设——对两个非政府组织的个案研究》，上海大学出版社2010年版，第73页。

门"的重任，在政治、经济、社会生活中的作用有限，能力较差。比如，在公共服务供给过程中，社会组织仍是政府的助手，充当配角，发挥一些补充作用。因此，中国政府对社会组织的依赖程度远远小于社会组织对政府的依赖程度，二者构成了"非对称性依赖"关系①。在这种关系格局中，社会组织处于"索求依赖"的地位②，完全失去了谈判、讨价还价的对等资格。因而，在接受政府的资源吸纳时，社会组织通常不得不放弃自身的自主决策权、自主治理权。

第二，财政依赖是政府部门谋求经济控制社会组织的一种手段，弥补了行政控制的不足，放大了政府干预的范围和影响力。众所周知，中国政府具有干预社会组织内外活动的较强权能。但是，在建设法治政府的背景下，权力干预必须遵守既定的制度规范和法律边界。因此，政府与社会组织间的制度性依附是有限的。而通过资源引导，政府之于社会组织的影响力被放大。罗伯特·A. 达尔认为"影响力"是指："人类行动者之间的这样一种关系，即一个或更多行动者的需求、欲望、偏好或意图，以一种与影响力施加者的需求、欲望、偏好或意图在方向上一致（而非相反）的方式，左右一个或多个行动者的行动或行动意向"③。在财政依赖背景下，社会组织与政府间关系完全符合达尔的上述定义：政府（影响力施加者）通过资源引导将自己的"需求、欲望、偏好或意图"渗入社会组织的发展进程。从这个意义上说，财政依赖的本质是政府权力的延伸和扩大。

第三，在通常情况下，政府在给予社会组织财政拨款时，设定有附加条件，或者设置一些限定条款，这直接导致社会组织丧失自主性、自治性。有学者指出，社会组织获得政府部门的支持和帮助并不是没有任何"代价"的，这种"代价"主要体现为政府部门对社会

---

① 徐宇珊：《非对称性依赖：中国基金会与政府关系研究》，《公共管理学报》2008年第1期。
② 徐顽强：《资源依赖视域下政府与慈善组织关系研究》，《华中师范大学学报》（人文社会科学版）2012年第5期。
③ [美]罗伯特·A. 达尔、布鲁斯·斯泰恩布里克纳：《现代政治分析》，吴勇译，中国人民大学出版社2012年版，第22页。

组织的严格控制①。"严格控制"的基本含义是社会组织在接受政府的资源支持时，必须将本组织的自主控制权转移至政府部门。从表面上，这是政府与社会组织双方的"自愿交易"行为。但是，在生存资源匮乏的情况下，社会组织别无选择。有关案例显示，资金困境导致一些社会组织在自主与依附上处于两难境地：追求自主性使组织生存和发展资源匮乏；依赖政府获取体制内资源，会增强组织的依附性。例如，某社会组织（R机构）的两任负责人均追求自主性，以理想主义的眼光看待政府与社会组织的关系，最终导致组织陷入资金困境，他们也不得不去职。鉴于"在国内，社会组织生存和发展所必需的资源大多为政府部门所有""机构只有依托政府才能生存下去"，该组织的第三任负责人放弃追求自主的努力。"逐渐放弃自主性和独立性，以此来交换政府给予的项目和经费的支持，同时接受政府对R机构领导人的安排"②。R机构的发展路径表明，在资源杠杆的支配下，一些社会组织必须放弃自主性治理的诉求。

第四，许多社会组织自主意识欠缺，对社会组织作为一个自治部门的独特理念、行为特质和精神气质缺乏认同感，对财政依赖的风险性认知不足，甘愿与政府结成依附式"管家关系"③。民间性、自主性是社会组织的本质属性，是社会组织的真正价值所在。但是，不少社会组织并不看重和珍视自主性，认为如果能得到政府的财政支持，牺牲掉自主性也无所谓。它们乐于在政府的"庇护"之下做事，在财政资源的"袒护"之下开展活动，已基本丧失自主发展、自主管理的愿望和能力。因此，在资源的诱惑下，政府与社会组织之间形成

---

① 崔开云：《国际制度环境下中国政府与非政府组织关系研究》，南京师范大学出版社2011年版，第191页。
② 张钟汝、范明林：《政府与非政府组织合作机制建设——对两个非政府组织的个案研究》，上海大学出版社2010年版，第154—163页。
③ 敬乂嘉：《社会服务中的公共非营利合作关系研究》，《公共行政评论》2011年第5期。

了"卖方主义"①,即政府是资金的卖方,社会组织是资金的买方,卖方利用掌握资金的权力控制了买方的使命、服务领域和对象。

四 "依附换资源"的负面效应

经济自立是组织自治的基础。在目前情况下,政府承担了社会组织发展的大部分资金,也由此左右了社会组织的运作和发展,从而造成社会组织的弱自主性和低自治性。这种现象可以简单概括为"依附换资源"。"依附换资源"现象表明,政府的资金注入不一定意味着社会组织发育质量的提高,也不一定意味着社会组织功能作用的增强。财政资源对社会组织领域的过多介入以及介入方式不当,容易导致社会组织领域过度行政化、政治化,进而产生公共权力"殖民"社会组织的现象,其弊端是显而易见的。

第一,妨碍社会组织比较优势的发挥。社会组织具有民间身份和自治性特质,这使得社会组织具有明显的比较优势②,在公共服务供给和公民德行培养方面发挥着无可替代的作用。美国学者B.盖伊·彼得斯认为,社会组织在提供服务方面往往更有效率,比如,有些社会边缘性顾客恐惧官方权威,社会组织服务的非官方特征比较适合与社会边缘性顾客打交道③。社会组织还是一种"民主的教育机制"④和"品德塑造机制"⑤,其内部的自我管理、自我监督活动,提高了公民的参与意识和政治技能,培育了公民美德和民主价值观。但是,

---

① [美]莱斯特·M.萨拉蒙:《公共服务中的伙伴——现代福利国家中政府与非营利组织的关系》,田凯译,商务印书馆2008年版,第109页。
② [美]戴维·奥斯本、特德·盖布勒:《改革政府:企业家精神如何改革着公共部门》,周敦仁等译,上海译文出版社2006年版,第259—264页。
③ [美]B.盖伊·彼得斯:《比较公共行政导论:官僚政治视角》,聂露等译,中国人民大学出版社2015年版,第248页。
④ [美]艾丽斯·M.杨:《包容与民主》,彭斌等译,江苏人民出版社2013年版,第192页。
⑤ [美]迈克尔·桑德尔:《民主的不满:美国在寻求一种公共哲学》,曾纪茂译,江苏人民出版社2012年版,第383页。

依附换资源：中国社会组织的策略性生存方式

社会组织比较优势的发挥，必须以非政府性、自主性的保持为前提。社会组织的"依附换资源"生存策略，使社会组织开展什么活动、如何开展完全顺从政府意志，在内部管理、项目运作等方面缺乏自治权，更像政府的一个部门。换而言之，在资源的诱导下，社会组织被政府部门"俘获"，徒具"外形"，实质上与政府部门乃是"形异质同"。在这种情况下，社会组织的比较优势就会被削弱，难以在政府不便做、做不了、做不好的领域发挥"拾遗补阙"的伙伴作用。

第二，催生社会组织官僚化。社会组织依赖政府生存，导致社会组织热衷于完成政府交办的任务，热衷于与政府建立密切的人脉关系，热衷于为政府服务和对政府负责。这种眼睛只"往上看"的理念和行为，容易使社会组织偏离自己的宗旨和使命，忘记对公众负责和为社会服务的角色期望，甚至漠视会员利益和公众利益。这实际上意味着社会组织染上官僚主义的陋习，脱离群众，丧失了社会组织生存和发展的群众基础。社会组织与政府之间密切的资源依赖关系，往往导致社会组织内部盛行繁文缛节。繁琐的程序主义是政府项目引导的结果。"政府项目的文书作业一向超乎寻常的复杂且耗时，想要简化文书的流程是不可能的"[1]。政府与社会组织之间基于项目资助而形成的持续互动，不断强化社会组织内部的形式主义倾向，这种累积效应，可能使繁文缛节成为社会组织内部的"文化"。

第三，遏制社会组织活力。党的十八届三中全会指出，要激发社会组织活力。党的十九大强调，到2035年，现代社会治理格局要基本形成，社会充满活力又和谐有序。社会组织是社会领域最主要的结构性要素，只有释放社会组织活力，才能保证"社会充满活力"。然而，政府与社会组织之间基于资源交换而形成的依附关系，使社会组织被政府"套牢"，缺乏自主管理的空间和自治主体地位，缺乏有效回应服务对象需求的激励机制，从而窒息了社会组织活动。有学者指

---

[1] [美]詹姆斯·P.盖拉特：《非营利组织管理》，邓国胜等译，中国人民大学出版社2013年版，第79页。

出:"活力型社会组织绝不是作为政府的附庸而存在"[1]。还有学者认为,如果社会领域只流动着单一的政府财政经费,那么社会组织就不会有活力[2]。

第四,延缓社会组织去行政化改革的步伐。党的十八大以来,中央积极对社会组织治理进行系统化的制度设计与政策创制[3]。党的十八大以来"制度设计与政策创制"的一个重要内容是,将去行政化改革作为促进社会组织健康良性发展的根本举措,如改革双重管理体制、督促行业协会商会等社团限期与行政机关"脱钩"。社会组织奉行"依附换资源"策略,增大了去行政化改革的阻力。"依附换资源"策略使社会组织的自主生存能力羸弱,一旦丢掉政府这根"拐杖",就不能独立行走。因此,一些社会组织对与政府脱钩、"断奶"持抵制态度。由于去行政化改革缺乏社会组织自身的内需动力,中国政府不得不以"行政化"(行政指令)的方式推动去行政化改革。而面对部分社会组织施加的阻力,这种改革方式通常会反弹或回潮。

五 结语

关于中国社会组织的弱自主性,学术界有着不同的称谓,如"依附式发展""依附式自主""体制性吸纳"等。资源依赖及其衍生的依附关系是解释社会组织弱自主性的一把钥匙。社会组织财政依赖与政府依附的逻辑关联性表明,增强社会组织生存和发展的资源基础,才能保证政社分开、依法自治的现代社会组织体制不变形、不走样。

在确保中国社会组织发展的社会主义方向和政治正确性的前提下,适度增加社会组织的自主性和自治能力,使之"回归社会",回

---

[1] 苏曦凌:《激发社会组织活力的政府角色调整——基于国际比较的视域》,《政治学研究》2016年第4期。
[2] 蔡禾:《激发社会组织活力:观念、制度和能力建设》,《社会工作与管理》2014年第3期。
[3] 倪咸林:《十八大以来的社会组织治理:政策演化与内在逻辑》,《当代世界与社会主义》2017年第5期。

归其应有的本质属性和功能定位，是培育和壮大中国社会组织的必然要求，也是改革创新中国社会组织管理方式的迫切需要。为此，必须减少"依附换资源"策略的发生频率，及时防范和化解"依附换资源"策略的负面效应。首先，要鼓励社会组织在恪守非营利原则的前提下，积极开展经营活动。在国外，"越来越多的非营利组织为获得更多的收入，正在向商业企业的运作方式靠拢"[1]。我们也要创造便利条件，倡导社会组织通过销售商品和服务开辟新的财源。其次，要支持社会组织与企业建立规范化的合作关系。社会组织与企业建立合作联盟和协作网络，往往使社会组织"有很多机会，可以调动组织边界以外的资源"[2]。这种资源包括显性资源（有形的物质资源），也包括隐性资源（学习企业的营销策略、经营技巧和公共技能等）。再次，政府在给予社会组织资源支持时，要秉持一种"自敛"态度，即避免全面而直接地干预社会组织内外活动，以使资金资助有利于社会组织自治精神的养成，而不是单纯注重效率的提高和成本的节约。最后，要健全社会组织的自律机制和民主治理机制。科学、有效的内部管理机制是增强社会组织自主意识、自立精神的重要保证，是抵御不良外部干涉的重要屏障，也是社会组织取信于社会、赢得公众资源支持的重要砝码。要以理事会为中心，健全会员大会、监事会等机构设置，完善会议制度、选举制度、决策制度等规范体系，切实提高社会组织自我管理、自我约束和自我规范的能力。

---

[1] ［美］里贾纳·E. 赫兹琳杰等：《非营利组织管理》，北京新华信商业风险管理责任公司译，中国人民大学出版社 2000 年版，第 132 页。

[2] ［美］珍·魏·斯基勒恩等：《社会部门中的企业家精神》，翟启江等译，社会科学文献出版社 2011 年版，第 26 页。

社会组织政策参与

政策参与视野下的中国民间组织发育问题探析[*]

中国民间组织是改革开放的产物。中华人民共和国成立后的一段时期里,由于对马克思主义的错误理解、社会主义认识上的偏差和国家政策的失误,导致社会国家化,国家过多地干预和压制社会,社会失去应有的自主性。改革开放后,随着国家权力持续上缩,国家与社会逐渐分离。由此,中国民间组织赖以存在的条件不断具备,生存空间不断拓宽。但是,由于经济体制改革不到位、政治与行政体制改革缓慢,中国民间组织呈现出"弱小化""行政化""营利化"等特征。民间组织的弱小化、行政化、营利化是其影响政策过程的主要障碍,是其政策参与的重要制约因素。在公民政治参与热情和积极性有了较大提高的当下,深入分析中国民间组织的弱小化、行政化、营利化对政策参与的消极影响,不仅有利于促进和鼓励中国民间组织参与政策过程,而且有利于扩大公民有序政治参与。

一 弱小化制约了民间组织政策参与功能的发挥

制度环境是影响民间组织政策参与的重要变量。一般来说,适宜的制度环境对民间组织的政策影响力起促进作用,不良的制度环境则

---

[*] 原载《理论导刊》2010年第10期,收录时有改动。

起消极阻碍作用。改革开放后，通过颁布一系列关于民间组织的法律、法规和政策，中国民间组织发展的制度环境初步确立。然而，令人遗憾的是，从总体上看，这种制度环境以控制和限制为主要取向，制约了民间组织实力和规模的壮大，制约了民间组织的健康发展。有学者指出："就在市场化改革逐步摒弃经济领域之中的计划管理体制的同时，在中国的社会领域中却正在'从无到有'地建设社团的计划管理体制"[1]。这是非常正确的。中国民间组织的"计划管理体制"主要表现在两个方面，即双重许可制度和非竞争性原则。

根据有关法规，成立民间组织需要同时满足许多限制性条件，包括会员数量、资产经费、民事能力、固定场所、专职人员等。特别重要的是，成立民间组织需要得到业务主管机关和登记管理机关的双重许可。一个民间组织即使具备会员数量、资产经费等客观条件，假如不能找到业务主管单位，也不能进行登记注册，而未进行登记注册的民间组织即为非法组织，应予以取缔。作为一种变通，一些民间组织改在工商部门进行注册，由此带来了税收优惠、公众误解等问题。登记注册的高门槛也使中国"法外"民间组织的数量远超过合法登记的数量，由于缺乏自律机制和他律机制，这部分民间组织常常自由放任、行为失范。当然，登记注册高门槛的最主要弊端是使大量拟筹建成立的民间组织胎死腹中。

现行法规体系还规定了非竞争性原则，即在同一行政区域内已有业务范围相同或者相似的民间组织，登记管理机关认为没有必要再成立的，将不予批准筹备或登记。非竞争性原则不仅排除了通过竞争原则提高民间组织自身能力的可能性，人为地造成某些民间组织的垄断地位，而且为某些政府部门随意整合民间组织提供了依据。由于"业务范围相同或者相似""没有必要成立"等规定较为笼统、模糊，在清理、整顿民间组织过程中，一些政府部门利用这一条款，随意撤并

---

[1] 康晓光：《权力的转移：转型时期中国权力格局的变迁》，浙江人民出版社1999年版，第105页。

和合并民间组织，调控民间组织的数量，违背了民间组织自主发展的基本要求。作为非竞争性原则的延伸，有关制度还规定了限制分支原则，即未经允许，不得设立分支机构和代表机构。显然，这种规定不利于民间组织的扩展、联合和联盟、能力建设。

由此可见，控制和限制取向的制度环境虽然方便了政府管理，却使民间组织处于弱小的状态。有关统计表明，中国民间组织人均拥有量严重不足，每万人平均拥有民间组织数量仅为1.45个，而法国为110.45个，美国为51.79个，巴西为12.66个，印度为10.21个。另外，从民间组织的成员人数、经费支出、活动范围等方面来看，中国大多数民间组织属于小型民间组织[①]。民间组织弱小化阻碍了其政策参与功能的发挥。主要表现在以下方面。

首先，民间组织弱小化不利于弱势群体表达利益要求，从而使公共政策具有背离社会正义的可能性。注册登记的高门槛意味着只有强势群体才能完全满足成立民间组织的限制性条件，而对于社会弱势群体来说，成立民间组织则是一种奢望。民间组织在社会群体间的不均衡分布是导致利益分配不公正的重要原因。强势特权集团由于拥有较为丰富的组织资源，其利益表达渠道较为畅通，致使利益分配不公正地向这些群体倾斜。由于政策影响力较差，弱势群体的利益通常被公共决策者忽视。例如，中国城乡收入差距呈周期性变化，农民在既定的利益分配格局中不占有利地位的重要原因是农民的组织化程度低，缺乏强有力的利益团体表达自身的意志[②]。

其次，民间组织弱小化导致公民参与的无组织性、利益表达的离散化，不利于社会稳定。由于民间组织数量少，且实力弱，公民在主张自己的利益时常常依靠政府认可的组织或者个体化的表达。"这样的利益表达的相关程度差，成本过高，效果也不一定很理想。参与的无组织性、利益表达的离散化虽然可能压制一些群体性事件的爆发，

---

① 何增科：《中国公民社会组织发展的制度性障碍分析》，《宁波党校学报》2006年第6期。

② 蔡昉、杨涛：《城乡收入差距的政治经济学》，《中国社会科学》2000年第4期。

在一定程度上对社会稳定有作用，但是从整体和长远来看，对社会稳定和发展都是不利的"①。利益表达的个体化和离散化使社会问题和社会矛盾处于萌芽状态时很难引起决策者的注意，社会问题具有"坐大"的潜在可能性，而一旦社会矛盾爆发，政府也很难找到具有代表性的协商主体，只能以非常的方式解决矛盾，这必然不利于社会保持稳定。

再次，民间组织弱小化抑制了民间组织规模的扩大，造成部分民间组织的非理性化政策参与。一般来说，由于大型组织社会影响力较大，采取非理性参与方式的代价较高，它们的参与行为理性化程度较高，极力避免以极端的方式参与公共生活；小组织由于自身影响小，往往通过哗众取宠或其他极端化的方式扩大社会影响。

二　行政化削弱了民间组织政策影响力

学者们普遍认为，民间组织具有自愿性、自主性、非政府性等本质属性。这意味着，民间组织在体制和组织上独立于政府之外，与国家政治、行政系统无直接隶属关系，且在组织内部建立民主治理机制。然而，受行政化的影响，中国民间组织处于"准政府组织"的境地。无论是在人员构成、经费来源、组织结构方面，还是在运作规范、活动方式等方面，中国民间组织都体现出强烈的行政色彩。

民间组织行政化削弱民间组织的政策倡导功能。行政干预频繁使政府主导民间组织的各项活动，进而使其独立性差，依赖性强。在这种情况下，民间组织不能以平等的身份参与政策过程，不能以独立的姿态代表公众参与，也就难以代表多元化的民间立场向决策者表达根据独立判断所得出的政策诉求。事实正如一位学者所说的：民间组织依附于政府行政机关，过滤了公众的声音，抑制不同意见的提出，从而制约公众决策参与的范围和质量，甚至使决策参与流于形式；民间

---

① 王名主编：《中国民间组织30年》，社会科学文献出版社2008年版，第74页。

组织的行政化打破了它与政府间原本平等互动的常态关系，使之在利益诉求方面有所顾忌，或言不及义，或言不由衷[1]。

此外，民间组织行政化也不利于民间组织的自身建设。主要表现是：其一，行政化使民间组织将处理好与政府的关系作为首要任务，无暇顾及或不重视自身建设。其二，行政化降低了民间组织的社会吸引力和民间合法性，导致服务对象不积极参加民间组织的各项活动。例如，在广东，112家省级行业协会中，仅有5家协会的行业覆盖率在50%以上，其他省级行业协会都在10%以下[2]。2007年，重庆市政府出台文件，要求政府与民间组织在人员、资产、利益、办公场所和职能等5个方面彻底脱钩，此举促进了民间组织实力和规模的壮大。正反两方面的对比凸显了行政化对于民间组织持续发展的阻碍作用。其三，行政化的民间组织内部缺乏民主治理机制和自治制度，存在家长制和形形色色的特权现象，妨碍了组织成员积极性和创造性的发挥。其四，行政化使民间组织的工作职能扭曲，因此，行政化程度与民间组织的组织绩效负相关，行政化程度越高的民间组织，其组织绩效越低下[3]。其五，"二政府""准政府组织"不利于调动社会成员的志愿精神和公益精神，导致中国社会的志愿参与处于较低的水平上，进而妨碍民间组织获取必要的人力资源和物质资源。

三 营利化干扰了民间组织政策参与

当前，中国民间组织的营利化正在以多种形式表现出来。比如，一些民间组织违背组织宗旨和法律规定经商办企业、偷税漏税、私分利润、非法集资、挪用善款等。2001年，媒体曝光中华绿荫儿童村

---

[1] 杨朝聚：《我国非营利组织的行政化及其影响》，《华北水利水电学院学报》（社会科学版）2007年第6期。
[2] 贾西津等：《转型时期的行业协会——角色、功能与管理体制》，社会科学文献出版社2004年版，第108页。
[3] 尹海洁、游伟婧：《非政府组织的政府化及对组织绩效的影响》，《公共管理学报》2008年第3期。

创办人、丽江妈妈联谊会负责人以孤儿名义聚敛钱财。近年来愈演愈烈的乱发排行榜现象，让人们再次见证了某些民间组织的逐利本能。一些民间组织为官商勾结提供了便利，是行政寻租和商业贿赂现象屡禁不止的重要诱因，已沦落为"腐败中介"。这些事例说明，民间组织的营利化离我们现实生活并不遥远。

在市场经济大潮中，民间组织的工作人员容易受"经济人"本性的驱使，过分追逐经济利益和一些稀缺物品。在自我约束和外部约束软化的情况下，这些组织成员就会置社会公益或共益于不顾，从而导致民间组织营利化现象的发生。当然，这不是说市场经济环境是中国民间组织营利化的唯一原因。事实上，中国民间组织营利化的原因是复杂的。

第一，双重管理制度导致管理漏洞和管理空白。双重管理制度的目的是建立民间组织管理的"双保险制"。然而，这种制度的功能并未充分发挥出来。"目前一些地方民政部门组织管理业务无机构、无专人，更谈不上现代化办公条件"[1]，致使民间组织的管理工作受到制约。而面对庞大的且不断增加的管理对象，业务管理部门常常力不从心，对民间组织的日常管理和业务指导难以到位。结果，部分民间组织处在放任的状态。尤其是，由于业务管理部门与民政部门在利益关系、对现实的理解、政策立场等方面的不同，容易产生扯皮推诿、争功诿过等不良现象。例如，民政部门查处某些营利化的民间组织时，个别业务管理部门却充当他们的保护伞。

第二，非竞争性原则使一些民间组织处于垄断地位。在这种情况下，服务对象不能以"退出"的方式对抗垄断性民间组织，更不能对其提供的产品和服务的质量进行比较。结果，这些民间组织凭借垄断地位，抬高服务价格，降低服务质量，变相谋取经济利益，获得超额利润。

第三，税收法规不健全。目前，中国缺乏一部统一、完善的民间

---

[1] 李勇：《新时期民间组织管理工作策略之探讨》，《中国民政》2001年第11期。

组织税收法规体系，导致税收漏洞太多。现行税收法规虽然明确了民间组织的纳税人地位，但是对非营利标准并未做出统一的界定。这导致税务实践中以整个行业的非营利性掩盖个别机构的营利性，使个别营利性机构盗用民间组织的名义，竭力实现利润最大化，使民间组织蒙受污名[①]。现行税收法规也没有充分考虑到民间组织的独特地位，往往比照营利性的企业对民间组织进行税收管理，但是绝大多数的民间组织连最基本的税务登记都没有，从而导致对民间组织的税收监管乏力。

第四，民间组织没有建立良好的内部治理结构。民间组织的最重要内部治理机制是理事会，理事会代表社会利益，它可以保证民间组织的所作所为对社会负责，保证民间组织完成自己的使命。"但是这一制度在中国不存在。从总体上来看，中国的 NGO 都缺乏货真价实的理事会"[②]。另外，许多民间组织没有严格、健全的财务管理制度。有学者指出，相当多的民间组织没有特殊情况不作年度财务报告，或者虽作年度财务报告但无严格审计[③]。由于财务管理水平落后，一些民间组织像企业一样追逐利润最大化。

民间组织是代表公众利益的组织形式，非营利性是其本质属性，因而营利化是对民间组织核心价值观和使命的严重背离。营利化的民间组织必然不把政策倡议作为主要活动，而是集中精力追求某些狭隘利益。有学者正确地指出，营利化的民间组织"回避关键问题，热衷'无价值'事务，是一种普遍取向"[④]。比如，某些行业协会热衷办培训、做交流、评先创优，在行业治理方面反而难以触及。

民间组织营利化也损害了民间组织的社会公信力。由于种种原因，中国民众对民间组织有着根深蒂固的不信任。一项调查显示，

[①] 徐旭川：《非营利组织营利行为及其税收政策定位》，《中央财经大学学报》2005年第10期。

[②] [美] 丽莎·乔丹、[荷兰] 彼得·范·图埃尔主编：《非政府组织问责：政治、原则与创新》，康晓光等译，中国人民大学出版社2008年版，第133页。

[③] 蔺丰奇等：《非营利组织的财务困境与解决策略》，《经济与管理》2007年第6期。

[④] 王名主编：《中国民间组织30年》，社会科学文献出版社2008年版，第194页。

90%以上的人在面临问题时倾向于找政府解决,并对党和政府有着高度的信任,相反,只有3%的人遇到问题寻求民间组织的解决,一半以上的人对私人、社会属性的东西不信任[①]。由营利化所导致的"公益腐败""公益丑闻",损害了民间组织的形象,损害了民间组织与公众之间的本已薄弱的社会资本,使民间组织的社会公信力建设举步维艰。在这种情况下,公众往往认为民间组织是无用的甚至是有害的,不再支持或认同民间组织的政策倡议,这导致民间组织政策倡议的公众基础薄弱,进而导致民间组织的政策影响力低下。

需要指出的是,中国民间组织的行政化与营利化是相互强化的。一方面,民间组织行政化容易导致其营利化。一般来说,行政化民间组织与业务主管部门的关系不规范,或资产不清晰,或债权债务关系不明确,或民间组织充当业务主管部门的"小金库"。在这种情况下,民间组织与挂靠单位容易结成利益共同体,双方配合默契,各取所需,即民间组织在为本单位甚至个人谋取私利的同时,也为挂靠单位捞取好处。另一方面,从历史经验上看,政府对民间组织的规制容易陷入所谓的"监管陷阱",即当众多民间组织违背非营利准则,偷工减料、虚报成本、违法乱纪,辜负公众期望时,要求政府加强对民间组织监管的社会呼声就会很高。于是,政府就会采取各项措施,严格控制民间组织的各项活动,从而导致民间组织行政化。这就告诉我们,推动中国民间组织健康发展,必须统筹"去行政化改革"和"去营利化改革"。唯其如此,才能使中国民间组织的政策参与成为政策过程中的有益因素,才能增强中国民间组织的政策影响力。

[①] 贾西津主编:《中国公民参与:案例与模式》,社会科学文献出版社2008年版,第15页。

中国社会组织政策参与的主要特征[*]

改革开放以来，随着社会主义市场经济的发展和政治民主化进程的推进，中国社会组织发育的条件日益具备，存在的空间日益拓展，并以各种方式影响党和政府的政策，成为政策过程中不可忽视的角色和参与者。毋庸置疑，中国社会组织的政策参与和西方国家具有一些共同特点。但是，由于国体、政体等不同，中国社会组织的政策参与在方式、领域和指向等方面也有一些值得关注的个性特征。

一　参与动机：利益

在现代社会，政府权力扩张、政府职能膨胀已成为一种普遍现象。可以毫不夸张地说，人们的吃、穿、住、用、行等各个方面都与政府职能的履行息息相关。在这种情况下，政府的政策行为就成为人们的关注对象。因为，从本质上讲，公共政策是对社会利益作权威性分配的方案。当政治权力组织对社会利益进行分配时，各利益团体通过种种方式力图影响政治权力组织的分配行为，以期实现和维护本团体利益。这说明，增进和实现特定群体的利益是社会组织参与政策过程的重要动机。但是，这种动机并不能解释所有的政策参与行为。还应该看到，实现和促进公共利益也是社会组织政策参与的动机。比

---

[*] 原载《前沿》2011年第4期，收录时有改动。

如，活跃在环保、扶贫领域的社会组织积极进行政策倡导，把自己的政策意图和政策立场输入政治系统，其目的是使政府的政策导向与它们对公共利益的理解相一致。结论正如戴维·伊斯顿所指出的："人们可能受攫取个人利益的愿望所驱使而提出要求，也可能为最大的公共动机所激发而愿意付出最崇高的牺牲"①。如果我们承认社会组织具有"为公"的动机，则"理性经济人"模型必须作一些修正。诚如福山所说的："人类以不理性的、团体导向方式采取不以个体效用为目的之行动，其发生频率已经如此之高，所以新古典主义模型显然不足以为我们勾勒人类本质的全貌"②。也就是说，利益是中国社会组织政策参与的深层动因，在利益驱动下，中国社会组织产生参与政策过程的内在要求，不过，这里的"利益"是广义的，不仅包括特定群体的利益，而且包括公共利益。

二 参与方式：以舆论参政和人格化参与为主

仅有参与动机并不一定能够使社会组织产生参与行为。在某种情况下，虽然参与主体的积极性很高，但是由于缺乏参与渠道，由于参与的制度化建设滞后，参与行为发生的频率仍然低下。因此，社会组织的政策参与必须借助于一定的制度体系、依靠一定的规则和程序才能落到实处。近年来，中国逐步建立了一系列有关社会组织政策参与的制度措施。1997年通过的《价格法》规定，"制定关系群众切身利益的公用事业价格、公益性服务价格、自然垄断经营的商品价格等政府指导价、政府定价，应当建立听证会制度，由政府价格主管部门主持，征求消费者、经营者和有关方面的意见，论证其必要性、可行性"。根据《价格法》，国家计委制定了《政府价格决策听证暂行办

---

① 参见徐大同主编《现代西方政治思想》，人民出版社2003年版，第407页。
② [美] 戴维·伊斯顿：《政治生活的系统分析》，王浦劬译，华夏出版社1999年版。

法》。2000年颁布的《立法法》规定,保障人民通过多种途径参与立法活动,并且指出,人民参与立法的途径是多样的,"听取意见可以采取座谈会、论证会、听证会等多种形式"。有关公众参与环境保护的制度规范也相继建立起来。然而,由于这些制度规定较为笼统,弹性过大,缺乏可操作性,其政治功用并未完全发挥出来。例如,听证制度在中国的运用,为社会组织参与政策过程提供了新的渠道,被视为"公民直接参与公共决策过程的突破口"[①]。但是,由于缺乏明确的程序规定和具体的制度安排,听证制度在实施中存在诸多不容忽视的问题。事实上,价格决策中的听证会已经被讥讽为"逢听必涨"的政治游戏[②]。这说明,听证会还未成为各方利益博弈的重要场所,它的政治象征意义大于它对政策过程的实质性影响。因此,中国社会组织的参与渠道与其参与热情相比,仍有不小的差距。这种滞后性使得中国社会组织影响政策过程的渠道显得较为单一、狭窄。在实践中,中国社会组织主要使用的政策参与方式是舆论参政和人格化参与。

中国社会组织最经常使用的政策参与方式是诉诸新闻媒体。新闻事业的发展促进了中国社会组织的政策参与。新闻媒体不仅是社会组织获取政策信息的重要平台,也是社会组织表达意见的重要渠道。通过新闻媒体,社会组织的政策见解能够为公众所感知,进而可能获得公众的支持。由于新闻媒体具有放大民间声音的功能,社会组织频频利用这一参与途径。一些社会组织创办了报纸、杂志、网站等大众传媒。比如,四川省个协联合创办了《个体私营》杂志。该刊物的主要功能是,一为传达党政最新的有关个体私营经济的方针政策;二为反映个体户私营者对国家政策的态度和提出希望[③]。大众传媒与社会

[①] 彭宗超等:《听证制度》,清华大学出版社2002年版,第27页。
[②] 《谁来终结"逢听必涨"的游戏》(http://www.ce.cn/finance/main/gd/20060425_6814765.shtml)。
[③] 周建明等:《和谐社会构建:欧洲的经验与中国的探索》,清华大学出版社2007年版,第254页。

组织的密切关系还表现在，一些社会组织"与大众传媒有千丝万缕的联系，要么其发起人、负责人和主要成员在传媒机构任职，要么它们在传媒机构有大量支持者和朋友"①。这使得一些社会组织虽然旗下没有新闻媒体，但是仍可以进行舆论参政。另外，新闻媒体往往也视社会组织为自己的后援，当它们集中报道某一政策问题时，它们经常会寻求这一领域的社会组织的支持。这表明，当代中国，社会组织与舆论互动的态势已经开始显现。

由于体制内的参与渠道不畅通，社会组织常常以非制度化的方式影响政策过程，对人格化参与方式的依赖程度较高，甚至不惜以行贿等方式在官僚机构内部扩展人际关系。其弊端，正如一位学者所指出的："民间组织把一部分精力用在建立关系方面，影响了自身能力的建设，也影响了参与水平。参与方面的人治主义特征，同样也影响了正式参与渠道和程序的建立，于是形成一个'没有渠道——找关系，依赖关系——轻视程序、规则和制度建设'的恶性循环，影响了制度转型"②。另外，正式参与渠道不畅抑制了社会组织的参与热情，导致一些社会组织对影响政策过程持规避态度，造成政治冷漠现象。这不仅不利于党和政府倾听民意、体察民情、集中民智，而且不利于培养社会组织对政治体制的忠诚感和归属感。

三 参与意向：构建与政府间的良性互动合作关系

从总体上看，中国社会组织与政府之间的关系是一种良性互动合作关系。如前所述，自上而下型社会组织大多是政府有意识扶持。因此，它们与政府之间合作程度较高，"社会性、非政治性特征明显，对政府、执政党的依赖性较强"③。在这种情况下，此类社会组织倾

---

① 朱光磊：《当代中国政府过程》，天津人民出版社2002年版，第283页。
② 王名主编：《中国民间组织30年》，社会科学文献出版社2008年版，第78页。
③ 王玉琼：《利益集团与政府决策》，《探索》2001年第2期。

向于影响政策输出，其所提出政策建议侧重于"如何做，而不是做什么"，即在与政府的宏观政策导向相一致的前提下，利用自己的专长，对政策问题的解决方案提出政策意见。也就是说，在政府施政过程中，此类社会组织力图扮演"帮忙者"而不是"添乱者"的角色，是政府与民众之间的桥梁和纽带。一方面，它们将党和政府的方针政策传递给各自所联系的一部分民众，号召他们支持党和政府制定的公共政策；另一方面，它们将各自所代表的部分群众的意见、要求反映给党、政府，力图影响党和政府的政策输出。自下而上型社会组织的合法性和活动空间依赖于政府的规制政策。为了不恶化自己的生存环境，自下而上型社会组织通常避免与政府发生冲突，而是力图在政府内部建立良好的合作伙伴关系。一份调研报告证实了这一点。"在对'绿色江河'和国际小母牛的调查中，这两个组织都承认，它们进行活动的前提是与政府保持一致、取得政府的认可"[1]。正是从中国的现实出发，有学者对西方的"公民社会反对国家"经典范式提出了批评，认为社会与国家的关系，"绝非是时下许多人所片面强调的那种简单对立以至对抗的关系（所谓强者'vs'后者），恰恰相反，它所要建立的正是社会与国家之间的一种良性互动关系"[2]。

上述分析表明，在影响政策过程中，中国社会组织力图与政府保持对话、合作关系，而不是扮演压力集团的角色，以西方国家压力集团的活动方式进行政策参与。这不仅与当代中国的体制结构有关，而且与中国的传统政治文化有关。根据宪法和法律规定，中国公民可以合法运用的参与方式有近十种，包括向人民代表反映问题、利用媒体等。一项调查显示，只有2.1%的人觉得他们会想到用游行来表达自己的意见[3]。这就非常明确地告诉我们：类似游行这样的带有压力色彩的参与方式不是中国人所喜欢的参与形式。正是基于这些分析，有学者认为，随着市场经济的完善，中国社会组织的政策参与将呈扩大

---

[1] 俞可平等：《中国公民社会的制度环境》，北京大学出版社2006年版，第264页。
[2] 张静：《国家与社会》，浙江人民出版社1998年版，第28页。
[3] 张明澍：《中国"政治人"》，中国社会科学出版社1994年版，第88页。

和活跃的趋势,活动方式会有某些变化,"甚至会发挥某种潜在的'压力'作用,但是他们的总体政治功能的扩大与西方国家会有所不同,在相当一段时间内,不大可能发展为'压力集团'那种模式"①。

四 参与领域:从回避敏感政策问题到逐步介入敏感政策问题

当前,中国社会组织政策参与的领域十分广泛。不仅政府预算、税收政策、能源政策等已成为中国社会组织的参与领域,就连改革开放前被视为"禁区"的外交政策,现在也或多或少地受到社会组织力量的影响②。这是当代中国利益结构不断调整,利益分化日益明晰的必要结果。因此,尽管从总体上看,在非政治敏感领域、非核心政治领域,如在环保、教育、扶贫等领域,中国社会组织参与的深度较大,活动方式较为灵活,政策影响力较大,但是,在过去30多年间,中国社会组织的政策参与经历了从政策边缘到中心、从回避敏感政策问题到介入敏感政策问题的逐步推进过程,原有的政策和习惯所形成的限制正被突破,在一些关键性政策领域也能看到社会组织的身影。例如,2003年以前,中国民间环保组织的主要活动是宣传环保理念、提高民众的环保意识等。随着时间的推移,在参与中逐步成长的民间环保组织开始影响政府的环保决策,甚至公然批评政府的环保政策。2009年,民间环保组织重庆市绿色志愿者联合会在一份行政复议申请书中,公开批评国家环境保护部对金沙江水电项目的行政处罚存在瑕疵,在事实上掩饰、放纵了某些环境违法行为。在绿家园、自然之友、云南大众流域、北京地球村等民间环保组织的影响下,怒江大坝工程终被搁置,这被誉为民间环保组织影响政府决策的标志性事件。这些分析表明,中国社会组织的政策参与走的是渐进式发展道路,我

---

① 朱光磊:《当代中国政府过程》,天津人民出版社2002年版,第286页。
② 俞可平等:《中国公民社会的兴起与治理的变迁》,社会科学文献出版社2002年版,第188页。

们应该以变化的眼光来看待中国社会组织的政策参与。

五 参与指向：以行政部门为主在当今世界，"行政国家"是一种普遍现象

在这种情况下，政府行政直接地、现实地关系到人民利益的实现。正如 J. S. 密尔所指出的："在每一个国家，行政是政府行使直接权力的部门，并且是直接和公众打交道的；个人的希望和恐惧主要是指向它的，政府的好处，以及政府的恐怖和威信，也都是主要通过它表现在公众眼里的。"[①] 因此，行政部门自然成为社会组织的重要政策诉求对象。这一点在当代中国表现得更加明显。中国的传统和现实共同确立了政府的主导地位，行政权力支配社会是根深蒂固的政治现象。与此相联系，社会组织的政策诉求能否得到政府的认可和支持，对于这种诉求能否实现及其实现程度具有决定性作用。结果，中国社会组织的政策参与主要指向行政部门。

从参与层次上看，中国社会组织通常向中央政府提出自己的政策性诉求。中国是一个典型的单一制国家。中央政府具有较高的权威，在权力分配中居于优势地位，中央政府与地方政府之间存在上级与下级、领导与被领导、指挥与服从的关系，中央政府所制定的政策，地方各级政府必须贯彻执行。在这种政治格局下，参与的高指向性就成为中国社会组织政策参与的重要特征。当然，这不是说地方政府不是社会组织施加政策影响的对象。按照"兼顾中央与地方两个积极性"原则，在坚持中央统一领导的前提下，地方可以因地制宜地执行中央的政策。而且，改革开放以来，随着中央不断向地方下放权力，地方政府的自主性和自主权不断增大。在这种情况下，虽然能力强、能量大的社会组织通常将中央政府作为自己的首要参与对象，但是，当自己的政策诉求不能被纳入中央政府的政策体系时，它们也会转而影响

---

① [英] J. S. 密尔：《代议制政府》，汪瑄译，商务印书馆1982年版，第57页。

地方政府。例如,包括全国工商联房地产商会、中国房地产协会在内的各种房地产协会组织积极游说中央政府,让房地产行业进入"十大产业振兴计划"。尽管如此,房地产行业还是没能进入"十大产业振兴计划"。于是,房地产协会组织将地产振兴的希望寄予地方政府。在各地地产协会的大力推动下,一些地方政府出台了许多振兴房地产市场的措施。2009年3月3日,几乎与广东"两会"代表抵达北京同步,广东省政府火线出台15条刺激楼市的新政,即《关于促进省房地产市场平稳健康发展的若干意见》。新政很大部分采纳了广东地产商会的政策建议。而类似广东这样由地产协会建议,最终影响决策的现象在各地并非鲜见,一些地方的新一轮救市政策,呼之欲出①。这个事例说明,在某些情况下,地方政府也是中国社会组织政策参与的重要对象。

---

① 《中国民间浮现"游说"集团的渠道向人大诉求权益》(http://www.Chinanews.com.cn/gn/news/2009/03-13/1601126.shtml)。

社会组织影响政策过程的应然条件*

这里所说的"应然条件"是指社会组织与政策过程处于理想状态下所需要的条件。"理想状态"应该这样来界定：一方面，社会组织在政策过程中积极、活跃，能够对政策过程的各个环节产生影响；另一方面，政策主体本着增进、维护和实现公共利益的目的，充分尊重和吸纳社会组织的意见和要求，积极发挥社会组织的作用。从方法论上说，概括应然条件与韦伯所说的"理想类型"有许多相似之处。总结应然条件离不开抽象思辨，但其基本出发点仍然是考察现实世界中的社会组织影响政策过程所具有的根本条件，特别是一些发达国家的社会组织与政策过程互动互适互促所具有的条件。从政治文明的视角来看，这些条件具有一定的普遍意义。如果应然条件全部缺失或者大部分缺失，社会组织对政策过程的影响就是形式主义的，即"象征主义的'参与'"或"不是参与的'参与'"[①]。在笔者看来，社会组织影响政策过程的应然条件主要是以下几个方面。

一 多元的利益结构

对于社会组织的政策参与来说，多元的利益结构有助于社会组织政策影响力的发挥。我们甚至可以认为，没有多元的利益结构，就不

---

* 原载《云南社会科学》2010 年第 3 期，收录时有改动。
① 贾西津主编：《中国公民参与：案例与模式》，社会科学文献出版社 2008 年版，第 249 页。

会有社会组织与政策过程的良性互动。这一点可以从多元利益结构的具体内涵看出。一般来说，多元利益结构的内涵可以从以下三个方面来理解。一是利益形式的多样性。在这种利益格局下，利益分化较为明显，围绕着职业、地域、身份、年龄等形成各种利益群体，存在着多种利益诉求。多样化的利益主张未必全部正确，但就其存在来说，都有一定的合理性。相反，任何一种利益形式企图主导利益结构、否定其他利益形式的存在都是不合理的，无论这种利益是以国家、集体或其他名义出现的。在同质性的传统社会，利益结构通常是一元的或者是一元主导的。在这种情况下，基于各种利益实现的组织活动，必然被王朝统治者视为洪水猛兽，因此，社会组织缺乏存在的土壤，政治决策由君主乾纲独断。二是利益冲突的正当性。利益形式的多样性必须导致利益矛盾。当两个利益主体对同一种利益客体产生利益要求时，利益冲突自然发生。利益冲突唤醒了人们的利益意识，使他们建立各种社会组织，借助群体的力量实现自身的利益。正如西摩·马丁·李普塞特所说的，有着多元利益结构的民主国家"承认冲突是合法的和必要的，并使它的公民有机会参加和支持为各种不同的利益和价值观而斗争的组织"[1]。三是以公开、平等协商的方式进行利益协调。利益差别和利益矛盾不是以暴力的、强制的、非法的方式解决，而是以公开的、和平的、平等协商的方式解决。各种利益团体都有机会影响政府过程，以维护自己所追求的利益，因而，公共政策是由各种利益团体讨价还价、集体谈判的结果，是各方相互妥协、相互博弈的结果。

按照个人主义的基本观点，个人利益在一定范围内不受侵犯，个人享有追求自身利益的自由，"在法律没有规定的一切行为中，人们有自由去按照理性的指导做有利于自己的事情"[2]。与社会、国家相比，个人本身就是目的，社会、国家不过是个人利益得以实现的手

---

[1] ［美］西摩·马丁·李普塞特：《一致与冲突》，张华青等译，上海人民出版社1995年版，第6页。
[2] 浦兴祖等主编：《西方政治学说史》，复旦大学出版社1999年版，第219页。

段。个人主义对个人利益的强调，否定了以整体利益取消、抹杀个人利益的合理性，从而为多元化利益的存在提供了广阔的空间；它的社会利益是个人利益叠加的观点，为政府决策广泛听取公民的意见作了有力的论证。

　　合作主义与多元主义是社会组织影响政策过程的两种基本模式，同时也为社会组织影响政策过程的正当性作了辩护。无论是合作主义还是多元主义都赞成利益结构的多元化，这从一个侧面反映了多元利益结构是社会组织政治影响力得以发挥的重要条件。"二战"后，在一些北欧国家兴起的新合作主义主张，通过制度和规则，"分散的利益团体被不断地整合为更大的利益组织，并最终在国家中形成一些数量有限的、具有垄断性、代表性、非竞争性的中介性组织，它们介于国家与分散的利益团体之间，集中、表达和传递个体和利益团体的要求"[①]，可见，尽管新合作主义强调垄断性的功能组织的作用，但它仍然是以多元化利益结构的存在为前提，因为垄断性的功能组织表达和传递的是分散的利益团体的要求。多元主义的基本观点是，所有的利益主体在政治体系内都有平等的机会组织起来并影响政策制定者。多元主义的代表人物罗伯特·A. 达尔指出："权力是众多代表不同利益的集团——例如商业组织、工会、政党、妇女机构、宗教组织等——之间'无休止的讨价还价过程'中的一个不可分割的组成部分"[②]。因此，多样化的利益团体是多元主义的核心内容，也是公民参与的基础。由于多元主义高度重视利益团体在政策过程中的作用，这种理论又被称为"团体政治学"。

　　从政治实践上看，西方国家社会组织的兴起及其对政策过程影响的扩大是与其现代化进程联系在一起的。在中世纪，尽管教权与王权的争斗、城市的兴起、封建诸侯的存在等因素抑制了君权的扩张，使得西方国家在相当长的时期内没有出现东方的"大一统"局面，但

[①] 徐大同主编：《现代西方政治思想》，人民出版社2003年版，第466页。
[②] ［美］罗伯特·A. 达尔：《民主理论的前言》，顾昕等译，生活·读书·新知三联书店1999年版，第216页。

是其多元利益结构的形成和确立是现代化进程启动以后的事。现代化带来了社会分工的扩大，使原有的社会结构产生了革命性变革，不但促使传统社会群体发生分化，而且产生了新的利益群体。18世纪后半期，詹姆斯·麦迪逊敏锐地捕捉到这一社会现实，他指出："有产者和无产者在社会上总会形成不同的利益集团。债权人和债务人也有同样的区别。土地占有者集团、制造业集团、商人集团、金融业集团和许多较小的集团，在文明国家里必然会形成，从而使他们划分为不同的阶级，受到不同情感和见解的支配"①。这里的基本逻辑是，现代化促使社会利益结构多元化，从而导致社会组织的兴起并对政策过程施加影响。

二 良好的公民意识

从根本上说，公民是社会组织的主体和主要角色。因此，公民素质的高低及其内在精神状况制约着社会组织的发生发展。良好的公民意识是公民政治参与的推动力，使公民从个人的和家庭的自私性的狭小圈子中摆脱出来，关心社会公共事务，积极参与政策过程，避免了政治冷漠现象的发生和蔓延。

从政治学的基本知识来看，公民包含着多层次含义，与此相联系，公民意识的基本内容也非常丰富。

主体意识。公民是独立、自主的主体，主体意识就是公民对自己的这种身份的体认和感知，树立自信、自立、自强意识，剔除臣民身上必然存在的依赖心理。公民与公民之间不存在依附关系，公民不寄希望于任何"清官"替自己做主，因为公民本身就是国家政治生活的主人，而政府官员是人民的公仆，是服从人民和为人民服务的。如果缺乏主体意识，个体就不会积极参与公共事务，而处于凡事靠等、

---

① ［美］亚历山大·汉密尔顿等：《联邦党人文集》，程逢如等译，商务印书馆1980年版，第47页。

靠要的境地，即使参与政治生活，也是以他人意志和判断作为自己选择的根据。马克思指出，人类社会发展经历三大历史阶段："人的依赖关系"是第一阶段；"以物的依赖性为基础的人的独立性"是第二阶段；"建立在个人全面发展和他们共同的社会生产能力成为他们的社会财富这一基础上的自由个性"是第三阶段①。在原始社会、奴隶社会和封建社会，人们的生产能力较弱决定了"人的依赖关系"，因此臣民的产生具有历史必然性。只有在进入"以物的依赖性为基础的人的独立性"为特征的第二阶段，即资本主义社会，才会产生具有主体意识的现代意义上的公民。这从另一个层面阐明了主体意识与公民内涵的必然联系。

权利意识与义务意识。权利意识是公民意识的灵魂，有无权利意识是区分臣民与公民的分水岭。在漫长的中国传统社会，无论是在政治理论上还是在政治实践上，都从未出现过现代意义上的公民。究其根本原因，是传统中国只有向统治者尽义务的臣民、子民。权利意识包括公民的权利认知意识、权利救济意识、权利实现意识、权利要求意识。良好的公民权利意识意味着权利意识的这些方面深入公民的内心之中。另外，权利与义务是对等的，没有无权利的义务，也没有无义务的权利。近代中国的资产阶级民主分子在教育国民、"作新民"时就认识到这一点。梁启超说："义务与权利对待者也。人人生而有应得之权利，即人人生而有应尽之义务，二者其量适相均"②。公民的义务意识是指公民树立权利与义务的不可分离观念，明确自己对他人、对社会、对国家的义务，明知自己的行为应以不影响、危及他人的权利为前提。

平等意识。公民的平等意识来源于个体在商品经济中遭遇的洗礼。商品经济催生了人们的平等观念。因为没有共同的尺度，任何交换都不能进行；没有平等，就不能使用共同的尺度。随着商品经济的

---

① 《马克思恩格斯全集》第46卷（上），人民出版社1979年版，第104页。
② 梁启超：《新民说》，中州古籍出版社1998年版，第177页。

发展，当个体具有人人生而平等、法律面前人人平等、政治权利平等、人格平等等意识时，个体就具备了作为一个公民所必须具备的平等意识。17、18世纪的资产阶级启蒙思想家利用社会契约论为公民之间的平等关系提供经典论证。社会契约论的集大成者让·雅克·卢梭指出："社会公约在公民之间确立了这样一种平等，以致他们大家都遵守同样条件并且全都应该享有同样的权利。"[1] 良好的公民意识是社会组织影响政策过程的必要条件为俄罗斯的政治状况所证实。时至今日，俄罗斯的社会组织建设及其对政策过程的影响仍然难以令俄罗斯人满意，在政策过程中占据主导地位的是寡头分利集团。俄罗斯的一位学者写道："占第一位的是精英政治集团和寡头管理集团之间的紧密联系，而俄罗斯公民的需要和利益被远远地置于边缘。"[2] 造成这种局面的重要原因，是公民意识的缺失。

　　现代化尽管有多种内涵，但其本质内容乃是人的现代化。有学者认为，任何完善的现代政治制度及其原则，本身不过是一些空的躯壳，如果一个国家的人民缺乏一种能赋予这些制度以真实生命力的广泛的心理基础，如果执行和运用这些现代制度的人，自身还没有从心理思想、态度和行为方式上都经历了一个向现代化的转变，失败和畸形发展的悲剧性结局在所难免[3]。王沪宁也指出："一个社会的政治发展在很大程度上取决于人本身的政治发展"[4]。这些论断都表明，人的现代化是现代化的关键内容和主要方面。而公民意识是人的现代性的题中应有之义，从一定意义上说，人的现代化就是臣民向公民转化的过程。因此，公民意识对于现代化、对于社会组织构建乃至其对政策过程的影响具有不可低估的作用。

---

　　[1] ［法］让·雅克·卢梭：《社会契约论》，何兆武译，商务印书馆2003年版，第40页。
　　[2] 俞可平主编：《市场经济与公民社会——中国与俄罗斯》，中央编译出版社2005年版，第65页。
　　[3] 殷陆君编译：《人的现代化》，四川人民出版社1985年版，第4页。
　　[4] 王沪宁：《当代中国村落家族文化》，上海人民出版社1991年版，第259页。

三 高度的政治民主

在民主时代，随着公民在身份、地位、智力等方面趋于平等，出现了"原子化"的公民，个体公民的政治效能感降低。当一个公民与全体同胞相比，他会觉得自己并没有什么了不起，而是微不足道的。在这种情况下，公民结社的积极性非常高。因为，"在民主国家里，全体公民都是独立的，但又是软弱无力的。他们几乎不能单凭自己的力量去做一番事业，其中的任何人都不能强迫他人来帮助自己。因此他们如不学会自动地互助，就将全部陷入无能为力的状态"[①]。也就是说，公民通常以团体的方式参与到社会政治生活中去。另一方面，在高度民主的国家，统治者对公民的结社行为持宽容和支持态度，由此，公民的结社权利得到了切实保障。结果，在民主国家，非营利社团数量多且非常活跃。莱斯特·M.萨拉蒙的比较研究表明，非营利部门在多数发达国家的规模较大，而在拉美和中、东欧的规模则较小[②]。造成这种差距的原因是多方面的，其中民主水平的高低是重要原因。事实上，有学者已经指出了民主对公民组织化的促进作用。朱莉·费希尔指出，民主政权比独裁政权更不可能压制NGO，"总的来说，积极对待NGO是与民主相联系的"[③]。

同时，我们还须看到，"政治民主化是新闻事业发达的基本前提，没有民主政治就没有新闻事业"[④]。因此，在政治民主程度较高的国家，公民的言论自由、出版自由、学术自由、思想自由等能够得到保

[①] [法]夏尔·阿列克西·德·托克维尔：《论美国的民主》下卷，董果良译，商务印书馆1988年版，第609页。
[②] [美]莱斯特·M.萨拉蒙等：《全球公民社会——非营利部门视界》，贾西津等译，社会科学文献出版社2007年版，第11页。
[③] [美]朱莉·费希尔：《NGO与第三世界的政治发展》，邓国胜等译，社会科学文献出版社2002年版，第54页。
[④] 展江等：《新闻舆论监督与全球政治文明》，社会科学文献出版社2007年版，第5页。

障,由此,其新闻传媒的数量众多,独立性较强,以大众传媒为载体的公众领域的功能得到充分发挥,对政策过程的影响也十分突出。

最为重要的是,在政治民主程度高的国家,公民的参与要求能够得到国家的认真回应。近年来兴起的"协商民主""参与式民主""强势民主"等民主形式为社会组织参与政策过程以及国家对社会组织的要求更好地回应提供了新的奥援。有学者指出:"我们正在走向一个参与民主制时代,在利益表达和公民权利保护上的重点已经转移到了各种团体协会上去了……行政过程中的非官方中间人的事前介入要比官方机构的事后监督重要得多"[①]。因此,随着政治民主形式的丰富和完善,政治民主与社会组织政策参与的亲缘关系将表现得更加明显。

四 开放的政策过程

开放的政策过程是指政策过程向包括公民、团体在内的各种政治主体开放,各种政治主体可以以合法的、制度化的渠道进行利益表达、利益综合,影响政策过程。借助合法的、制度化的渠道,公众已经能够将要求传达给政府,因此在封闭的政策过程中大行其道的个人接触和庇护网络日渐消失。由于社会组织与政府之间的参与—回应机制运转流畅,官僚机构内部的权力精英"代表"公众进行利益表达和利益综合、"为民请命"的现象并不常见,即"内输入"不是政治生活的常态。

开放的政策过程还意味着政策过程是透明的,即实行政府信息公开。社会组织要监督政府,影响政策过程须以获取必要的信息为前提。如果政府"暗箱操作",实行秘密政治,社会组织在政策过程中的作用就是无足轻重的。而一般来说,政府与公众处于信息不对称的境地。为了规避信息不对称所带来的弊端,政策过程开放性较高的国

---

① 参见陈振明主编《公共政策分析》,中国人民大学出版社2003年版,第31页。

家往往颁布信息公开法,以保障公众的知情权。

开放的政策过程保证了非营利组织能够经常性地影响政策过程。开放的政策过程意味着政策过程的各个环节都是开放的,非营利组织可以影响政策过程的各个环节。因此,公民可以通过投票选举代表,表达自己的要求,但是公民影响政策过程的途径并不仅限于此。选举结束后,非营利组织可以通过各种方式影响代表们的决策,影响行政官员的政策执行。后者是行政民主的重要内涵。在传统的官僚制行政模式下,具有专业技术和经验的行政官僚负责政策执行。20世纪后半期兴起的行政民主潮流认为,行政官僚不应在政策执行中居于独尊地位,社会组织理应参与政策执行。因此,行政民主拓宽了社会组织的活动空间,也为政策过程的开放性注入了新的内容。

开放的政策过程不仅为社会组织参政提供了保障,而且为舆论参政提供了便利条件。在哈贝马斯看来,咖啡馆、酒吧等是重要的"公共空间",它在家庭之外为朋友和不相识的人提供了社交场合。人们在这种公共空间里,进行公共交往,形成公共意见和政策批评。由于信息公开,渠道畅通,这种公共意见能够介入政策过程。一些社会公共问题经过大众传媒的宣传和报道后,引起社会公众的密切关注,由于同样的原因,它会很快进入政策议程。

五 良好的制度环境

所谓制度环境是指"国家用以规范和制约民间组织活动的所有正式的或非正式的准则"[①],包括宪法、法律、行政法规、执政党的政策、非正式制度。一般来说,良好的制度环境对社会组织的政策影响力起促进作用,不良的制度环境则起消极阻碍作用。在笔者看来,良好的制度环境的精义是法治的确立。

国家权力是一种"双刃剑",既可以为个人自由权利的实现创造

---

① 俞可平等:《中国公民社会的制度环境》,北京大学出版社2006年版,第6页。

条件，扫清障碍，提供保证，又可以侵犯个人权利，特别是在国家权力被滥用的情况下更是如此。再者，如果国家权力太大，社会的自主空间必然被压缩，社会组织必然蜕化为一种依附角色，难以成为影响政策过程的一种独立力量。法治的重要功用就在于限制政府权力，使其恪守自己的功能边界，并在正确的轨道上行使。以分权制衡为目的的宪法性分权，是"以权力制约权力"的重要表现，但单靠国家权力内部的分权制衡还不够，要"管好"权力，还必须坚持"以权利制约权力"。这是古典自由主义者留给人类的重要遗产。

早在17、18世纪，自然法学派的代表人物约翰·洛克等就指出，正义法必须以保护人的基本权利为依归。约翰·洛克说："法律的目的不是废除或限制自由，而是包含和扩大自由。"[①] 这一点在国家的根本大法宪法身上体现得尤为明显。宪法的根本目的在于限制政府权力，保障人们的基本自由权利。乔·萨托利指出，国家权力与公民权利是宪法不可偏废的核心组成部分，"两者对宪法之成其为宪法都是必要的。它们绝不意味着任何政府规划就等于是一部宪法；它们意味着只有当政府框架提供一个人权法案以及保证人权法案得到遵守的一系列制度设施时，政府规划才成为宪法"[②]。在"法律之下权利"中，结社自由具有基础性意义，非有必要，不得限制。也就是说，在法治国家，结社是公民自由意志的行为，公民组织的合法性是自然具备的，不能由国家随意加以干涉。

已经制定的法律如果得不到贯彻、执行，仅仅停留在字面上，还是难以发挥预期的作用。因此，在法治国家，公民、社会组织、政府官吏都以法律作为自身的行为准则，不允许任何凌驾于法律之上的特权等级的存在。中国古代的法家也讲"法治"，但是其与西方的法治思想不可同日而语。传统中国的"法治"思想带有很强的御用和工

[①] ［英］约翰·洛克：《政府论》下篇，叶启芳等译，商务印书馆1964年版，第57页。

[②] 刘军宁等编：《市场逻辑与国家观念》，生活·读书·新知三联书店1995年版，第106页。

具主义色彩，法律主要用来"治民"，而不是用来"治官"，不但君主不受法律约束，而且显贵集团也常常逍遥法外，"刑不上大夫"。法治的缺失使传统中国只有"子民社会""臣民社会"，而不会有社会组织的政策参与。

中国社会组织影响政策
过程的实然条件[*]

一般来说，社会组织影响政策过程的条件可分为"应然条件"和"实然条件"两类。所谓"应然条件"是指社会组织与政策过程处于理想状态下所需要的条件。所谓"实然条件"是指社会组织影响政策过程的现实条件和具体背景。由于当代中国正处于社会转型之中，中国社会组织虽已成为政策过程中的不可忽视的力量和参与者，但中国社会组织影响政策过程的应然条件并未完全具备。因此，以现实主义的态度具体分析中国社会组织是在何种现实条件下影响政策过程的，比分析中国社会组织影响政策过程的"应然条件"更有意义，更有价值。鉴于此，笔者拟对中国社会组织影响政策过程的"实然条件"进行简要分析。

一　多元利益结构初步形成

改革开放以来，传统中国"大一统"式的同质性社会逐渐瓦解，出现了利益分化现象，利益结构多元化的趋势越来越明显。

第一，"由所有制结构的变化引起的利益分化是最为实质性的一种利益分化"[①]。经过30年的改革，中国确立了以公有制为主体、多

---

[*] 原载《郑州大学学报（哲学社会科学版）》2011年第1期，收录时有改动。
[①] 桑玉成：《利益分化的政治时代》，学林出版社2002年版，第18页。

种所有制经济共同发展的基本经济制度。在所有制形式多样化的情况下，人们的利益要求必然趋向多元化。不仅在不同所有制企业中就业的人有着利益差别，甚至同在公有制企业中就业的人，由于公有制经济实现形式多样化，其利益差别也较为明显。

第二，分配方式多元化进一步增强了利益结构多元化。改革开放以来，为了促进生产力的发展，中国果断地抛弃了平均主义的分配政策。在一部分人、一部分地区先富起来的分配政策、以按劳分配为主体多种分配方式并存的分配制度、效率优先兼顾公平的分配原则的作用下，中国社会的收入分配差距逐渐拉大，地区之间、行业之间、城乡之间的贫富差距逐渐明显。收入差别和经济地位上的差距加剧了传统社会利益结构的瓦解。

第三，阶层结构多元化使党和政府开始正视利益结构多元化。1978年以来，中国的社会阶级阶层结构出现了重大变化，传统的"两个阶级一个阶层"的说法已不能反映中国的社会现实，阶层结构多元化成为不争的事实。不同的阶层通常有着不同的利益主张，因此，人们通常又将社会阶层称为"利益阶层"。随着利益阶层的分化组合，中国社会出现了利益集团。出于正视社会现实的需要，党的十三届二中全会第一次肯定中国社会存在着不同的利益集团，指出：在社会主义制度下，人民内部仍然存在着不同利益集团的矛盾。

当代中国利益结构多元化的重要表现是社会思潮多样化。改革使中国的思想文化领域发生了深刻变化，出现了价值观念多样化和道德意识多样化。非马克思主义的和反马克思主义的、本土的和外来的、中国的和西方的、传统的和现代的思潮相互交织、相互激荡。各种社会思潮是为一定阶级、阶层或集团利益服务的，利益是社会思潮的本源。因此，复杂的、多样化的社会思潮反映了当代中国利益结构多元化的这一社会现实。

在利益博弈的时代，如何审慎而积极地应对"参与爆炸"是中国政策过程中不容回避的问题。在这方面，政党制度发挥着重要作用。尽管中国共产党十分注意扩大自身的社会基础和阶级基础，积极吸纳新兴社会阶层，但党毕竟是社会整体利益的代表，在听取社会组织政治表达和综合各种利益要求时，可能忽视某些单一的、具体的利益要求。社会组织的出现弥补了这一不足，通过向党反映各自所联系着那部分群众的意见和要求，党的触角伸向了社会的每一个微观领域，从而强化了党的利益综合功能和利益协调能力。不过，当前中国社会组织还处在发展之中，其孕育的潜能的充分开发仍需时日。

二 公民意识开始觉醒

1978年以来，政治、经济的深刻变迁，全球化浪潮的冲击，使人的公民意识逐渐觉醒。人们开始思考权力与权利、自由与个性、功利与道义、权利与义务的内在关系和张力，推动了臣民意识向公民意识转型，具体表现是在以下几个方面。

第一，公民的权利意识日增。传统中国是一个义务本位的社会，纲常名教扼制了权利本位的发展，反而使义务观念深入人心。在义务本位价值观的支配下，人们利益受到侵犯时，主要选择"忍耐"。改革开放以来，这种情况逐步改观，人们的权利意识日益增强。"民告官"的案件连续上升就说明了这一点。频频见于报端的城市社区的业主维权行动为中国公民权利意识的兴起提供了新的佐证。权利意识的觉醒催生了集体维权行动，促进了社会组织的成长，扩大了社会组织对政策过程的影响。一些社会成员在维权行为中结成组织，如一些农村的维权社会组织就是如此诞生的；一些社会成员在维权过程求助于社会组织如律师协会，从而扩大这些社会组织的公众基础；一些社会组织自身发起维权行动，锻炼了社会组织的能力。

第二，公民的法治意识有所提升。虽然中国有着几千年的礼治传统，重礼轻法的传统难以在短期内完全被根除，但有关调查显示，中国公民的法治意识已经有所提升。一项调查显示，只有9.3%的人偏好人治，而 61.9% 人既偏好人治又偏向法治①，这与转型社会的政治意识特点是相互联系的，反映了人治的观念正向法治观念转变。

第三，权力崇拜现象有所弱化，公民主体意识抬头。传统儒家文化用不同的方式维持了中国人对权力的唯一信仰。儒教国家的重要政治准则是"学而优则仕"。权力崇拜造成民众的依附心理，他们依赖权威，盲从权威以求得权威的庇护。近年来，权力崇拜的现象有所减少，一种表现是一些政府官员"辞官下海"②。权力崇拜现象的减弱使更多的精英流向社会领域，从而激发了社会的活力，为社会组织影响政策过程添加了新的能量；权力崇拜现象的减弱也增加了民众的主体意识，使民众把自身利益的维护和实现寄托在自身的努力和奋斗上，而不是寄托在"圣君贤相"身上。

第四，公民的公共意识初现端倪。古代中国的"士""儒"具有很强的公共意识和公共关怀，"先天下之忧而忧，后天下之乐而乐"，倡导"天下兴亡，匹夫有责"。在新形势下，传统知识分子的公共精神得到了发扬和超越，并向一些普通公民身上拓展。事实上，每当重大政治事件发生时，中国的国有企业和集体所有制企业的车间工人、高等学校的学生、城市居民等都会进行热烈讨论，表达自己的意见。

公民意识的觉醒向政策过程提出了新的挑战。随着公民意识的觉醒，公民更多地将自身利益与政府政策行为联系起来。一项调查显示，39.6%的人具有较强的政府责任意识③。这说明，公民影响政策过程的愿望越来越强烈，从而为社会组织影响政策过程奠定了重要的社会心理基础。

三 政治民主化进程启动

党的十一届三中全会后，中国进行了以建设社会主义民主政治为

---

① 张明澍：《中国"政治人"》，中国社会科学出版社 1994 年版，第 39 页。
② 王名主编：《中国民间组织 30 年》，社会科学文献出版社 2008 年版，第 44 页。
③ 张明澍：《中国"政治人"》，中国社会科学出版社 1994 年版，第 34 页。

重要内容的政治体制改革。党做出进行政治体制改革的决策，在很大程度上是基于对原有政治体制弊端的体认。改革开放伊始，邓小平就指出，中国政治体制的主要弊端是权力过分集中。"在加强党的一元化领导的口号下，不适当地、不加分析地把一切权力集中于党委，党委的权力又往往集中于几个书记，特别是集中于第一书记，什么事要第一书记挂帅、拍板。党的一元化领导，往往因此而变成了个人领导"[1]。因此，执政党主动地改变自己的领导方式和执政方式，完善自己的领导体制，改善党与人大、政府、司法机构等方面的关系就成为改革开放以来中国政治发展的重要起点。

这就是说，中国政治体制改革的一项关键内容是分权，这种分权包括党政分开、政企分开、政社分开、中央向地方下放权力等。在这种背景下，中国城乡基层自治领域不断拓展。越来越多的农村和城市基层社区正依靠村委会和居委会这样的社会组织，不断提高民主自治水平。基层民主自治制度是人民在整个国家的经济、政治、文化和社会生活中当家做主的基础，社会主义民主最广泛的实践，它的进一步完善会推动国家民主和政治民主的发展。

改革开放以来，中国共产党十分重视党内民主建设。如果说基层民主是由下至上推进民主政治的话，那么，党内民主则是由核心向外围推进民主，即以党内民主带动人民民主，这是中国民主政治发展的既定路线图。因此，中国的政治体制改革在客观上引发了中国政治本身的变革，"从而使中国的政治形态发生整体变迁，其取向是以维护和保障人的自由和平等为出发点，以现代的经济与社会为基础，以民主与法治为目标，以党的领导为原则的社会主义民主政治"[2]。

政治民主化进程的启动激发了公民和社会组织的积极性和自主性，增强了社会活力，在一定意义上说也使个体获得了解放。邓小平指出，民主是解放思想的前提，政治民主化的发展使中国人的思想不

---

[1] 《邓小平文选》第二卷，人民出版社1994年版，第328—329页。
[2] 王名主编：《中国民间组织30年》，社会科学文献出版社2008年版，第264页。

断从那些不合乎中国实际、不合乎时代进步的传统观念的条条框框中解放出来，原来被意识形态束缚、政治运动打压的个人权利日益受到政府的重视。改革开放前，虽然法律也规定公民有结社自由，但在极"左"思潮泛滥的情况下，公民结社自由仅具有形式上的象征意义。改革开放后，这种情况有了很大改变。公民提出结社申请，只要符合法律规定的条件和程序，就很可能得到政府的批准。另一种表现是，十届人大二次会议通过的《宪法修正案》明确规定，"国家依照法律规定保护公民的私有财产权和继承权"。这为个人通过各种方式追求自己的合理利益提供了可能性，当然也为社会组织影响政策过程提供了无可辩驳的正当性。人们注意到，像游说之类的活动正成为中国政策过程中的不可忽视的政治现象。中国社会自治领域的萌生在很大程度上得益于政府在政治民主化进程中有意识调整国家与社会关系的结果。在调整国家与社会关系过程中，一部分事业单位、政府机构转变为非政府公共组织，从而进一步壮大了中国社会组织。同时，这种特殊的组建历程使此类组织在政策过程的影响较大。

四 政策过程的开放性相对滞后

社会环境的变化使政策系统不能以旧有的方式运转。改革开放前，中国的决策模式是一种典型的精英决策。但是在1978年以来，原有的精英决策模式受到冲击，权力精英垄断政策过程的局面被打破，官僚机构对社会要求的回应性有了一定增强，多元政策主体互动博弈的局面初步形成，政府行政越来越趋向民主治理。这说明，与改革开放前相比，改革开放后的政策过程具有了一定开放性。

然而，政策过程的开放性与民众要求多元治理的呼声相比，仍有较大差距。一些政府官员对于公民和社会组织的参与要求持怀疑态度，认为它们的参与会影响政府权威，是"添乱子"。例如，一般认为，环保是非政治敏感领域，但一些环保组织仍然受到误解和歧视，从而制约了环保组织作用的发挥。一些政府官员受传统的单方面施政思维习惯的支配,总是站在自己的立场上考虑问题,将有非营利组织参加的座谈会、交流会开成情况通报会、工作布置会。还有一些政府官员怀疑民众的参与能力,夸大民众参与的非理性。例如,一位官员在接受调查时说:"老百姓关心的是自身的实际问题,站的角度不一样,你说这好,他说那好,根本捏不到一块。中国还是有特殊性,国情还是决定了很难达到公众参与"[1]。显然,在这种情况下,政策过程向社会组织开放的空间和机会都较少。

在信息社会,网络的作用越来越大。但是,一些官员难以适应网络社会已经改变了政治生态。面对蓬勃兴盛的网络民主,他们的第一反应就是限制,企图压制网络言论。重庆的"彭水诗案"、山西的"稷山文案"、安徽的"五河短信案"、海南的"儋州山歌案"等都说明了这个问题。事实正如一位学者所说的:"大众传媒渐成政策系统中各种利益表达和利益聚合的公共平台,是影响公共政策的重要变量;但对媒体的行为起决定作用的仍然不是市场,而是官方的态度,中国媒体担当'社会公器'的角色还有很长的路要走"[2]。

2007年,国务院通过了《政府信息公开条例》。但是一些地方政府以保密或其他原因抵制民众信息公开的要求。《政府信息公开条例》的主要起草人周汉华坦率地说,自《政府信息公开条例》实施以来,条例在全国各地的实施参差不齐,整体来讲并不理想。

政策过程开放程度较低,阻碍了政府与民众间的沟通与互动。政府过程的封闭性是以"黑箱政治"为前提的,阳光政府下才有公众的有效参与。从一定意义上说,政府过程的开放性是与社会组织的政策参与成正比例的。在一些政策领域,社会组织的作用低微,其根本原因是信息公开的不够充分。王绍光认为,在中国的公共政策议程设置中,"关门模式"和"动员模式"逐渐式微,"内参模式"成为常

---

[1] 贾西津主编:《中国公民参与:案例与模式》,社会科学文献出版社2008年版,第37页。

[2] 贾西津主编:《中国公民参与:案例与模式》,社会科学文献出版社2008年版,第209页。

态,"上书模式"和"借力模式"时有所闻,"外压模式"频繁出现①。依笔者理解,这正是中国政策过程有一定开放性但又相对不足,社会组织对政策过程有一定影响但又不充分的真正写照。

五 社会组织的理性化程度不足

社会组织对政策过程的影响程度在很大程度上取决于社会组织的理性化、规则化水平。然而,从现状上来看,中国社会组织的理性化程度不高,规则化水平较低,其主要原因是社会组织建设受"营利化""官僚化"两种倾向的干扰。作为政府与市场之外的民间公共领域,社会组织容易受到"利维坦"式的政府权力的侵蚀和巨无霸式的商业的侵吞。因此,此类现象即使在发达国家也是存在的。不过,中国社会组织的营利化、官僚化程度与发达国家相比,较为明显,也较为严重。

一些社会组织违背组织宗旨和法律规定经商办企业、偷税漏税、私分利润等,损害了社会组织的形象,损害了社会组织的公众基础,使社会组织的政策倡议得不到民众的积极支持。例如,2001年,媒体曝光中华绿荫儿童村创办人、丽江妈妈联谊会负责人胡曼莉以孤儿名义聚敛钱财。随后,以实施"希望工程"而赢得名声的中国青基会爆发了名誉风波。近年来愈演愈烈的乱发排行榜现象,让人们再次见证了某些社会组织的逐利本能。这些事例降低了社会公众对社会组织的信心,进而削弱了社会组织对政策过程的影响力。一些社会中介组织为官商勾结提供了便利,是寻租和商业贿赂现象屡禁不止的重要诱因,已沦落为"腐败中介"。例如,个别商会在协助政府招商引资过程中,搞了一些非常下作的手段,导致政商关系不清和腐败现象的发生。社会组织追求自身的利益本无可厚非,但是当它们沦为"腐败中介"时,就成为奥尔森所说的"分利集团"。社会组织的分利行为

---

① 王绍光:《中国公共政策议程设置的模式》,《开放时代》2008年第2期。

不仅容易激起人们的厌恶感，而且还会加剧政策过程中的政治冲突和政策分歧，引发社会动荡，最终葬送了比较弱小的中国社会组织。因此，无论从哪方面说，社会组织的分利行为都是政策过程中的必须除掉的毒瘤。

至于社会组织的"行政化"倾向，也有诸多表现。一些社会组织醉心于依附政府，以换取政府的财政支持和部分政府授权，甘心当"二政府"；一些社会组织以追求效率、方便与政府打交道为由，建立等级化的官僚机构；一些社会组织的创建主要靠某些精英人物的努力，由此形成了精英主导的组织结构，在组织决策上形成家长制、一言堂等，传统主义色彩较浓，内部的财务、人事管理混乱。

上述分析表明，中国社会组织的理性自律能力较差。在自律不足的情况下，他律的作用就凸显出来，事实上，这也为政府干预社会组织内部事务提供了正当理由。问题是，社会组织的理性化程度不足常常导致政府的过度规制，使本已具有依附性的社会组织更缺乏独立性。而独立性的缺失，使社会组织成为政府的传声筒，难以站在民间立场上传递多元化的民间声音，这意味着社会组织的政策影响力被削弱。

六 制度环境亟待改善

关于制度环境，学者们普遍认为，它是影响社会组织发育发展的决定性因素，目前的制度环境具有强烈的限制和控制取向，不利于社会组织的扩展、联合和联盟、能力建设，"从而严重地制约着民间组织实力和规模的发展壮大"[①]。制度性障碍因素制约了中国社会组织的成熟和壮大，使其处于弱小的状态，进而使公民影响政策过程的组织基础较为薄弱。

---

① 何增科：《中国公民社会发展的制度环境影响评估》，《江苏行政学院学报》2006年第4期。

党的十五大提出了"依法治国,建设社会主义法治国家"的历史任务,但是,受多种条件的制约,中国的法治国家建设必然是长期的、渐进的。法治国家的政府必然是有限政府,这种有限政府的建立在很大程度上得益于法治对公民权利的保障。近年来,中国的有限政府建设取得了重要进展,但离建成有限政府还有很大差距,一方面政府权力依然很大,国家与社会的权力边界仍不清晰。另外,法律、政策的执行效果也需要提升。一些政府官员认为法律是用来"治民"的,而不是用来"治官"的,导致形形色色的"以权代法""以言代法"现象。在这种情况,政府能够以各种方式,干预社会组织的内部事务,损害其自治性,从而降低了社会组织独立地、主动地影响政策过程的能力。

与此相联系,中国社会组织影响政策过程的渠道较为单一、狭窄。在一些地方的民主政治试验中,如浙江温岭的财政预算民主恳谈会,非政府组织有制度化的参与渠道,但这毕竟是一种试验性探索。听证制度在中国的运用,为社会组织参与政策过程提供了新的渠道,被视为公民直接参与公共决策过程的突破口。但是听证制度在实施中存在诸多不容忽视的问题,因而听证会还未成为各方利益博弈的重要场所,它的政治象征意义大于对它对政策过程的实质性影响。这一"制度真空"造成集体行动的困境。在发达国家,社会组织通常以合法的、正式的渠道影响政策过程,各种非法参与被认为是不体面的,这是因为社会组织的参与渠道是由法律明确规定的,且参与渠道畅通。而在当代中国,由于体制内的参与渠道不畅通,非营利组织常常以非制度化的方式影响政策过程,对人格化参与方式的依赖程度较高,甚至不惜以行贿等方式在官僚机构内部扩展人际关系。另外,正式参与渠道不畅抑制了社会组织的参与热情,导致一些社会组织对影响政策过程持规避态度,造成政治冷漠现象。这不仅不利于党和政府倾听民意、体察民情、集中民智,而且不利于培养社会组织对政治体制的忠诚感和归属感。

社会组织监管

选择性扶持和选择性控制：中国社会组织管理体制改革的新动向[*]

一般认为，中国社会组织管理体制具有强烈的控制和限制倾向，从而严重阻碍了中国社会组织的发展壮大。如有学者认为："社会组织管理体制作为党和政府规制社会组织的平台，通过登记许可的入口管理严格限制社会组织的合法化，采取双重管理等高门槛的制度安排严防死守，限制社会组织的产生、发育、活动和发展"[①]。然而，近年来，中国社会组织却发展迅速，数量不断激增、类型多元化，而且功能日渐凸显。笼统地认为中国社会组织管理体制"统得过多，管得过死"，显然不足以解释上述事实。中国国家和社会关系具有变动性。随着市场化改革的深化、政府职能转变的加速以及国际交往的扩大，中国政府主动顺应时代潮流，积极适应时代变化，对原有的社会组织管理体制进行了调整和变革。这种调整和变革的主要特点就是"选择性控制"和"选择性扶持"。换而言之，中国政府放弃了全面控制和"四面出击"的管理策略，在严格控制特定领域社会组织的基础上，逐渐放松对部分社会组织的规制，同时采用多种手段、从多个方面重点扶持、激励和培育特定类型的社会组织。

---

[*] 原载《上海行政学院学报》2012年第5期，收录时有改动。
[①] 王名、孙伟林：《社会组织管理体制：内在逻辑与发展趋势》，《中国行政管理》2011年第7期。

一 选择性扶持和选择性控制的表现

近年来，中国政府在反思原有社会组织管理体制的基础上，对社会组织采用区别对待的差别化策略，一手抓选择性扶持，一手抓选择性控制。就选择性扶持来说，主要表现如下。

第一，针对性地改革登记注册制度。在多数发达国家，社会组织的成立不需要任何许可，政府对非营利组织采取完全的放任态度，更不会对社会组织的成立制定什么标准[①]。中国政府却对社会组织的成立设置了较高门槛。按照现行法规，成立社会组织必须获得"双重许可"，即业务主管机关的"审查许可"和登记管理机关的"登记许可"，二者缺一不可。双重许可制度是造成社会组织"登记难"的重要原因，遭到各方诟病。最近几年，中国政府对双重许可制度进行了一定的变通。这些政策变通可以分为如下几类。一是由工商联、工经联承担经济类社团的业务主管职责。2006年9月，温州市政府发文授权市工商联为由本会组建的工商领域社会团体（行业商会、同业公会）的业务主管单位。2006年5月，河北省发文将全省性经济类行业协会的业务主管单位统一变更为省工经联[②]。二是由枢纽型社会组织承担特定领域内社会组织的业务主管职责。2009年，北京市发布《关于加快推进社会组织改革与发展的意见》，规定以人民团体为骨干，确认一批枢纽型社会组织，并规定枢纽型组织可作为社会组织的主管单位。三是由民政部门兼任部分社会组织的业务主管部门，或帮其寻找合适的业务主管部门。2011年，北京市出台新规，规定工商经济类、公益慈善类、社会福利类、社会服务类社会组织的业务主管部门可由民政部门兼任，或由民政部门帮忙寻找合适的业务主管部

[①] 廖鸿、石国亮、朱晓红：《国外非营利组织管理创新与启示》，中国言实出版社2011年版，第106页。

[②] 孙春苗：《行业协会管理改革的比较研究——基于双重管理体制》，《中国非营利评论》2008年第2期。

门。四是取消业务主管部门，实行民政部门直接登记。2011年，民政部表示，民政部门将对公益慈善类、社会福利类、社会服务类社会组织，履行登记管理和业务主管一体化职能。广东省在珠海、深圳试点改革的基础上，2011年又出台新政。广州市民政局印发《关于进一步深化社会组织登记改革助推社会组织发展的通知》，规定行业协会、异地商会、公益服务类、社会服务类、经济类、科技类、体育类、文化类社会组织等可以直接向登记管理机关申请登记。五是试行备案制。对于在活动经费、人员数量、办公场所等方面达不到登记注册条件的社会组织，江苏、湖北等地积极探索备案制。备案管理的对象主要是基层社区社会组织、农村专业经济组织。上述分析表明，放松登记注册门槛的受益者是特定领域内的社会组织，在入口管理上，政府并未全面放开。

第二，在资金支持方面向某类社会组织倾斜。中国社会组织普遍面临资金瓶颈。因此，得到政府提供的经费资助对于社会组织的发展至关重要。然而，政府在社会组织提供资金支持时，并非等同视之，而是区别对待。其一，能够获得政府直接资金支持的社会组织，绝大多数是提供社会亟须的公共产品和公共服务的社会服务组织。其二，给予社会组织的非营利收入减免税待遇，是政府资助社会组织的重要途径。按照财政部、国家税务总局下发的《关于非营利组织免税资格认定管理有关问题的通知》，社会组织向税务主管机关提出免税资格申请并获批后，才能享受税收优惠。显然，这种优惠是特惠制而非普惠制。其三，对向社会组织捐赠的个人或企业给予税收优惠，有利于调动个人、企业捐赠的积极性，便于社会组织吸纳社会资源。在中国，具有捐赠税前扣除资格、能够出具捐赠减免税凭证的社会组织，主要是慈善类、公益性社会组织[1]。其四，在公共服务购买过程中，主要与官办社会组织合作。政府向社会组织购买服务，不仅有利于降

---

[1] 王名主编：《中国民间组织30年》，社会科学文献出版社2008年版，第132—135页。

低公共服务成本，而且有利于社会组织汲取财政资源。在公共服务社会化过程中，政府的合作伙伴主要是自上而下型社会组织。有学者认为，政府的合作对象"实际并非独自成长的社会组织，而是由作为购买者的地方政府发起或者倡导成立的社会组织"①，"相对于政府部门而言，政府所购买服务的社会组织对象一般多为管理型组织，对政府权威基本上不具备直接的挑战能力"②。其五，通过行政劝募、行政强捐获取的善款主要流向官办社会组织。有些地方把慈善活动当成一项政治任务，每年制定捐款数额指标，并列入各级各类考核内容。有的单位从职工工资中划转一笔钱充作捐款③。经由这种方式获取的慈善资源，主要交由官办社会组织管理、使用。

第三，向特定社会组织赋权。在某些情况下，政府为了扶持特定领域的社会组织，会向其正式赋权。为了培育行业协会，一些地方政府赋予行业协会部分行业管理权，包括规章制定权、行业许可权、行业认证权、行业标准的制定与实施权等。例如，2003年，上海市建委依据《上海市行业协会发展规定》和《上海市行业协会暂行办法》，颁布了《关于向上海市建筑施工行业协会委托部分行业管理职能的通知》。为了促进民办非企业单位快速发展，政府赋予其一定的"剩余索取权"。《民办教育促进法》规定，民办学校出资人可以从办学结余中取得合理回报。其他类型民办非企业单位出资人事实上也能获得投资回报④。为了推动公募基金会发展，政府赋予其募集权。《基金会管理条例》将基金会分为面向公众募捐的基金会（公募基金会）和不得面向公众募捐的基金会（非公募基金会）。募集权有利于基金会开辟财源，赢得公众的认同，拓展生存空间。募集权的不平等

---

① 王浦劬、[美]莱斯特·M. 萨拉蒙等：《政府向社会组织购买公共服务研究：中国与全球经验分析》，北京大学出版社2010年版，第27—28页。
② 刘鹏：《从分类控制走向嵌入型监管：地方政府社会组织管理政策创新》，《中国人民大学学报》2011年第5期。
③ 《新闻观察：为"政府淡出劝募活动"叫好》（http://news.sina.com.cn/c/2003-11-12/08421102209s.shtml）。
④ 俞可平等：《中国公民社会的制度环境》，北京大学出版社2006年版，第147页。

分配显示了政府对不同类型基金会的不同态度。

第四，选择性推行去行政化改革。中国政府将去行政化改革作为推进社会组织健康发展的重要措施，先后出台了许多政策措施。但我们仔细研究后发现，去行政化改革的对象主要是工商类社会组织。2006年，广东省率先对行业协会管理体制进行改革。《中共广东省委广东省人民政府关于发挥行业协会商会作用的决定》规定，行业协会、商会必须在"自愿发起、自选会长、自筹经费、自聘人员、自主会务"的"五自"原则根本上，实行无行政级别、无行政事业编制、无行政业务主管部门、无现职国家机关工作人员兼职，真正实现民间化和自治性。2007年，国务院办公厅颁布《关于加快推进行业协会商会改革发展的若干意见》，明确要求："行业协会要严格依照法律法规和章程独立自主地开展活动，切实解决行政化倾向严重以及依赖政府等问题。要从职能、机构、工作人员、财务等方面与政府及其部门、企事业单位彻底分开"。另一方面，对于某些具有特殊性质的社会组织，政府不仅不对其推行去行政化改革，反而有进一步强化行政色彩的趋势。例如，2007年，中国消费者协会被批准为全额预算编制单位，其主要职能也发生了相应转变。

第五，通过限制竞争维持功能替代型社会组织的垄断地位。政府在一些重要的公务服务领域或政治领域组建了一批社会组织。例如，292个全国性行业协会，全部为政府所创办[①]。按照《社会团体登记管理条例》所确立的非竞争性原则，民间不得再组建同类组织。所谓非竞争性原则，是指同一行政区域内已有业务范围相同或者相似的社会组织，登记管理机关认为没有必要再成立的，将不予批准筹备。"一业一会"的非竞争性原则在源头上限制了社会组织之间的竞争关系，使政府主动组建的社会组织在事实上处于垄断地位，进而排斥了成立草根同类组织的可能性。例如，官方成立了天津市服装协会，民

---

① 贾西津等：《转型时期的行业协会——角色、功能与管理体制》，社会科学文献出版社2004年版，第124页。

间性质的天津服装商会就处于无法进行法人登记的地位[①]。依靠垄断地位,这些功能替代型社会组织获得了大量垄断资源和现实利益,因而在规模实力和发育水平上明显高于草根组织。

第六,畅通部分社会组织的参政渠道。尽管从总体上看,中国社会组织的参政渠道较为狭窄、单一。但是不同类型社会组织的参政渠道是不均衡的。相对于草根组织来说,官办社会组织的参政渠道较为顺畅。无论是从非制度化渠道来说,还是从制度化渠道来说,都是如此。从非制度化渠道来说,官办社会组织在政府机构内部有着丰富的人脉关系,通过游说、私人接触等方式,它们能够向有关部门传递自己的声音。从制度化渠道来说,有关法律法规确立了官办社会组织的参政渠道。重要的官办社会组织都是政协的统战对象,通过政协组织,它们能够建言献策,参与商讨重要政务。另外,一些官办社会组织能够参与中央及地方党组织、政府或有关部门的政策、决议的研究讨论。例如,《工会法》规定,"县级以上地方各级人民政府可以召开会议或者采取适当方式,向同级工会通报政府的重要的工作部署和与工会工作有关的行政措施,研究解决工会反映的职工群众的意见和要求"。参与渠道较为畅通这一事实得到了官办社会组织自身的认同。例如,全国工商联地产商会负责人说:"我们反映诉求的渠道非常畅通"。参与渠道畅通反映了政府对此类组织的重视。同时,它也保证此类组织在政策过程中不被边缘化,有利于维护组织所代表的社会群体的利益,从而夯实组织的群众基础和社会基础。

表1　　　　　　　　选择性扶持表解

政策工具	相匹配的社会组织类型
放低登记注册门槛	工商经济类、公益慈善类、社会福利类、社会服务类社会组织、基层社区社会组织等

[①] 俞可平等:《中国公民社会的制度环境》,北京大学出版社2006年版,第252页。

续表

政策工具	相匹配的社会组织类型
直接资金支持	社会服务组织
非营利收入减免税	慈善类、公益性社会组织等
捐赠税前扣除资格	慈善类、公益性社会组织等
合作提供公共服务	自上而下型社会组织
管理、使用行政强捐获取的善款	官办社会组织
赋权	行业组织、公募基金会、民办非企业单位等
去行政化改革	工商类社会组织
垄断地位	功能替代型社会组织
畅通参政渠道	官办社会组织

资料来源：作者根据相关资料整理而成。

选择性扶持与选择性控制是社会组织管理体制的一体两面。政府在推行选择性扶持政策时，并未弱化对社会组织的控制力度。不过，控制重点和对象具有选择性。选择性控制策略主要包括三个方面。

一是入口控制。在特定领域内，政府对成立社会组织持禁止或严格限制态度。主要是政治敏感性强、社会关联性高的领域，如政治参与、政策研究、宗教、社会维权等。在这些领域成立社会组织，通常不会获得政府的许可。而按照现行法规，未获得政府许可的社会组织，不具有合法身份，即为非法组织。非法组织是要被取缔的。每隔一定时段，政府就要部署一次取缔和清理整顿社会组织的专项行动，非法组织是其重要的打击对象。

二是行政化。从限制进入方面来说，选择性扶持策略与选择性控制策略是矛盾的。因为政府以禁止成立的方式来严格控制某类社会组织的成立，就根本谈不上促进其发展。但是，通过行政化，选择性扶持策略和选择性控制策略又具有一定兼容性。那些高度行政化的社会组织，如群体团体、免登记社团、城乡社区组织等，处于政府的严格控制之下。它们的领导人往往由政府任命，或者由政府领导人兼任；重大决策由业务主管部门决定；内部等级结构发达，上领导下，下服从上。同时，政府对这类组织的支持力度也是相当大的。它们的活动经费大部分由政府供给，并由法律保障，是政府资源的主要获取者之一。例如，《城市居民委员会组织法》规定："居民委员会的工作经费和来源，居民委员会成员的生活补贴的范围、标准和来源，由不设区的市、市辖区的人民政府或者上级人民政府规定并拨付""居民委员会的办公用房，由当地人民政府统筹解决"。高度行政化的社会组织还占有行政编制，享有一定的行政级别。例如，各级红十字会专职工作人员的编制均属于行政编制。在当代中国，编制不仅与社会地位有关，而且与户籍、住房、职称、医疗保险、失业保险、养老保险等相关。因此，当政府支持某个社会组织时，就会给予它行政编制待遇。当然，这也意味着政府与此类社会组织之间建立了依赖关系，政府对它们的控制更加严密。

三是控制社会组织的资金来源。通过控制筹资渠道，政府压缩特定类型社会组织的发展空间。例如，由于担心涉外社会组织的不良功能膨胀，政府对境外机构捐赠外汇实施严格控制。2009年，国家外汇管理局颁布的《关于境内机构捐赠外汇管理有关问题的通知》规定：境内机构应当通过捐赠外汇账户办理捐赠外汇收支；外汇指定银行应当为境内机构开立捐赠外汇账户，并纳入外汇账户管理信息系统进行管理。这一规定使政府可以实时监控社会组织所接受的每一笔海外资金，也增加了工商注册的社会组织吸纳境外捐赠资金的难度。加强资金控制的另外一种举措是收回针对国际社会组织的免税权。2010年以前，国际社会组织中有相当部分获得了中国政府给予的免税权。然而，这项优惠政策在2010年发生了变化，从当年3月始，所有国外社会组织在中国的办事处都要交税[①]。

---

① 康晓光等：《依附式发展的第三部门》，社会科学文献出版社2011年版，第49页。

表2　　　　　　　　　　选择性控制表解

政策工具	相匹配的社会组织类型
限制进入	政策研究组织、宗教组织、社会维权组织、政治反对组织等
行政化	人民团体、准政府组织等
控制资金来源	涉外社会组织

资料来源：作者根据相关资料整理而成。

二　选择性扶持和选择性控制的动因

选择性扶持和选择性控制策略产生的动因可从以下几个方面分析。

第一，政治稳定考量是选择性扶持和选择性控制策略产生的根本原因。改革开放30多年来，中国社会的利益主体、思想意识、就业方式日益多元化。同时，30多年的经济发展促进了中国生产力水平和人民生活水平的提高，这为结社权的行使奠定了一定的物质基础。在这种背景下，人们的结社热情有了很大提高。如果一味压制人们的结社要求，不仅不利于保持社会稳定，而且从长远看来，还会招致社会混乱。因此，作为对人民结社要求的一种回应，政府开放了一部分社会领域，允许社会组织在此领域开展活动。另外，政府扶持和收编了一部分社会组织，借以满足社会的自治要求。但是，政府具有"稳定压倒一切"的底线意识。

塞缪尔·亨廷顿认为，处于现代化进程中的国家，"首要问题不是自由，而是建立合法的公共秩序。人类可以无自由而有秩序，但不能无秩序而有自由。"[1] 邓小平阐述了类似的观点。他指出："中国的问题，压倒一切的是需要稳定。没有稳定的环境，什么都搞不成，已

---

[1] ［美］塞缪尔·亨廷顿：《变革社会中的政治秩序》，李盛平等译，华夏出版社1988年版，第8页。

经取得的成果也会失掉"①"凡是妨碍稳定的就要对付，不能让步，不能迁就"②。在"稳定压倒一切"的底线意识支配下，政府对结社权的保障是有限度的。对于那些具有挑战政府权威能力的社会组织，政府严加防范乃至加以禁止；对于那些违背政治原则、妨害国家安全的社会组织，政府持敌视态度乃至予以取缔。近年来，中国群体性事件频发，且呈现出组织化特征③。例如，在2011年9月发生的陆丰市群体性事件中，"乌坎村村民临时代表理事会""乌坎村妇女代表联合会"等组织起到了推波助澜的作用④。面对这种形势，政府肯定不会对社会组织的发展持放任自流态度。因此，在保持政治稳定目标的指导下，选择性扶持和选择性控制就成为一种现实选择。

第二，管理成本考量促使政府采用选择性扶持和选择性控制策略。中国原有社会组织管理体制的主要特征是全面控制。这种一刀切式的、僵化的管理体制必然导致"胡子眉毛一把抓"，看似简便易行，实际上控制成本和社会代价较高。以登记注册高门槛的方式推行入口限制，虽然能收到一定的预防效果，但是容易抑制社会活力，并造就一个庞大的"法外社会组织"。这些社会组织虽然没有在政府部门登记注册，但却以社会组织的名义开展活动。"它们的详细数据由于没有确切的统计和登记而无法获得，保守的估计大约有200万—270万家"⑤。由于游离于政府的监管体制之外，许多"法外社会组织"从事违法乱纪的活动。化解管理成本的最简单方式就是放松规制。降低社会组织的准入门槛，一方面可以拓展社会组织的发展空间，发挥社会组织参谋和助手、桥梁和纽带的作用，进而提高政府管理效能；另一方面可以降低全面围堵社会组织所支付的行政成本，并

---

① 《邓小平文选》第三卷，人民出版社1993年版，第284页。
② 《邓小平文选》第三卷，人民出版社1993年版，第286页。
③ 于德宝：《当前群体性事件的特点和原因》，《中国党政干部论坛》2006年第6期。
④ 《广东汕尾通报陆丰群体事件：境外势力推波助澜》（https://news.qq.com/a/20111210/000027.htm）。
⑤ 俞可平：《中国公民社会：概念、分类与制度环境》，《中国社会科学》2006年第1期。

将部分"法外社会组织"纳入政府的有效管理范围内,有利于制止它们的不当行为对公共利益的侵害。但是,中国政治文化中仍有"官民对立"思想的遗迹。一些政府官员担心,社会力量发展壮大后会站到政府的对立面,成为体制外的异己力量。在现实生活中,一些国外在华社会组织充当外部势力的代言人和"买办",充当外部势力向中国渗透的工具,如对农村基层选举过程的渗透和操纵。这似乎为部分政府官员对社会组织的警惕和不信任提供了佐证。结果,政府并不是将所有社会组织的准入门槛都降低,而是以渐进的、选择性的方式改革双重管理制度。

第三,政府职能转变与选择性扶持和选择性控制策略密切相关。随着市场经济的深入发展,从全能政府向有限政府转变已成为不可逆转的政府改革方向。这就要求进一步转变政府职能,改变政府包揽公共事务的治理格局,推进公共管理主体多元化,将一些具体社会事务、专业服务职能、微观经济管理职能转移或委托给具有相应能力的社会组织承担。党的十七届二中全会通过的《关于深化行政管理体制改革的意见》明确指出:不该将由政府管理的事项转移出去,把该由政府管理的事项切实管好,更好地发挥公民和社会组织在社会公共事务管理中的作用,更加有效地提供公共产品[①]。政府职能顺利转变的重要条件是必须由大量的具有一定资质的社会组织承担政府卸载的职能,避免政府退出留下治理真空。为此,政府有计划、有重点地培育和发展一批能够积极参与公共管理和公共服务的社会组织。例如,鼓励社会力量在教育、科技、文化、卫生、体育、社会福利等领域兴办民办非企业单位。虽然政府权力下放、政府职能转变促进了社会组织的发育,但是政府职能转变具有渐进性。在条件不成熟的情况下,政府不会向社会组织让渡活动空间。因而从一定时间点来看,这必然会阻滞特定领域内社会组织的成长。此外,政府以公共服务购买方式转变职能时,受财政资源的约束,不可能一视同仁地支持所有社会组

---

① 《十七大以来重要文献选编》上册,中央文献出版社2009年版,第270页。

织。由于官办社会组织与政府关系密切，并具有较强的行动能力，它们常常成为政府的主要合作对象。换而言之，在财政压力下，政府只能对部分社会组织给予支持，而不能给予所有社会组织同等发展的机会。

第四，执政党和政府对社会组织的矛盾态度是选择性扶持和选择性控制策略产生的直接原因。有学者认为："执政党与政府对社会组织的态度非常复杂，既有培育发展的一面，也有规范控制的一面，两种态度互相交织在国家管理社会组织的具体制度安排之上"[①]。自党的十六届三中全会开始，我们党先后出台了一系列鼓励社会组织发展的政策规定。党的十六届四中全会从执政能力建设的高度指出："发挥城乡基层自治组织协调利益、化解矛盾、排忧解难的作用，发挥社团、行业组织和社会中介组织提供服务、反映诉求、规范行为的作用，形成社会管理和社会服务的合力"[②]。党的十七大指出："发挥社会组织在扩大群众参与、反映群众诉求方面的积极作用，增强社会自治功能"[③]。鼓励性政策规定多是从执政理想的角度提出，而基于现实执政过程中的危机应对，"执政党与政府对社会组织的基本态度是'控制'"[④]。在东欧剧变过程中，一些社会组织起到了"领头羊"作用[⑤]。在21世纪初期发生的"颜色革命"中，一些社会组织扮演了急先锋作用。随着中国作为世界上最大的社会主义国家的快速崛起，"西方开始把主要矛头瞄准中国，西方利用NGO对发展中国家和前苏东地区渗透扩张的手段做法也必然会应用到中国，而且可能还有过之而无不及。这种趋势已经在拉萨事件中露出了苗头"[⑥]。为了避免落入某些西

[①] 王名、孙伟林：《社会组织管理体制：内在逻辑与发展趋势》，《中国行政管理》2011年第7期。

[②] 《十六大以来重要文献选编》中册，中央文献出版社2006年版，第287页。

[③] 《十七大以来重要文献选编》上册，中央文献出版社2009年版，第323页。

[④] 王名、孙伟林：《社会组织管理体制：内在逻辑与发展趋势》，《中国行政管理》2011年第7期。

[⑤] 李慎明：《苏联意识形态工作的教训》（https://world.huanqiu.com/article/9CaKrn-JscoJ）。

[⑥] 穆紫：《西方势力借NGO向中国渗透》，《党建文汇》2008年第7期。

方国家为我们设计的所谓"公民社会"的陷阱,避免苏东地区的"市民社会反抗国家"模式在中国重现,执政党和政府又强调对社会组织发展加强宏观调控,实现有计划管理。结果,执政党和政府对社会组织的发展持一种既鼓励又限制的谨慎态度。作为一种折中手段,政府在具体管理方式上,采用了选择性扶持和选择性控制策略,因为这个策略可以兼顾鼓励和防范两种认知偏向,既适合支持力量的要求,又适合遏制力量的要求。

三 选择性扶持和选择性控制的影响

选择性扶持和选择性控制的影响可从积极方面和消极方面进行分析。就"两手策略"的积极影响来说,主要表现如下。

第一,增加社会组织化进程的可控性。社会组织化是现代化进程中的普遍现象。如何化解社会组织化所带来的政治风险,防范现代化所带来的政治不稳定现象,是政府面临的"一道绕不过的坎"。如果对社会组织化进程不予控制,则会陷入失控的境地,最终会危及根本的社会秩序;如果全面遏制社会组织发展,全面打压社会的自治要求,则使社会成员对基本政治制度失去认同感。在既定的国内外形势下,"两手策略"不失为一种精巧的应对策略。政府扶持一部分社会组织,向其开放行动空间,以回应社会的自治要求,增强社会成员对政治体系的忠诚感和归属感。但是,社会组织又是集体行动的重要载体。对于那些挑战意向明确、挑战能力强的社会组织,政府严格控制,以保证其政治正确性。这说明,"两手策略"能够在社会组织化进程中增强政府的政治控制能力和维稳能力。从实践上看,中国社会形势总体稳定。这与社会组织化处于可控制的范围之内是分不开的。从这层意思上说,社会组织管理的目的已经达到。

第二,促进经济发展。上述分析表明,选择性扶持和选择性控制能够为经济发展营造稳定的社会环境。不仅如此,选择性扶持催生了一大批服务经济发展的经济类社团。基于行业协会、商会的经济发展意义,经济类社团成为政府扶持的首选对象。与此相联系,"全国登记的民间组织中,行业协会占民间组织的总量接近一半,近年来发展较快的也是行业协会,每年的增长率大概在10%以上"①。迅速崛起的行业协会、商会在沟通政府与企业、破解市场壁垒、规范市场秩序、构建行业合作平台方面发挥着重要作用。所以,它们已成为推动经济发展的重要动力②。在浙江、上海、广东等地,政府出台了诸多促进行业协会、商会发展的规范性文件,其行业协会、商会的数量规模、发育水平明显高于其他地区。这些地区也是经济发展水平较高的地区。这从一个侧面反映了选择性扶持与经济发展的正相关关系。

第三,提高公共服务的供给效率。政府垄断公共服务供给,会带来服务效率低、服务质量差等问题,如资源浪费、"门难进、脸难看、话难听"等。根据社会组织供给公共服务的能力,中国政府通过资金支持、政策优惠等方式培育了一批公益慈善类、社会福利类社会团体。社会组织在提供公共服务方面有自己的独特优势。"社会组织植根于社会,贴近社区,反应迅速、机制灵活,能够为公众提供个性化、专业化、多样化的公共服务。特别是在政府不便做、做不了、做不好的领域,社会组织的功能和作用更为突出,具有更大的比较优势"③。另外,在公共服务购买过程中,通过项目申请、招投标、契约化、绩效评估等方式引入竞争机制,实现公共服务市场化,必然有利于社会组织提高服务意识和技能,降低服务成本,进而提高公共服务的供给效率。

任何事情都是一分为二的。辩证地来看,选择性扶持和选择性控制的"两手策略"也具有消极作用。

第一,导致社会组织发展呈现不平衡性。在选择性扶持和选择性控制策略的作用下,中国社会组织发展受到政府意志的强烈影响。"当政

---

① 王名主编:《中国民间组织30年》,社会科学文献出版社2008年版,第79页。
② 刘忠祥:《经济发展的第三推动力——温州市行业协会的调研报告》,《中国民政》2003年第10期。
③ 刘振国:《中国社会组织的治理创新——基于地方政府实践的分析》,《经济社会体制比较》2010年第3期。

府放松对非营利组织的管制时，非营利组织就会有所发展；当政府收紧对非营利组织的管制时，非营利组织的发展就会受到抑制。当政府支持某种非营利组织发展时，那种非营利组织就会得到一定的发展；当政府对某种非营利组织持不支持的态度，甚至持反对的态度时，那种非营利组织的发展就会受到一定的限制"[1]。无论从数量、规模、结构方面来说，还是从发育水平、治理方式、功能作用方面来说，作为扶持对象的社会组织与作为控制对象的社会组织之间均存在明显的差异。从这个意义上说，中国社会组织是按照选择性扶持和选择性控制策略所设计的路线向前发展的，社会组织的基本分布格局是由"两手策略"所塑造的。社会组织发展的不均衡性不仅不利于社会建设，而且也不利于国家建设。有学者认为："只有社会组织之间的全面而均衡的发展，才能形成一个完整而健全的社会，进而在国家与社会的互动中完善国家"[2]。

第二，影响社会公平的实现。选择性扶持和选择性控制策略容易导致不同主体结社权的不对等。而结社权的不对等是产生社会不公的重要原因。那些拥有充足组织资源的利益主体，通常具有较强的影响政府决策的能力，实现自身利益要求的机会也较大。那些缺乏组织资源的利益主体，往往在政府决策过程中处于边缘化境地，因而其利益要求常常被忽视。从这个意义上说，所谓的弱势群体，就是缺乏组织资源的社会群体。政府对特定群体如农民工、下岗工人、退伍军人等成立社会组织持排斥态度。但是，这些弱势群体是最需要组织的，"对他们结社活动限制使其在政治资源、经济资源的不平等之外，又加上了组织资源的不平等，其弱势程度进一步加深"[3]。近年来，政府在保护弱势群体方面做出了许多努力，但是成效并不理想。重要原因是组织资源的不平等使许多优惠政策得不到有效落实，抑或被强势集团所转换。这必然会妨害社

---

[1] 李珍刚：《当代中国政府与非营利组织互动关系研究》，中国社会科学出版社2004年版，第101页。

[2] 江华：《民间组织的选择性培育与中国公民社会建构——基于温州商会的研究》，《马克思主义与现实》2008年第1期。

[3] 王名主编：《中国民间组织30年》，社会科学文献出版社2008年版，第74页。

会公平的实现和和谐社会建设。

第三，导致社会组织缺乏自主性。受益于政府的选择性扶持策略，中国社会组织有了长足发展。"因此我们可以毫不夸张地认为：'中国的确是全球结社革命的一部分'"[1]。但是，中国社会组织在发展壮大的同时并没有脱离政府的管控范围。中国政府权能发达，资源吸纳能力较强，通过"权力控制"和"资源引导"，政府牢牢掌握了社会组织化的主动权。正如有学者所指出的："无论取得了什么样的发展成绩，第三部门都没有摆脱依附的地位，都没有获得与其本性相称的独立性或自主性。而且，发展过程似乎是其独立性或自主性日益丧失的过程，是其依附性日益强化的过程"[2]。受选择性扶持和选择性控制策略的影响，中国事实上不存在真正独立于国家的社会领域。如果套用自由主义色彩极浓的公民社会、市民社会概念对当代中国国家和社会关系进行分析，就不会得出准确的结论。因此，一些学者提出了"准市民社会""法团主义""社会中间层"等概念。

第四，导致社会组织功能失调。一般认为，社会组织具有两大功能即服务提供和政策倡导。从总体上，中国社会组织的服务提供功能得到了充分发挥，但是其政策倡导功能却处于弱化状态[3]。选择性扶持和选择性控制策略使政府能够在社会组织化进程渗入自己的政治偏好。它愿意社会组织在提供公共服务方面发挥"拾遗补阙"的作用，扮演"帮忙者"的角色，而对于发挥社会组织的政策倡导功能却不热心，甚至持抵制态度。原因是，"掌握行政权力的人往往只强调自上而下的控制，而不允许也不习惯让公民运用自己的权利自上而下地与政府互动"[4]。另外，选择性扶持和选择性控制策略所造就的弱自主性，使社会组织缺乏主宰自己命运的能力。在这种情况下，社会组织

---

[1] 王绍光、何建宇：《中国的社团革命——中国人的结社版图》，《浙江学刊》2004年第6期。
[2] 康晓光等：《依附式发展的第三部门》，社会科学文献出版社2011年版，第98页。
[3] 贾西津主编：《中国公民参与：案例与模式》，社会科学文献出版社2008年版，第10页。
[4] 李景鹏：《关于行政权力的自律与他律》，《新视野》2002年第1期。

在发挥政策倡导功能时有所顾忌，害怕自己的利益表达是与政府"唱对台戏""添乱子"。为了获得更好的外部发展环境，社会组织强调与政府构建和谐的伙伴关系，而缺乏发挥政策倡导功能的积极性。结果，许多社会组织要么回避政策倡导，要么在政策倡导时言不及义，或言不由衷。

中国社会组织登记管理制度改革
——基于地方创新的视角[*]

绝大多数发达国家对社会组织的登记管理都采取自由放任的态度。社会组织可以选择通过登记成为法人形式的组织，也可以选择不登记而作为非法人组织开展活动[①]。但是按照中国现行法律法规，社会组织必须登记注册，才能具有合法身份。中国社会组织登记管理制度的基本特点是"双重审批""双重许可"，即业务主管机关的审查许可和登记管理机关的登记许可。一个社会组织即使具备活动场所、人员规模、办公经费等法定条件，如果不能获得业务主管单位的前置性审批，就不会获得登记管理机关的登记许可。这一登记管理制度的弊端是显而易见的：不利于培育社会组织对政治体系的归属感和信赖感；不利于社会组织规范发展；不利于保持社会组织的独立性和自主性。在这种背景下，一些地方政府积极探索社会组织登记管理的新举措、新方法，对原有的登记管理制度进行了有限改革。这些地方探索尽管具有区域性、多元性等特征，但是具有较强的政策引导和示范作用，对于未来国家和社会关系的调整和重塑具有较强的前瞻意义和创新意义。

---

[*] 原载《行政论坛》2013 年第 1 期，收录时有改动。

[①] 廖鸿、石国亮、朱晓红：《国外非营利组织管理创新与启示》，中国言实出版社 2011 年版，第 114 页。

一 社会组织登记管理制度改革中的地方创新

为了促进社会组织健康、快速发展，充分发挥社会组织在社会建设、民主政治建设、公共服务供给方面的积极作用，一些地方在反思原有登记管理制度的基础上，致力于解决社会组织"登记难"问题，逐步降低社会组织登记注册的门槛，形成了不同的改革模式。

（一）由工商联、工经联担任经济类社会组织的业务主管单位

工商联、工经联与经济类社会组织联系密切。当企业有成立行业协会、商会需求时，工商联、工经联通常成为它们的主要诉求对象。基于此，一些地方政府授权工商联、工经联承担当地部分或所有经济类社会组织的业务主管资格。2005年，嘉兴市政府颁布《嘉兴市促进行业协会发展办法》，规定市总商会（工商联）为市行业协会的业务主管单位。2006年，温州市政府授权市工商联为由其组建的工商领域社会团体（行业协会、同业公会）的业务主管单位。同年，河北省人民政府决定将全省性经济类行业协会的业务主管单位统一变更为省工经联。通过授权使工商联、工经联具有担任业务主管单位的资格，为经济类社会组织找"婆家"提供了便利。不过，工商联、工经联作用的发挥有着明显的地区差异。工商联侧重发展民间商会，因而在民营经济比较发达的江浙地区，工商联作用比较大，而工经联涵盖的经济所有制范围更广，其作用在北方地区发挥得更加明显[1]。

（二）由枢纽型社会组织承担特定领域内社会组织的业务主管职责

2009年，北京市发布《关于加快推进社会组织改革与发展的意

---

[1] 孙春苗：《行业协会管理改革的比较研究——基于双重管理体制》，《中国非营利评论》2008年第2期。

见》，规定以人民团体为骨干，确认一批枢纽型社会组织，并规定枢纽型组织可作为社会组织的主管单位。目前，北京市确认了北京市工会、共青团、妇联等20多个枢纽型社会组织。北京市还规定，除少部分有特殊职能的行政部门外，大部分行政部门不再作为社会组织的业务主管单位，全市社会组织业务主管单位，将由134家减少到25—30家[①]。2007年，上海市静安区发布《关于促进社会组织参加社区建设管理的实施意见（试行）》，规定："对业务领域不易界定或跨行业的社会组织，区政府授权区社会组织联合会逐步试行行使业务主管单位的职责"。设立枢纽型社会组织充当特定领域社会组织的业务主管单位，尽管面临着"社会组织管社会组织"的诘问（因为社会组织地位一律平等），但是由于它对双重许可制度冲击较小，改革成本较低，因而面临的阻力较小。

（三）成立专门的政府机构担任特定类型社会组织的业务主管单位

为了统筹行业协会发展，解决内生型行业协会找不到业务主管单位的难题，一些地方成立专门政府机构。2002年，上海市在全国率先成立行业协会发展署。按照《上海市行业协会暂行办法》，市行业协会发展署是经市人民政府授权的本市行业协会的业务主管部门。需要筹备行业协会的，行业协会发起人应当向市行业协会发展署提出筹备申请，经审查同意筹备的，由行业协会发起人持市行业协会发展署的批准文件和相关材料向市社团管理局申请筹备。2004年，深圳市成立行业协会服务署，统一行使行业协会业务主管单位职责。一般来说，这些专门政府机构具有过渡性质，等到时机成熟，或被裁撤，或与其他政府机构合并重组。例如，2005年6月，上海市行业协会发展署被并入市社会服务局，其关于行业协会的管理职能由上海市社会服务局社会团体处

[①] 《政府部门将与社会组织"分家"》（http://news.sina.com.cn/c/2008-11-08/021614696515s.shtml）。

承担①。

(四) 民政部门帮助部分社会组织寻找合适的业务主管部门

2011年，北京市出台新规，规定对于工商经济类、公益慈善类、社会福利类、社会服务类社会组织，民政部门可以帮其寻找合适的业务主管部门。作为社会组织的登记管理单位，民政部门本无帮助社会组织寻找挂靠单位的义务。北京市之所以作出此种规定，目的在于降低社会组织自行联系业务主管单位的难度。随着经济社会的发展，社会组织与业务主管单位的对应关系出现了一些新情况，如有的社会组织所开展的业务活动，跨越单一行业从事的业务范围，具有跨行业的特性；有的社会组织所从事的业务活动，涉及某一新兴行业或边缘学科；有的社会组织业务范围比较宽泛，不易界定；有的社会组织的组成既有成员的特征又有业务性质，涉及二个业务主管单位②。在这种背景下，社会组织仅靠自身力量寻找业务主管单位，困难重重。而处于政府系列的民政部门出面与其他政府组织沟通、联络，成功的概率就会很高。

(五) 取消部分社会组织的业务主管部门，实行民政部门直接登记

2008年，深圳市颁布《关于进一步发展和规范我市社会组织的意见》，指出："除法律、行政法规规定须由有关部门在登记前进行前置审批的社会组织外，工商经济类、社会福利类、公益慈善类的社会组织申请人均可直接向社会组织登记管理机关申请登记"。2011年，广州市民政局印发《关于进一步深化社会组织登记改革助推社会组织发展的通知》，规定行业协会、异地商会、公益服务类、社会服务类、经济类、科技类、体育类、文化类等八类社会组织可以直接向登记管理机关申请登记。对部分社会组织实行"无主管登记"，已经触及中国社会组

---

① 管晓娜、王立军：《地方行业协会管理模式改革的探索》，《化工管理》2007年第6期。

② 张大明：《社会组织多样性与业务主管单位对应关系初探》，《社团管理研》2011年第4期。

织登记管理制度的硬核，标志着中国社会组织登记管理制度改革取得了突破性进展。因此，深圳、广州的改革措施被舆论称为"破冰之举"。

（六）将部分社会组织纳入备案管理

对于在活动经费、人员数量、办公场所等方面达不到登记注册条件的社会组织，江苏、湖北、江西、陕西等地积极探索备案制。备案管理的对象主要是基层社区社会组织、农村专业经济组织等。其中，南京市的社区社会组织备案制改革最为典型。2008年，南京市颁布《基层社会组织备案管理暂行办法》，明确规定（街道）镇民政办作为基层社会组织的备案机关，同时委托社区居（村）委会或其他具备条件的组织作为基层社会组织的业务主管单位。同时，降低社区社会组织的备案"门槛"，如对于备案的社区社会组织没有注册资金要求。备案制有利于将更多的社会组织纳入政府有效管理范围内，在一定程度上改变了因登记注册门槛过高所造成的众多社会组织游离于政府监管之外的不正常现象。

二 地方创新的特点

尽管各地探索社会组织登记管理制度改革的时机和方式有所差异，但从总体上看，这些地方创新具有如下特点：第一，改革的矛头指向双重许可制度。在双重许可制度下，社会组织必须获得业务主管单位的审查许可，拿到批准文件之后，才能去民政部门登记。"这意味着，民政部门登记只是形式，业务主管单位登记才是实质"[1]。而业务主管单位批准社会组织的条件，不仅要看其业务范围是否相关，更重要的则是要看社会组织能否置于其有效的控制范围内，要看社会组织的发展会不会带来过大的政治风险和责任，以及社会组织的发展能否增大业务

---

[1] 《社会组织放开5年倒数："三大条例"修订中》（http://www.chinadevelopmentbrief.org.cn/news-3768.html）。

主管单位所在的部门利益①。在现实生活中，多数党政部门抱着"多一事不如少一事"的心态，害怕承担批准社会组织所带来的政治风险。再加上，社会组织的非营利性使许多党政部门缺乏批准社会组织的利益动机。结果，许多党政部门以各种理由拒绝社会组织的成立申请。在这种情况下，强迫社会组织找"婆家"的做法使社会组织与业务主管机关之间关系处于矛盾状态。例如，"全国爱眼日"倡议人之一董坚联合多位眼科医学专家，多次向卫生部递交成立"全国爱眼协会"的申请，却未获卫生部批准，最终将卫生部告上法院，试图以近似激烈的诉讼方式"逼宫"卫生部②。各地方政府在改革社会组织登记管理制度时，保留了民政部门的登记管理地位，而对业务主管机关进行了一定的政策变通，其目的在于合理设置社会组织的准入门槛。

第二，出台规范性文件保障地方创新的稳定性和合法性。各地方政府结合本地经济发展水平、社团发育程度等实际情况，因地制宜地出台了一些具有地方色彩的规范性文件。从制定主体上看，这些规范性文件有的是地方立法机关制定的，如上海市人大常委会制定的《上海市促进行业协会发展规定》；有的是地方行政机关制定的，如长沙市政府制定的《长沙市社会组织登记和监督管理办法（试行）》；有的是地方党政部门联合制定的，如深圳市委市政府制定的《关于进一步发展和规范我市社会组织的意见》。从内容上看，这些规范性文件对地方性改革措施的调控对象和作用范围、程序和步骤、相关政府部门的职责分工等作出了明确规定。从作用效果上看，这些规范性反映了地方政府对社会组织登记管理制度创新的重视，保证了改革措施的权威性、合法性、可操作性和稳定性，使登记管理制度创新不随地方领导人的改变而改变，不随地方领导人看法和注意力的改变而改变。

---

① 王名：《改革民间组织双重管理体制的分析和建议》，《中国行政管理》2007年第4期。

② 《医学专家成立爱眼协会未获批 状告卫生部不作为》（http://finance.ce.cn/law/home/fzsp/200612/06/t20061206_ 9685241. shtml）。

第三，地方创新具有渐进色彩。虽然放宽社会组织登记注册的条件是地方政府改革的目标，但是这个目标的实现不是一蹴而就的。地方政府具有"稳定压倒一切"的底线意识，通常以积极稳妥的态度对待社会组织登记管理制度创新，强调改革的循序渐进特征。深圳市社会组织登记管理制度创新是地方探索的缩影。2004年，深圳市迈出了改革的第一个半步，成立行业协会服务署。2006年，第二个半步迈出，深圳开始实行行业协会由民政部门直接登记的管理体制。2008年，深圳迈出改革的第三个半步，将直接登记管理的适用范围，从行业协会扩大到工商经济类、社会福利类、公益慈善类三类社会组织。经过"三个半步"，历经四年，深圳市才实现了部分社会组织直接登记的目标。无论从改革的步伐和力度来说，还是从改革对象来说，深圳改革都走了一条渐进之路，这与一步到位的改革思路明显不同。

第四，地方创新具有自我扩散性。各地接连推出降低社会组织登记门槛的新政策，使中国社会组织登记管理制度创新的区域范围明显扩大。可以说，全国绝大多数省市都对原有的社会组织登记管理制度进行了或多或少的改革。仔细研究后发现，各地改革措施不是孤立的，地区学习和模仿是一种客观现象。在目前条件下，社会组织登记管理制度改革可以使地方政府获得潜在收益。而学习和借鉴可以降低改革创新的成本。因此，其他地方政府在社会组织登记管理制度创新上的做法备受关注，其成功经验也容易被学习、借鉴和推广。"例如，深圳的社会组织管理制度改革已经起到很好的示范作用，海南省海口市、安徽省合肥市等地纷纷学习和借鉴深圳社会组织管理创新的经验，出台了促进社会组织发展的指导意见"[①]。

三 地方创新的动因

地方创新的动因是多方面的，具体来说有以下分析。

[①] 刘振国：《中国社会组织的治理创新——基于地方政府实践的分析》，《经济社会体制比较》2010年第3期。

第一，地方自主性增强为地方探索社会组织登记管理制度创新提供了行动空间。改革开放以来，中国央地关系变迁的总体趋势是中央向地方下放权力。有学者认为："改革在总体上是倾向于地方分权的。与改革前'就事论事'的地方分权相比，改革中的地方分权使得地方在财政、行政和政治上都获得了一定的'解脱'，赢得了一定的自主权"①。地方自主性增强调动了地方创新的积极性和能动性，激发了地方创新的活力和潜能，也为地方进行自主创新开辟了体制空间。地方只有不触碰中央所设定的"雷区"，就可以创造性地执行中央政策。因而，"地方自主性的实质是制度创新"②。地方制度创新的内容非常广泛，社会组织登记管理制度创新无疑是其中的重要内容。

第二，政治风险较低使社会组织登记管理制度创新成为地方的理性选择。在现行的干部管理体制下，地方官员的任命权掌握在上级手中。对于任何一个政治体系来说，政治职位都是稀缺资源。地方官员孜孜以求的政治职位，也是其他官员追求的目标。因此，"地方政府竞争是一种客观存在的现象"③。基于转型期"有为才能有位"的政绩考核理念，地方官员必然不会安于现状，而是大力推行地方创新，以期获得上级的认可、青睐。当然，地方创新可能面临一定的政治风险。在这种情况下，地方官员容易偏爱那些政治风险低而又能显示政绩的创新项目。社会组织登记管理制度创新恰恰符合上述特点。自党的十六届三中全会开始，中央先后出台多项促进社会组织发展的政策。对于地方以登记管理制度创新的方式培育社会组织，中央明确表示支持和鼓励。例如，2008年，民政部将上海、广东确定为社会组织改革创新综合观察点，支持其积极探索简单便捷的社会组织登记注册办法。与中央的政策基调保持一致，地方创新的政治风险必然较

---

① 林尚立：《国内政府间关系》，浙江人民出版社1998年版，第318页。
② 沈德理：《简论地方自主性》，《海南师范学院学报》（社会科学版）2003年第4期。
③ 孙荣、辛方坤：《地方政府竞争、制度创新与知识溢出》，《江苏行政学院学报》2010年第5期。

低。另外,从性质上说,社会组织登记管理制度创新属于行政类与服务类创新,这类创新的政治敏感度远低于政治类创新。"政治类改革,因可能会与现行的宪法、法律、党章或政策文件的某些规定相抵触,所以就有可能被指责为违反宪法、法律、党章或政策,创新的发起者可能会因此断送政治前程甚至有牢狱之灾"①。

第三,获利动机驱动地方推行社会组织登记管理制度创新。社会组织在提供服务、反映诉求、规范行为方面发挥着重要作用。中国原有的社会组织登记管理制度弊端重重,严重阻碍了社会组织积极作用的发挥。地方政府在感知到制度创新的潜在收益的情况下,积极响应获利机会,调整社会组织登记管理制度。例如,转变职能是政府改革的核心内容。但是政府职能转变的时机、方式、速度等,不是政府单方面决定的。如果没有大量的、符合资质的社会组织承接政府卸载的职能,政府职能转变就不会完全到位。又如,社会组织参与公共服务供给,有利于满足社会的多元化需求,有利于降低服务成本。这导致政府将改革社会组织登记管理制度、培育扶持社会组织提到议事日程。中国社会组织登记管理制度之所以首先在经济领域取得突破,重要原因在于行业协会、商会的经济发展意义。行业协会、商会被誉为"经济发展的第三推动力"②。在这种情况下,改革行业协会登记管理制度的预期收益最为明显、最为直接、最符合主流话语体系。当然,这种预期收益并非仅有利于提高地方官员的政绩显示度,也有利于维护公共利益。

第四,社会力量的兴起助推地方创新社会组织登记管理制度。改革开放以来,中国逐步实现了经济成分多元化、分配方式多元化、利益主体多元化、阶层多元化和价值观多元化。随着大一统式、同质化

---

① 刘培伟:《基于中央选择性控制的试验——中国改革"实践"机制的一种新解释》,《开放时代》2010年第4期。
② 刘忠祥:《经济发展的第三推动力——温州市行业协会的调研报告》,《中国民政》2003年第10期。

的传统社会瓦解，中国社会越来越具备多元主义的特征[1]。同时，几十年的经济发展促进了中国生产力水平和人民生活水平的提高，这为结社权的行使奠定了一定的物质基础。在这种背景下，人们的结社热情有了很大提高，成立社会组织的诉求逐渐高涨，改革社会组织登记管理制度的呼声日益高涨。如果政府一直用登记注册的高门槛来压制人们的结社要求，就会使社会组织站到政府的对立面，异化为体制外的反对力量，最终不利于保持社会稳定。因此，在社会组织的强烈改革需求的作用下，一些地方政府尝试推行登记管理制度创新，作为对社会环境变迁和人民改革呼声的一种回应。这一点在社会转型速度较快、经济发展水平较高、社会组织发育程度较高的东南沿海地区表现得尤其明显。

四 地方创新的意义

地方政府探索社会组织登记管理制度创新具有不可忽视的价值和意义。

第一，地方创新为中央政府提供政策选项。中央有意利用各地实践经验和自主试验推动改革进程，是中国改革的一个基本特征，从某种意义上说，也是中国改革取得成功的奥秘[2]。社会组织登记管理制度创新中的地方探索为中国的"政策试验主义"提供了新的例证。中央借地方探索来推动社会组织登记管理制度创新，为正式出台普遍适用的政策，甚至是为国家立法，提出可供选择的政策方案。当前，一些地方探索的成功经验已有被整合进国家政策的迹象。据报道，关于社会组织管理的三个重要条例即《社会团体登记管理条例》《基金会管理条例》和《民办非企业单位登记管理暂行条例》正处于修订

---

[1] 孙发锋、赛明明：《中国公民社会的现状分析及其理论建构》，《东北大学学报》2007年第3期。

[2] 韩博天：《通过试验制定政策：中国独具特色的经验》，《当代中国史研究》2010年第3期。

之中。民政部民间组织管理局有关领导表示:"'社会组织管理三条例'修订的最重要工作之一是理顺登记管理体制,最终目标是实现所有的社会组织实现直接登记"[①]。这意味着"双重许可"将告终结。显然,深圳、广州等地的"无主管单位登记"探索为国家层面新规的出台奠定了一定的经验基础,或者说,国家层面新规是吸纳地方创新的结果。

第二,地方创新使地方政府能够分享中央政府的政策制定权。关于中国央地关系的特征,有两种代表性观点。一种认为央地之间是决策者与执行者的关系。中国是典型的单一制中央集权国家。中央与地方的地位是不对等的,二者是领导与被领导、指挥与服从、决策与执行的关系。另一种观点认为,地方是与中央有着不同利益的行为主体,二者之间关系是围绕着利益最大化原则建构的博弈关系。我们的研究表明,这两种观点均有失偏颇。在从中央支持、授权地方探索社会组织登记管理制度创新到地方创新成果被中央所接受这一过程中,中央与地方存在密切的互动关系,这一过程同时也是央地之间达成政策共识的过程。处于共识状态的地方创新成果,就进入"由点到面"的推广普及阶段。因此,事实正如有学者所说:"地方不但是中央政策的执行者,同时也是政策制定的参与者。政策共识的客观性及其必要性,使地方分享了中央的政策制定权力"[②]。

第三,地方创新推动了社会组织发展。登记注册的高门槛使中国社会组织普遍存在生存困境,发展倍加艰难。从一定意义上说,它是制约社会组织发展的瓶颈。有学者认为:"合法地位的缺失,使众多民间组织不受现行法规的约束和保护,部分组织甚至走向营利或发生变异,发展陷入无序化。其原因主要是中国当前以'双重管理'为

---

① 《民政部称将最终实现社会组织直接登记》(http://www.chinalawedu.com/new/21606a23369a2011/20111129yishua16534.shtml)。
② 杨红伟:《中央与地方政策共识形成过程的一个分析框架》,《领导科学》2011年第8期。

特征的许可登记制度限制了民间组织合法地位的取得"①。地方政府探索社会组织登记管理制度创新有利于破除这一瓶颈。它不仅可以使社会组织数量激增，而且有利于提升社会组织的质量，如克服社会组织的营利化、行政化倾向。

第四，地方创新体现了政府管理社会组织的新动向——分类管理。透过不断涌现的地方创新，可以看到一个共同的改革动向，即分类管理。地方政府放松登记注册门槛的受益者是特定领域、特定类型的社会组织。换而言之，在入口管理上，地方政府并未全面放开。对社会组织区别对待，获得了中央的肯定。2011 年，民政部表示，将对公益慈善类、社会福利类、社会服务类社会组织，履行登记管理和业务主管一体化职能。事实上，登记管理制度改革所涉及的社会组织主要是上述三类。因为这三类社会组织提供的公共物品是社会亟需的，是政府的"助手"。而对于政治敏感度高、具有挑战政府权威能力的社会组织，如政策研究组织、宗教组织、社会维权组织、政治反对组织、涉外社会组织等，政府则以登记注册高门槛的方式严格控制。结论正如有学者所说的：政府根据各类社会组织的挑战能力和提供公共物品的种类对它们实施不同的管理方式②。

---

① 杨群英、莫丽月：《我国民间组织的"草根"境遇及现行登记管理制度之改革》，《湘潭大学学报》（哲学社会科学版）2008 年第 3 期。
② 康晓光、韩恒：《分类控制：当前中国大陆国家与社会关系研究》，《社会学研究》2005 年第 6 期。

去营利化：中国社会组织
发展的必然要求*

有学者指出："当前，在中国非营利组织的发展过程中，一个较为普遍的问题是许多公众对非营利组织的非营利性表示怀疑。少数人甚至认为中国的非营利组织只是一种表象，其实质都是以营利为目的"①。社会组织营利化带来了许多消极影响：不利于发挥社会组织的公共服务提供和政策倡导功能；不利于提高社会组织公信力；不利于维护市场经济秩序。因此，研究社会组织营利化问题，提出"去营利化"的具体思路，对于使社会组织在数量激增的同时，不断提升其发育质量，充分发挥社会组织对于改革开放事业的助推作用，具有重要的现实意义。

一　中国社会组织营利化

尽管人们对社会组织的基本属性存在一些争议，如有人认为非政党性、非宗教性应为社会组织的基本属性，有人认为自愿性不应成为社会组织的基本属性。但是，人们一致认为非营利性是社会组织的本质属性之一。在中国，社会组织主要有三种组织形态：社会团体、民办非企业单位和基金会。《社会团体登记管理条例》规定，社会团体

---

* 原载《理论导刊》2014年第5期，收录时有改动。
① 邓国胜：《非营利组织评估》，社会科学文献出版社2001年版，第82页。

是"非营利性社会组织"。《民办非企业单位登记管理暂行条例》规定,民办非企业单位是"从事非营利性社会服务活动的社会组织"。《基金会管理条例》将基金会界定为非营利性法人。可见,现行法规强调了非营利性这一社会组织的本质属性。

非营利性是从经济角度对企业与社会组织作出的划分。前者是获取利润的工具,后者是"使命共同体"。作为"使命共同体",社会组织的资产产权是不完全产权,一方面出资人不享有剩余索取权,即资金和财产的提供者并不期望按照其所提供的资金或财产比例获得经济利益,收支结余不得向出资者分配;[1] 另一方面,社会组织因故出售、转让、变卖或清算时,也不存在可以分享一份剩余资金或财产的明确的所有者。它们的剩余资产不能像企业那样在成员之间分配,而只能转交给其他公共部门(政府或其他的社会组织)。[2] 上述界定与中国政府对非营利性的评判标准是一致的。国家法制办和民政部对社会组织非营利性的界定是:"非营利组织和营利组织的主要区别,不在于是否营利,而在于营利所得如何分配。目前国际上比较一致的观点是,第一,非营利组织的资产及其所得,任何成员不得私分,不得分红;第二,非营利组织注销后,剩余财产应移交同类非营利组织,用于社会公益事业的发展"。[3] 尽管"非分配性约束"被公认为社会组织的本质属性,但是,并非所有的社会组织均能恪守非营利原则。所谓社会组织营利化,是指社会组织背离不以营利为目的的宗旨和原则,以追逐利润为主要甚至唯一目标,导致自身行为扭曲和行为失范,社会公益或互益功能弱化、丧失,进而使社会整体福利受到损失。由于社会组织种类多样,其内部差异被称为"蚂蚁与大象"之别,对于非营利性的评判难以提出统一的量化指标。由于社会组织营

---

[1] 郑满芝:《实施〈民间非营利组织会计制度〉的几个问题》,《北京教育学院学报》2005年第3期。

[2] 王名主编:《中国民间组织30年》,社会科学文献出版社2008年版,第6页。

[3] 国务院法制办政法司、民政部民间组织管理局:《〈社会团体登记管理条例〉、〈民办非企业单位登记管理条例〉释义》,中国社会出版社2003年版,第19页。

利行为具有隐蔽性，对变相营利难以建立敏锐的识别机制。由于社会组织商业化经营成为时代潮流，适度商业化与过度商业化的界限难以区分。这些原因导致即使在发达国家，遏制营利化现象也成为社会组织监管的难点。

与西方国家相比，中国社会组织的自利性和营利化倾向更为强烈。① 营利化现象在社会团体、基金会和民办非企业单位身上均不同程度地存在。有些社会团体不仅自身乱收费、乱排名、乱认证，而且设立众多的分支机构、代表机构从事违规经营活动。有学者认为："绝大多数的社团都在从事营利性活动"。② 2009 年，41 家基金会年度工作报告显示，基金会支付给员工以及为员工支付的现金达 3940 多万元，人均 79289.22 元（共 497 名专职工作人员，已剔除不在基金会领取薪酬的专职工作人员 49 人），工作人员人均福利支出 56208 元，其中 1 家基金会支付给员工以及为员工支付的现金甚至达到人均 385731 元，人均福利支出 170770 元。41 家基金会专职人员的薪酬水平远高于国家统计局公布的 2009 年北京市非私营单位在岗职工年平均工资，使公众有理由怀疑少数社会组织在为个人营利。③ 但是相对来说，当前民办非企业单位的营利化色彩更浓一些。有关政府部门认为："民办非企业单位不得从事营利性的经营活动，并不妨碍其在从事社会服务活动的过程中进行合理的收费，按照国家的规定根据自己提供的服务收取合理的费用，以确保成本，略有盈余，对于维持其活动，促进和扩大其业务规模是非常必要的，这与从事营利性经营活动是完全不同的概念，必须严格加以区分"。④ 上述规定是粗放式的，

---

① 张玉磊：《困境与治理：非营利组织的市场化运作研究》，《中国农业大学学报》（社会科学版）2008 年第 4 期。

② 《中国民间社团之乱——中国国情研究会全面清理内幕》（http：//finance.sina.com.cn/g/20040511/1354754776.shtml）。

③ 张思强：《营利性行为与非营利组织财务规制研究》，《财务与金融》2010 年第 6 期。

④ 国务院法制办政法司、民政部民间组织管理局：《〈社会团体登记管理条例〉、〈民办非企业单位登记管理条例〉释义》，中国社会出版社 2003 年版，第 118 页。

"合理的收费""略有盈余"的标准弹性过大。因此,《民办非企业单位登记管理暂行条例》对民办非企业单位"从事非营利性社会服务活动的社会组织"的定位几乎成为一纸空文。

二 中国社会组织营利化的根源

"非营利组织的存在与发展虽然有利他精神的驱使,但组织成员仍然摆脱不了有限理性经济人的人性特征"。① 所以,一旦监督和约束机制松弛,社会组织营利化现象就会大行其道。具体来说,中国社会组织营利化的根源如下。

第一,指导思想偏差。中国社会组织监管体制的本义是确保社会组织的政治正确性。因此,严格控制和限制社会组织的数量,避免其行为失控,避免其从事敌对性政治活动,避免其像西方国家的压力集团一样,通过游行示威等方式提出政治诉求,以维护国家安全和社会稳定。这也是政府历次清理整顿社会组织的重点。② 有关方面并未将确保政治正确性与"非营利性"摆在同等重要的位置,而是对社会组织营利化问题重视不够,对其危害性缺乏应有的警惕。有学者认为,尽管营利化现象时有发生,但是实践中因营利性经营活动对社会组织予以查处的案件很少。③ 事实上,在执政党已经受住执政考验的情况下,社会组织的非法违法活动,主要表现在营利化上。例如,在北京市,没有经过登记擅自以社会组织名义进行活动的,90%以上都与经济有关。④ 这种指导思想上的偏差必然使政府管理部门的主要精力不用在禁止社会组织从事营利性活动上,从而放纵了社会组织的

---

① 程昔武:《非营利组织治理机制研究》,中国人民大学出版社2008年版,第187页。
② 崔开云:《国际制度环境下中国政府与非政府组织关系研究》,南京师范大学出版社2011年版,第165—166页。
③ 余跃、喻建中:《社会组织营利性经营活动的认定困扰与立法完善》,《社团管理研究》2008年第6期。
④ 《民间社团中的监管盲区》(http://news.sina.com.cn/c/2006-11-30/154310650074s.shtml)。

逐利行为，客观上给社会组织的过度营利行为以可乘之机。

第二，社会监督不力。中国社会组织具有明显的行政化倾向。有学者认为："中国内地社会团体不仅依附在官僚部门之下，且成为各部门争夺市场资源与权力的工具，因而多不具自主性"。[1] 许多学者也注意到这一现象，他们用不同的术语来描述这一现象，如"组织外形化""官民两重性""制度的形同质异""政府办的非政府组织""准市民社会"。在行政化背景下，社会组织与政府部门容易结成利益共同体，这种利用共同体通常会削弱政府监管的效能。因而，开辟政府系统之外的社会监督渠道对于督促社会组织遵循非营利底线、承担公共责任具有举足轻重的作用。但是，社会监督基本处于缺位状态。众所周知，舆论监督是社会监督主角。相对于政府部门和商业、企业来说，中国媒体对社会组织的监督兴趣较弱。目前，绝大多数媒体没有设置监督社会组织的版面，监督社会组织的起步时间也较短。2005年"胡曼莉事件"被视为媒体充当慈善卫道士、看门狗角色的开始。另一方面，舆论监督不具有法定强制力，如果它不与国家性监督相结合，其效力就会大打折扣。在现实中，一些被媒体揭露的社会组织营利化现象，却常常得不到官方回应。河北红十字石家庄中西医结合医院在学生中散发低俗刊物、伪造红会批文去乡间义诊。对于该医院打着公益、慈善的幌子营利的行为，河北一家媒体曾进行曝光，但是，"无论你怎么曝光它永远能正常营业"。[2] 在这种情况下，舆论监督的效果较差。

第三，内部治理结构不完善。社会组织与政府机构的重要区别在于其实行民主自治机制。健全的民主自治机构能够增强社会组织的自我监督和自我约束能力，是督促社会组织恪守非营利原则的重要屏障。一般来说，社会组织的民主自治机制包括会员大会、理事会、监

---

[1] 张钟汝、范明林：《政府与非政府组织合作机制建设——对两个非政府组织的个案研究》，上海大学出版社2010年版，第78页。

[2] 崔木杨：《河北一红十字医院校"倡导"学生人流》，《新京报》2012年6月26日第A16版。

事会、执行机构。在中国,许多社会组织是精英人物创建的,体现了精英人物的奋斗历程,因而其内部治理结构具有浓郁的强人色彩和家长制色彩。另一方面,虽然一些社会组织建立了民主自治机构,但是大多有名无实。例如,"高规格社团"中国国情研究会因严重营利化而被查处。在组织机构方面,国情研究会的最高机构首先是全国会员代表大会,其次是理事会、常务理事会以及顾问、会长,再次是副会长、秘书长、副秘书长。研究会的常设机构为秘书处,实行秘书长负责制。从形式看,社会团体民主治理的要素一个也不少,但是,这些民主治理机制均在"空转"。特别重要的是,中国绝大多数社会组织缺乏货真价实的理事会。有学者认为:"理事会是非营利组织的决策核心和权力中枢,作为非营利组织的掌舵人,负责实现组织的重大使命,对组织的成败负最终的责任,因此必须在整个组织握有最大的控制权"。[①] 拿此标志进行衡量,中国社会组织的理事会不过是个别领导人的"橡皮图章"。在这种情况下,理事会难以成为社会组织内部制衡关系的中心环节,难以成为社会组织业务活动的核心问责主体。

第四,审计监督弱化。审计职责是通过取证以证实经济活动与经济事项认定与既定标准的符合程度,并将结果传达给有关使用者。对于社会组织来说,这里的"既定标准"就是非营利性。但是,审计监督的作用并没有发挥出来。

一是社会组织内部审计力量弱小。相对多的社会组织不设立内部审计机构,或者虽然设立,但审计人员专业素质差,业务能力不强。更为重要的是,内部审计机构缺乏独立性。内部审计人员往往在经济利益、行政关系、血缘关系上与被审计对象有千丝万缕的联系,因而在具体审计项目上会或多或少受到来自单位负责人、被审单位或相关人员的影响。[②] 审计机构不独立会严重影响审计质量。

二是社会组织与外部审计单位结成利益共同体。一些社会组织有

[①] 徐晞:《我国非营利组织治理问题研究》,知识产权出版社2009年版,第43页。
[②] 周亚荣:《非营利组织相关审计问题研究》,《财会通讯》2007年第9期。

自己相熟的会计师事务所，双方会签订长期合同，由该会计师事务所负责专门做账。有时候甚至几个项目的所有花销都是一样的，发票也都是同一家单位。甚至在做账的时候，为图方便，连发票都由会计师事务所帮忙购买，最后双方以不等的名义进行分赃。而会计事务所的会计师在外接私活、做假账亦然是公开的方法，只是每次做账成本都在万元以上，事后还要求分百分之几的好处费。[①] 这在一些科研类社会组织中表现得尤其突出。显然，这种外部审计只能是走形式、走过场。

三是审计资金的来源没有明确规定。"三大条例"均要求，社会组织需要接受审计监督。《基金会管理条例》规定，基金会年度工作报告应当包括财务会计报告、注册会计师审计报告等；《社会团体登记管理条例》《民办非企业单位登记管理暂行条例》都规定，资产来源属于国家拨款或者社会捐赠、资助的，应当接受审计机关的监督。但是，类似条款并没有规定审计经费的来源，因而其并没有得到有效执行。

三 "去营利化"的对策建议

针对社会组织的营利化"乱象"，应采取如下措施。

第一，以章程为重点完善自律机制。章程是社会组织内部的根本大法，是社会组织成员集体共识的凝聚，也是社会组织自律的主要依据。禁止社会组织营利化，应以审查社会组织章程为重点。这样做不仅可以为社会组织提供具体的、标准化的行为规范，而且可以防止政府过多干预所造成的行政化倾向。通过审查章程，督促社会组织对自身的使命、目标、机构设置、人员配置、权力分配、财务管理、经营监督等作出明确规定。特别是，对于法律不便规定的问题，应该用章

---

① 《科研经费被肆意侵占 资金用于项目本身仅占》（http://business.sohu.com/20111105/n324603437.shtml）。

程加以规定。民政部已经制定了《社会团体章程示范文本》，但是稍显粗糙。例如，该文本规定，社会团体要建立严格的财务管理制度，但"严格"的标准没有作出详细规定。所以，财务管理制度的严格性仅停留在口号的层次上。又如，该文本对监事会这一重要的财务监督主体没有提及。日本《民法典》规定，法人根据章程、捐助章程或全会的决议，设置监事一人或数人，负责监察法人的财产状况、业务执行状况。[①] 根据这一规定，日本公益法人在组织结构上普遍设置了监事或评议员。同时，要保障章程的权威性，使之落实到社会组织每一位成员的日常行为和工作实践中。

需要指出的是，章程应该对理事会的制度建设提供指导性规范。为了使理事会在社会组织财务治理过程中发挥积极作用，成为名副其实的问责主体，必须做到以下几点。

一是促进理事会成员的多元化和专业化。要限制创办人及其亲属在理事会任职，为受益人、捐赠人乃至社会知名人士在理事会任职创造条件。有条件的社会组织，应考虑像企业一样，设立独立理事，以避免"内部人控制"现象。独立理事的来源可以是社会知名人士、咨询公司、新闻媒体，也可以是律师事务所、会计事务所。事实上，律师、审计师等专业人士在理事会任职，不仅能够促进社会组织理事多元化，而且能够优化理事会的知识结构。在选用理事时，应优先任用具备基本财务知识的人才，或者通过培训提高理事的财务控制能力和商业经营能力。美国的有关法律对这一点作出了硬性规定。美国法律规定，"非营利机构的负责人和董事会必须掌握有关财务预算和报表的基本知识，能够对机构的财务情况作出有效的评估和监控，及时发现问题，作出调整，保证机构的健康运作"。[②]

二是适度控制理事会的人数。英国有句谚语："大会无成"。中国

[①] 李本公主编：《国外非政府组织法规汇编》，中国社会出版社2003年版，第6页。
[②] 卢咏：《第三力量：美国非营利机构与民间外交》，社会科学文献出版社2011年版，第193页。

部分社会组织存在以捐赠换取理事职位的做法，导致理事会成员过多。在这种情况下，理事会决策效率低下、决策能力羸弱，甚至形同虚设。

三是健全理事会决策制度。完善议事制度、会议制度、表决制度，建立民主理财机制；健全理事会决策失误追究制度，对理事的个人图利行为、违规财务决策进行问责，提高理事的责任意识和使命感。

第二，建立健全审计制度。审计是重要的经济监管制度，对于禁止社会组织营利化具有直接现实意义。鉴于中国社会组织的审计现状，应该建立三审制度，"即实行非营利组织内部审计、注册会计师审计和政府审计三种审计制度的治理模式；实现由内向外、内外结合、内外同治"。[①]

首先，加强内部审计。内部审计是组织内部的一种独立客观的监督和评价活动，它通过审查和评价经营活动及内部控制的适当性、合法性和有效性来促进组织目标的实现。在美国，为了提高内置审计机构的独立性，非营利组织理事会一般设有审计委员会，"负责金融控制、责任审计，确保组织和管理层（及雇员）行为符合法律和伦理要求"。[②] 我们也应在社会组织内部设置符合《中国内部审计基本准则》《中国内部审计职业道德规范》要求的审计机构。有条件的社会组织，应考虑在理事会设置审计委员会，以改变内部审计受制于管理层的状况，从而提高审计质量。

其次，加强政府审计。在美国，非营利组织提交年度财务报告后，国税局会选择部分非营利组织进行审计。特别是，当某些违法行为引起社会公众关注时，国税局会对某些行业的非营利组织进行重点审计。中国现行法规规定，社会组织在接受政府资助、社会捐赠时，政府审计部门才会介入。这导致大量社会组织游离于政府审计监督之

[①] 程博等：《非营利组织审计导向问题思考》，《财会月刊》2011年第35期。
[②] 朱云杰、孙林岩：《发达国家非营利组织治理研究评述》，《经济管理》2005年第12期。

外。因此，要适当拓展政府审计监督的范围。在根据资金来源确定政府审计对象时，也应考虑社会组织的规模和影响力。

再次，加强社会审计。应该规定，规模大、影响力强的社会组织接受社会专业审计机构监督是一项强制性义务。建议将审计结果以便于公众知晓的方式向社会公布，通过强制性的审计监督使社会组织的营利化行为无处藏身。

为充分发挥审计的监督功能，还应将任期经济责任审计引入社会组织，在其理事会换届时，对组织负责人进行离任审计，实事求是地反映组织存在的经济问题，真实、全面、准确地反映有关负责人应承担的经济责任。另外，要拓展审计监督的功能，把财务审计和绩效审计摆在同等重要的位置上。财务审计侧重于监督组织资金使用的合规性，有利于督促社会组织遵守法律法规，完善财务管理制度。财务审计只能说清资金拨到哪里，但是无法客观准确地评估资金的使用效益。绩效审计可以衡量资源投入后社会组织行为的实际效果，测度组织行为绩效，这是对财务审计的有益补充。

第三，完善信息公开及失信惩戒机制。信息公开是公民个人、新闻媒体监督社会组织的前提。假如公民个人、媒体处于信息不对称的境地，社会监督的有效性就会大打折扣。正因为如此，崇尚社会监督的国家十分重视社会组织信息公开。例如，美国有两家网站每年从美国国内税务局以比较低的价格拿到所有501（C）3机构的990表，屏蔽一些个人信息后，将表格放在网站上，任何人都可查到任何501（C）3机构的990表，从而了解这个机构的有关情况。[①] 中国"三大条例"对社会组织信息公开作出了原则性规定，但由于缺乏惩罚细则，实施效果并不理想。所以，要完善相关法规，明确规定存在虚假记载、误导性陈述、重大遗漏或未披露信息等基本事实时，社会组织及其理事、监事、高层管理人员等应承担相应行政责任、民事责任乃

[①] 王劲颖等：《美国非营利组织运作和管理的启示与思考》，《社团管理研究》2011年第3期。

至刑事责任。通过完善法律责任体系,对社会组织信息公开工作作出硬性规定,强制要求社会组织及时公开收支管理、资金使用等财务信息,以弥补自愿性信息公开的不足,扭转"暗箱操作"的不正常局面,使社会组织的各项财务活动展现在公众眼前。

禁止社会组织营利化的域外经验及对中国的启示*

社会组织营利化，是指社会组织背离不以营利为目的的宗旨和原则，以追逐利润为主要甚至唯一目标，导致自身行为扭曲和行为失范，社会公益或互益功能弱化、丧失，进而使社会整体福利受到损失。营利化是社会组织对"非分配性约束"的背离，危害社会组织公信力建设，妨碍社会组织公共服务提供和政策倡导功能的发挥，因此，许多国家和地区均注意预防和打击社会组织营利化现象。在社会转型期，中国许多社会组织负责人以非营利性为幌子谋取个人不正当利益，以慈善公益为旗号转移组织财产。有学者指出："当前，在中国非营利组织的发展过程中，一个较为普遍的问题是许多公众对非营利组织的非营利性表示怀疑。少数人甚至认为中国的非营利组织只是一种表象，其实质都是以营利为目的"。[①] 尽管中国与其他国家国情不同，社会制度和文化传统各异，但是并不意味着中国不能汲取其他国家防治社会组织营利化的有益经验。事实上，研究禁止社会组织营利化的海外经验，对于中国社会组织"去营利化"、恪守非营利性原则能起到事半功倍的效果。基于此，本书对世界各国禁止社会组织营利化的主要措施进行简单梳理，并指出该措施对中国社会组织营利禁止的启示意义，以期对祛除中国社会组织的营利化色彩有所助益。

---

* 原载《湖北社会科学》2014年第9期，收录时有改动。
① 邓国胜：《非营利组织评估》，社会科学文献出版社2001年版，第82页。

一 明确监管重点

明确监管重点,有一些分类管理的意蕴,实际上是对社会组织的区别对待,即根据社会组织的领域、规模、资金、影响力等,确定重点监管的社会组织,对之给予特别关注。英、德两国均将规模大、影响力强的社会组织确定为监管的重点。原因是,这些社会组织的营利化行为将会产生恶劣的影响。在英国,慈善组织负责监管的1万个规模较大的社会组织中,有400个属于大型组织,它们占英国整个慈善行业总收入和总资产的45%。这400个大型组织是慈善委员会的重点监管对象。德国社会福利问题中央研究所的监督对象主要是募款能力和经济实力较强的社会组织。西方国家甚至对重点监管对象和一般社会组织采用不同的监管方式,确定不同的监管机构。在英国,已登记注册的18.6万个民间公益组织中,根据组织规模和组织资产的不同,监管机构也不同。英国慈善委员会主要监管其中1万个规模较大的组织,虽然只占组织总数的5%,却拥有整个慈善行业的总收入及总资产的90%。其余绝大多数是以社区为基础的小型组织,这些组织资金规模小、专职人员少、社会影响也不大。对于这些组织的监督管理,慈善委员会一方面通过托管人理事会要求组织自我监管,另一方面主要通过制定统一的原则、规范并委托专门的中介机构来进行。德国根据非营利组织的活动领域来确定监管机构。①

明确监管重点适应了政府监管能力有限的现实状况。随着市场经济的发展和国家与社会关系的变迁,社会组织在中国的崛起已成为不争的事实。要将数量众多、种类复杂的社会组织全部纳入政府的监管视野,并等同视之,搞"一刀切""四面出击",必然适得其反。因此,在打击社会组织营利化过程中,我们也需要明确监管重点。总体

---

① 廖鸿、石国亮、朱晓红:《国外非营利组织管理创新与启示》,中国言实出版社2011年版,第151页。

而言，资源吞吐量大、离市场较近、与群众生活密切相关的社会组织是重点关注对象。这类组织极易受到经济利益的诱惑，而他们一旦产生营利化行为，又会抹黑社会组织的形象，断送社会组织的公信力。此外，社会组织的特殊类型即慈善组织也应列入重点监管对象。因为慈善组织营利化不仅会浪费慈善资源，而且会恶化社会风气，侵蚀社会资本。在有学者构建的备案注册—登记认可—公益认定的三级民间组织准入制度中，慈善组织受到最严格的规制。[1] 其基本出发点与笔者一致。

二 提交报告与现场检查相结合

社会组织向有关政府部门递交年度工作报告、财务报告是国际通行的政府监管手段。年度工作报告、财务报告提供的信息和数据，便于有关政府部门掌控社会组织的运作状态。因此，各国法律均规定，社会组织定期向政府有关部门提交工作报告和财务报告是社会组织应尽的义务。美国法律要求社会组织每年向国内税务局报送990表。990表内容涉及机构成员、理事、项目活动、收入和支出、内部规章制度等。美国国内税务局在2008年修改了990表，内容要求更为详细。[2] 日本法律规定，特定非营利活动法人应当根据内阁府令，在每个年度的前三个月内，制作关于上一年度的一份事业报告书、财产清单、资产负债表和收支计算表等。在新加坡，社团注册官可以在任何时候命令任何社团提供有关社团的信息、情况和材料。[3] 向政府有关部门提交工作报告的频率，各国规定并不一样。有的一年提交一次，有的则半年提交一次。但是，一般来说，从事商业活动的社会组织，

---

[1] 贾西津：《第三次改革：中国非营利部门战略研究》，清华大学出版社2005年版，第11页。

[2] 王劲颖等：《美国非营利组织运作和管理的启示与思考》，《社团管理研究》2011年第3期。

[3] 李本公主编：《国外非政府组织法规汇编》，中国社会出版社2003年版，第393页。

提交报告更为频繁。

为加强报告的后续监管，许多国家将提交报告和现场检查结合起来。日本政府比较重视现场检查的作用。按照日本有关法律，主管机关有理由认为NPO法人有违反法令、根据法令的行政处分或章程的嫌疑时，可派职员前往该法人的办事处及其他设施进行现场检查，检查其业务或财产状况等。另一方面，作为一项法律强制措施，主管机关3年内需对法人团体进行一次现场检查，主要包括法人业务是如何运营的，事业的内容是否在实施运转，收支情况，预算、决算的差距如何等内容。[①]

在中国，提交报告是社会组织年检的主要形式。但是，单纯依靠社会组织递交的文字材料进行形式审查，评价社会组织是否存在营利化行为，未必真实、准确。为避免上述弊端，严厉打击财务违规活动，应该强调现场检查的作用。法律法规要明确规定，政府部门可以定期（年检期间）或不定期地对社会组织开展现场检查。在对报告内容有疑问时，有关政府部门可通过现场查询有关的谈话记录、会议记录、有关文件、召开座谈会等，了解掌握报告上没有反映的情况，现场澄清有关疑问。或者每年随机抽取一定比例（1%—2%）的社会组织进行现场检查。政府官员深入社会组织检查工作，要遵循行政执法的程序要求，同时要轻车简从、求真务实，切忌前呼后拥、走形式，以免增加社会组织的负担，干扰其正常工作。

三　限制自我交易行为

自我交易是指社会组织管理者或其家庭成员（配偶、父母、祖父母、子女、孙子女等），或他们组建的经营实体与社会组织之间的交易。许多国家的法律法规对自我交易作出了禁止性规定或限制性规定，避免自我交易成为某些人中饱私囊、转移资产、假公济私的隐秘

---

① 文国锋：《日本民间非营利组织：法律框架、制度改革和发展趋势》，《学会》2006年第10期。

途径，避免某些人以损害社会组织利益的方式获取不当个人利益，确保交易活动对社会组织有所助益。在美国，私人基金会的管理者及其家庭成员是无资格人的重要组成部分。除法律规定的例外条款外，无资格人与私人基金会之间不得进行财产的销售、交换和租借，不得进行信贷，不得进行物品、服务或设备交易。另外，根据《非营利法人示范法》以及美国其他法律，确实需要自我交易活动的，需要得到司法部门的许可，或者遵循公开和公平原则。公平包括程序公平和实质公平。程序公平主要体现为有关交易必须获得理事会的批准。实质公平主要体现为法人在交易中的获利情况。既要考虑交易价格公平，还要考虑此交易能维护法人的最大利益。譬如，非营利法人向其董事购买了一块不动产，虽然成交价格合理，但法人所购买的不动产不能服务于法人目的，该交易就违反了实质公平要求。[①]

在中国，《基金会管理条例》第 23 条规定：基金会理事遇有个人利益与基金会利益关联时，不得参与相关事宜的决策；基金会理事、监事及其近亲属不得与其所在的基金会有任何交易行为。上述规定是粗放式的。该规定没有明确"利益关联"的确切内涵，导致该条文实质上流于形式。另外，该规定也未将基金会高层管理人员纳入"无资格人"范围，显然有失偏颇。更为重要的是，《社会团体登记管理条例》《民办非企业单位登记管理暂行条例》对限制自我交易行为未作出任何规定，这一法律盲区客观上纵容了部分社会组织的营利化活动。因此，要完善相关法规，将限制自我交易的制度规范的适用范围拓展到所有类型的社会组织。同时，要细化有关制度安排，增强限制自我交易制度规范的可操作性。

四 限制行政性开支

社会组织为组织和管理活动而发生的费用，称为行政性开支，包

[①] 税兵：《非营利组织商业化及其规制》，《社会科学》2007 年第 12 期。

括员工工资和福利费、办公费、差旅费等。社会组织自身的性质、法律法规、社会公众均要求社会组织秉持节约原则,降低管理成本,限制行政性开支。事实上,公信力高、美誉度高的社会组织总是力图降低行政性开支。例如,福特基金会平均每年行政性开支仅为5%。以下几点对于限制中国社会组织的行政性开支具有重要意义。

一是设定行政性开支的大致比例。乌克兰的《慈善与慈善组织法》规定,慈善组织管理费用开支不能超过年度财政估算值的20%。[1] 鉴于中国社会组织发展不成熟、自律机制尚不完善的现状,也应该为社会组织的行政性开支设定上限比例,避免社会组织无限制提高行政性开支,滥用社会资源,确保社会组织的大部分资金直接服务于组织的使命。可根据社会组织的不同性质、类别,确定行政性开支上限比例。比如,操作类社会组织和倡议类社会组织的上限比例会有所差异。对于某一个具体的社会组织来说,应根据行政性开支占总支出的比例,确定各预算科目的合理经费数量。

二是严格控制募款经费。募款经费的高低深受社会公众关注。社会组织开展社会募捐活动需要一定的资金消耗,称为募款经费。募款经费占募集资金总量的比例越低,说明募款成本越低。澳大利亚国家税务局规定,基金会每年必须将募集资金的85%支付给福利机构,才能保持非营利组织的免税资格。根据美国智能捐赠联盟的调查,美国民众认为捐款中应该有70%—80%以上要直接投入慈善服务,而且立即投入,至于募款经费的比例应在20%—30%。[2] 参照国际经验,结合中国的国情,募款经费上限宜定为不超过募款总量的30%。

三是规定服务支出(公益支出)的最低比例。从一定意义上说,在资金总量一定的情况下,行政性开支和服务支出成反比例关系,即行政性开支越大,则服务支出越低,反之亦然。按照《基金会管理条例》,公募基金会每年用于从事章程规定的公益事业支出,不得低于

---

[1] 李本公主编:《国外非政府组织法规汇编》,中国社会出版社2003年版,第234页。
[2] 廖鸿、石国亮、朱晓红:《国外非营利组织管理创新与启示》,中国言实出版社2011年版,第207页。

上一年总收入的70%；非公募基金会每年用于从事章程规定的公益事业支出，不得低于上一年基金余额的8%。应该将服务支出（公益支出）的最低比例限制逐步推广到所有的公益慈善类社会组织，并根据具体情况制定一些例外条款。

四是确保员工薪酬保持在合理的水平上。美国"联合之路"的丑闻表明，不合理的员工薪酬可能成为社会组织负责人中饱私囊、图谋私利的工具。薪酬"合理"标准的确定，通常参考同一地区政府或企业相同性质的职位的工资水平。《企业所得税法实施条例》《关于非营利组织免税资格认定管理有关问题的通知》均规定员工薪酬保持在合理的水平上是认定免税资格的重要条件之一。其中，后者明确规定，社会组织工作人员平均工资薪金水平不得超过上年度税务登记所在地人均工资水平的两倍，工作人员福利按照国家有关规定执行。当务之急是，把这一规定落到实处。

五是对行政性开支实行透明化管理。美国法律要求，社会组织须将自身的行政性开支、管理费用等基本信息通过指定的渠道、方式公开，以杜绝变相牟利、私分利润现象的发生。美国的一些行业自律组织还将本行业社会组织工资最高的前十名员工的名字公布在有关媒体上，接受社会监督。此外，独立的第三方评估机构定期发布负面排行榜，如将募款成本排行、高层管理者薪水排行等。从总体上看，中国社会组织的信息公开效果并不理想，因此，上述行之有效的举措对中国的借鉴价值是不言而喻的。

五 明晰领导人的责任限度和组织的责任限度

贪污、私分利润、侵吞善款等营利化行为的受益者往往是个人（社会组织领导人）。因此，许多国家规定，在责任分担上，社会组织领导人对营利化行为承担不可推卸的责任乃至主要责任。"根据美国税法规定，在日常业务活动中，如果非营利公益组织与对其事务有实质性影响的个人进行交易,并产生了有利于个人的'过多利益',则该组织将被课征'过多利益'10%的惩罚性消费税。而有实质性影响的个人则将被征收过多利益25%的消费税,如这种个人交易行为在税法规定期限内仍未被改正,该个人将再次被课征过多利益200%的惩罚性税收"。[1] 这一规定有效遏制了社会组织领导人侵占、私分社会组织财产的自然冲动。

中国现行法规对社会组织营利化行为的责任划分极不合理。《社会团体登记管理条例》规定,社会团体有违法经营额或者违法所得的,予以没收,可以并处违法经营额1倍以上3倍以下或者违法所得3倍以上5倍以下的罚款。《民办非企业单位登记管理暂行条例》也有类似规定。显而易见,这些处罚措施主要是针对组织而非个人的。换而言之,社会组织营利化的责任主体是社会组织,而非个人。[2] 实践中,这样的规定容易成为某些社会组织负责人个人牟利行为的挡箭牌。

参照美国经验,我们也应该厘清社会组织营利化行为中组织和个人的责任程度。在此基础上,要加大对有关领导人的处罚力度(民事赔偿、刑事责任等),使之通过营利化行为获取的收益远远超过其付出的代价,坚决遏制其营利化动机。

六 限制和约束社会组织的经营活动

除极少数国家(如立陶宛、菲律宾)对社会组织的经营活动持绝对禁止态度外,绝大多数国家均对社会组织的经营活动持有限禁止态度,即在一定条件下,允许社会组织从事经营活动。虽然"非营利精神+商业手段"值得称道,但是如果不加以限制和约束,手段也可能

---

[1] 唐雯:《论非营利组织的非营利性及所得税优惠》,《税收经济研究》2011年第5期。

[2] 余跃、喻建中:《社会组织营利性经营活动的认定困扰与立法完善》,《社团管理研究》2008年第6期。

异化为目标。因此，许多国家均对社会组织的经营活动设置了一些限制性条款。其中，比较重要的条款如下。

一是经营规模限制。为避免社会组织将主要人力、资金等用于经营活动，有些国家对社会组织的经营规模作出了限制。在日本，《关于指导监督公益法人经营的标准》规定，公益法人所从事的收益事业需保持必要的规模，但不应超过公益活动的比例，通常来说商业活动所取得的利润不应当超过公益法人收入的一半。《印度尼西亚财团法》第7、8条规定："财团可以参与任何形式的商业活动，但是投入的财产总额不得超过财团财产总值的百分之二十"。[①]

二是税收调控。美国将社会组织的经营活动分为相关经营活动（与宗旨相关的经营活动）和不相关经营活动（超出组织宗旨范围的经营活动），前者可以获得免税待遇，而后者则需照章纳税。德国将社会组织的经营活动区分为"理想的"和"私利的"两种情形，分别给予不同的税收待遇。有关国家还对不相关收入总量的适当性作出了规定，避免社会组织蜕变为企业。在美国，不相关收入一般不超过总收入的一半，否则，社会组织将会失去免税资格。在英国，慈善组织的相关非基本目的的商业活动的年营业额，加上潜在的符合免税条件的"混合活动产生的收入资源"，在可征税期间不得超过"相关门槛"。[②]

三是经营活动与公益活动分开进行。社会组织不应在人员、资金、财务、管理等方面将公益活动与经营活动混同，以免干扰或弱化其主要事业。而且，公益与经营"一体化"还会使公益性社会组织税收优惠变得难以操作和实现。因此，有些国家在立法中明确禁止公益性社会组织将公益性事业与经营性事业混同。日本《关于指导监督公益法人经营的标准》要求：公益法人不得设立与自身法人资格性质

[①] 杨道波：《公益性社会组织约束机制研究》，中国社会科学出版社2011年版，第213页。

[②] 褚松燕：《中外非政府组织管理体制比较》，国家行政学院出版社2008年版，第126页。

不同的经营性企业，并在该企业与自身认同为一体的状态下开展经营活动，追求营利。① 并对公益法人和其经营性企业"一体"的标准作出了详细规定。

中国社会组织经营活动中也存在过度商业化、变相营利等问题。海外经验启示我们，应该采取如下措施规范中国社会组织的经营行为。

一是限制社会组织从事经营活动的规模。社会组织应在不妨碍宗旨和使命实现的前提下进行经营活动。为此，要对社会组织投入经营活动的资金量、经营收入总额设定一定的比例或上限，对经营活动的行业领域进行限定。因为，"在中国现阶段，并不具备普遍、自觉地从事公益活动的社会基础，如果将相关经营活动界定得太宽的话，非营利组织会利用国家的这些优惠政策进行大规模的经营活动，将大部分精力投入到经营活动当中，从而忽视其向社会公众提供公益服务的宗旨"。②

二是强化税收调节。《税收征收管理法实施细则》，从事生产、经营的纳税人应当自领取营业执照之日起 30 日内，向生产地、经营地或者纳税义务发生地的主管税务机关申报办理税务登记。但在实际操作过程中，社会组织进行税务登记是以发生纳税义务为前提条件的。这种做法不利于税务机关对社会组织具体情况的了解，特别是在税务机关与登记管理机关、业务主管机关缺乏制度化信息交流的情况下，更是如此。为避免偷税漏税，应该建立普遍税务登记。另外，尽管《事业单位、社会团体、民办非企业单位企业所得税征收管理办法》规定，纳税人在纳税年度内无论是否有应纳税所得额，都应当按规定期限和要求向主管税务机关报送纳税申报表和会计报表，但是由于缺乏具体的罚则，这一规定事实上流于形式。因此，要进一步严格社会

---

① 杨道波：《公益性社会组织约束机制研究》，中国社会科学出版社 2011 年版，第 214 页。

② 吕来明、刘娜：《非营利组织经营活动的法律调整》，《环球法律评论》2005 年第 6 期。

组织纳税申报制度。

三是经营活动必须以独立经营机构的名义进行。《关于社会团体开展经营活动有关问题的通知》明确规定，社会团体开展经营活动，可以投资设立企业法人，也可以设立非法人的经营机构，但不得以社会团体自身的名义进行经营活动。根据这一规定，社会组织与其从事经营活动的实体在人员、资金、财务等方面应实施严格分离。特别是在财务账目方面，二者应该分别设立账目，以便于有关方面对经营实体的经贸往来、商业经营活动进行监督。

中国政府向社会组织转移职能：
机理、模式与特点[*]

自党的十三大强调转变政府职能以来，转变政府职能一直是中国政府管理体制改革的核心和重点。经过多年的探索和实践，中国政府已经认识到社会组织是承接政府卸载职能的适宜主体，没有社会组织的参与和配合，政府职能就不可转变到位，并在事实上形成了政府向社会组织转移职能的四大模式，即给予模式、交换模式、挤压模式和拓展模式。在既定的政治经济环境下，中国政府向社会组织转移职能呈现出边缘性、动态性、非均衡性、渐进性和交互性等特点。

一 政府向社会组织转移职能的机理

分析政府向社会组织转移职能的机理需要从政府职能转变的初始条件谈起。中华人民共和国成立后，中国仿照苏联模式建立了与计划经济相适应的高度集权的政府管理体制。在这种体制下，政府控制了几乎所有社会资源，包括生产资料、生活资料和机会资源等[①]。适应政府垄断性占用社会资源的需要，中央集权的政府体系对社会的各个领域实行强政治控制，从而导致行政性等级关系普遍化。如同有学者所指出的："在斯大林模式下的社会主义国家，人们既可以观察到一

---

[*] 原载《广西社会科学》2015年第8期，收录时有改动。
[①] 孙立平：《转型与断裂——改革以来中国社会结构的变迁》，清华大学出版社2004年版，第31页。

种国家组织内部权力向党和国家的领导机构甚至是向领导人个人集中的过程，即集权化的过程，同时还可以观察到一种国家机构与国家权力关系扩展到社会的各个领域，从而取消或者大大地降低了其他的非权力关系在社会生活中的地位和作用的过程"①。由于政府垄断和掌握了一切社会资源和公共权力，政府必须承担提供公共物品和公共服务的全责。换而言之，在政府权力支配社会的情况下，自治、自主的社会组织是不存在的，政府是公共物品和公共服务的唯一主体。

改革开放初期，中国的全能型政府面临着种种危机，或者用有学者的话来说是"集权失灵"②。从政治上看，政治集权使领袖个人的重大决策失误酿成全局性的大灾难（文化大革命），"极大地损害了马克思列宁主义、社会主义和中国共产党的崇高声誉，玷污了人民民主专政，严重地影响了社会主义建设事业的进程"③。从经济上看，"整个国民经济已濒临崩溃的边缘"④。从公共产品供给上看，一般政府应该提供的基本公共产品，如稳定的秩序、法律规则、公共服务等，陷入匮乏境地，社会实际上处于"有政治、无政府"的状态⑤。

集权失灵催生改革。中央认识到，不改革就是死路一条⑥。中国改革始于经济领域，继而政府管理体制改革也被提到议事日程。无论是经济体制改革还是政府管理体制改革，其总的特点是放权。经济体制改革侧重放权于企业，政府管理体制改革偏重政府系统内部的上级放权于下级。但是，以放权为主要特征的改革具有很大的局限性。因为几年后，下放的权力又被陆续收回，重新恢复原先的体制和权力格

---

① 唐士其：《国家与社会的关系——社会主义国家的理论与实践比较研究》，北京大学出版社 1998 年版，第 192 页。
② 中国青少年发展基金会、基金会发展研究委员会编：《处于十字路口的中国社团》，天津人民出版社 2001 年版，第 21 页。
③ 中共中央党史研究室：《中国共产党历史》第 2 卷下册，中共党史出版社 2011 年版，第 971 页。
④ 席宣、金春明：《"文化大革命"简史》，北京中共党史出版社 1996 年版，第 352 页。
⑤ 王名主编：《中国民间组织 30 年》，社会科学文献出版社 2008 年版，第 191 页。
⑥ 《邓小平文选》第三卷，人民出版社 1993 年版，第 370 页。

局。比如，就精简机构来说，1982年机构改革将国务院工作部门减为61个，但1987年又增至72个。由于社会矛盾和社会问题并没有解决，党和政府不得不启动新一轮的放权改革。

上述困境使中央认识到，必须转变政府职能，改革才能取得突破性进展。尽管在20世纪80年代初期，邓小平就指出：我们的各级领导机关，都管了很多不该管、管不好、管不了的事，这些事只要有一定的规章，放在下面，放在企业、事业、社会单位，本来可以很好办，但是统统拿到党政领导机关、拿到中央部门来，就很难办，谁也没有这样的神通，能够办这么繁重而生疏的事情①。这实际上已经涉及政府职能问题。但是，当时的认识还是比较模糊和浅显的。至20世纪80年代中后期，出于破除改革困境和深化改革的需要，中央强调："改革必须抓住转变职能这个关键"②。这一重要论断使改革指导思想发生具有重要意义的转变，经济体制改革、政府管理体制改革因而具有新的立意基础，被赋予新的内涵。

当"转变政府职能"这一口号化为实际行动时，政府立即面临一个现实问题，即由谁来承接政府卸载、释放、放弃、外移的职能。从理论上说，公民个人、市场、企业等均可成为承接的载体。但是，政府非常重视社会组织在政府职能转变中的作用，将之视为适宜的承接主体。自提出"转移政府职能"这一重要论断后，中国政府积极探索利用行业协会、商会等社会组织来协助政府履行行业管理职能。党的十四大指出，政府的职能主要是统筹规划、掌握政策、信息引导、组织协调、提供服务和检查监督。为此，党的十四届三中全会提出发挥行业协会、商会等组织的作用。党的十五大后，中央将政府职能定位于宏观调控、社会管理和公共服务，同时提出要培育和发展社会中介组织。党的十六大将政府职能定位于经济调节、市场监管、社会管理和公共服务。根据十六大精神，"十一五"规划纲要指出，要规范

---

① 《邓小平文选》第二卷，人民出版社1994年版，第328页。
② 《十三大以来重要文献选编》上册，人民出版社1991年版，第40页。

引导民间组织有序发展，发挥民间组织在提供服务、反映诉求、规范行为方面的作用。党的十七大、十八大沿用了十六大提出的"政府四职能说"，并进一步强调了社会组织对于政府职能转移的重要价值。党的十八届三中全会指出："适合由社会组织提供的公共服务和解决的事项，交由社会组织承担"。这就将社会组织与政府职能转移的密切关系在认识上向前推进了一大步。

上述分析表明，随着党对政府职能认识的深化，社会组织的作用愈来愈被强调，越来越多的社会组织参与了政府职能转变过程（从行业组织、社会中介组织、民间组织到社会组织，称谓上的变化很好地说明了这一点），参与的范围和领域也大大扩展。需要指出的是，在全能型政府垄断资源、权力和公共服务供给的情况下，社会组织不具备生存的空间和条件，民众也没有成立社会组织的社会需求。政府职能退缩后，社会组织才获得必要的生存空间和活动空间。所以，政府职能转变不仅对于政府自身建设具有重要价值，而且具有培育社会组织的意蕴。而随着社会组织力量壮大，它们又会推动政府进一步转变职能。图1更直观地解释了政府向社会组织转移职能的机理。

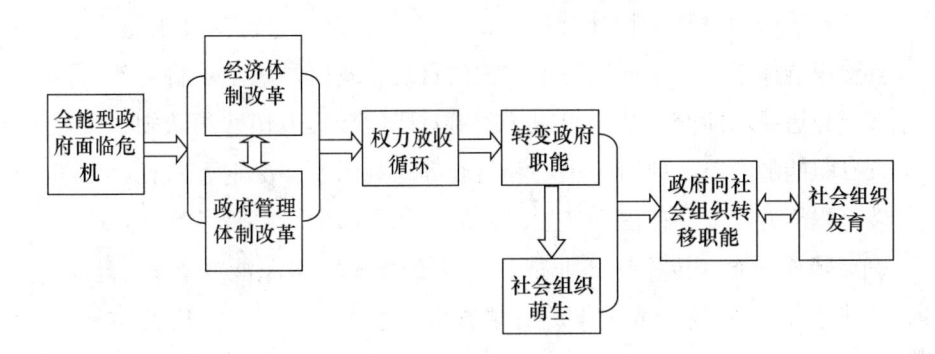

图1 中国政府向社会组织转移职能的机理图解

资料来源：作者根据相关资料整理而成。

在政府职能转变过程中，政府为何青睐社会组织？或者说，对于分离的职能，政府为何偏向于交给社会组织？一种理由是，相对于其他主体来说,党和政府认为社会组织更值得信赖。至少相对于市场来说,社会组织的信任度更高。有学者指出:"民间组织之于体制外的市场力量来说,它们的优势则在于因并非完全外生于体制而不存在对立甚至对抗的危险"①。在很多情况下,这种信任来自于一种制度建构,即大量党政官员兼任社会组织负责人。由现任或退休的官员担任社会组织负责人,可以大大提高政府对社会组织信任度,"因为这些人多年来一直是党和政府的骨干力量,在以往多次的重复博弈过程中,这些人被证明在党性和忠诚方面是值得信任的"②。另一种理由是在提供公共服务方面,社会组织具有"比较优势",比如创新优势、贴近基层优势、灵活优势、效率优势等③。

二 政府向社会组织转移职能的模式

改革开放以来,中国各级政府结合各自所处的社会历史条件,积极探索,形成了政府向社会组织转移职能的四种模式。

给予模式。这种模式可以简单地界定为赋予—接受模式,其主要特征是政府的主动性和社会组织的受动性。为了达到调整职能总量、重塑职能体系、改变职能行使方式的目的,政府往往主动将一些具体事项和边缘职能交给社会组织。政府对职能转移迫切性的认知、放弃自身职能的意愿、政府的决心和信心等主观因素,决定了向社会组织转移职能的幅度、范围和速度。政府何时、向谁(哪种类型的社会组织)转移职能,转移什么职能、以什么方式转移职能(委托、授权或其他方式),完全取决于政府单方面的意愿。相对于政府的主导地位而言,社会组织没有做出任何主动争取行为,而是消极等待政府的

---

① 王名主编:《中国民间组织30年》,社会科学文献出版社2008年版,第38页。
② 谢立平:《关系、限度、制度:转型中国的政府与慈善组织》,北京师范大学出版社2011年版,第198页。
③ 康晓光等:《NGO与政府合作策略》,社会科学文献出版社2010年版,第146—147页。

"恩赐",即政府主动让渡自己的职能空间。显然,在给予模式中,政府与社会组织的地位是不对等的。政府居于支配地位,从自身的主观意图出发自由赋予社会组织某些职能。社会组织的承接行为实质上是对政府赋予行为的一种被动反应。由于缺乏外在的束缚和限制,政府的赋予行为具有很大的随意性:领导人重视,政府向社会组织转移职能的范围就会广一些,参与政府职能转变的社会组织数量就会多一些;领导人的看法和注意力改变了,已经转让的职能可能又被收回。在某些时候,还可能存在"虚给予"情形,即政府只是把处理社会公共事务的责任推给了社会组织,而把处理社会公共事务的权力仍攥在手中。"虚给予"只是做了政府职能转变的表面文章。

交换模式。20世纪80年代后期,中国政府先后进行了多次机构改革。每次机构改革都要裁撤、合并一些政府部门,裁汰大批冗员。在此过程中,妥善安排"分流人员"的去处不仅关系到机构改革的顺利进行,而且关系到政治稳定。由于不少政府部门举办、创建或者主管有社会组织,并且这些社会组织具有一定的行政级别,享受财政拨款,甚至占有行政事业编制,因而社会组织成为"原政府人员由于体制改革而离开政府后最理想的新集聚点"[1]。但是,社会组织接受政府分流人员并不是无条件的。当政府提出接受分流人员的要求时,社会组织可能乘机提出转让职能的要求。比如,在民政部决定向中国社会工作者协会分流人员时,"社协负责人就会合乎情理地提出扩大生存空间的要求,要求政府让渡更多的职能给社团,以便社团有更广阔的生存空间"[2]。之所以称之为"交换模式",主要是因为通过这种模式的实施,政府和社会组织都得到了双方想要的东西。政府妥善安排了本部门的富余人员、顺利推进了机构改革,社会组织则获得了新的职能空间和行动空间。

---

[1] 张经:《行业协会是政府机构改革、人员分流的保证》,《中国工商管理研究》2002年第11期。

[2] 贺立平:《让渡空间与拓展空间——政府职能转变中的半官方社团研究》,中国社会科学出版社2007年版,第87页。

挤压模式。目前学术界的主流观点认为，中国社会组织致力于与政府建立伙伴关系，进而达成合作治理。中国社会组织不会与政府部门的观点相抵牾，不会以施加压力的方式向政府部门提出自己的要求，因而与西方国家的压力集团有本质区别。这种观点显然难以概括政府与社会组织间的全部关系。转型时期，政社关系、政社间的职能地位具有一定的模糊性。也就是说，一些职能应归政府行使还是归社会组织行使，法律法规没有做出明确规定，政府与社会也没有达成共识。在这种情况下，一些组织性强、资源丰富、规模和实力较大的社会组织往往在职能的模糊地带挤压政府，迫使政府从模糊地带撤出。例如，G省司法厅与G省律师协会之间关于律师执业许可权和审核权的争论就说明了这一点。由于法律的模糊规定，G省司法厅认为，律师执业许可权和审核权属于行政机关的职权，而G省律师协会认为该权应该由自己行使。双方僵持不下，二者各发出了一份关于律师年度考核的通知。"府会之争"的最终结果是：律师执业证上出现了两个执业许可章，司法厅的印章在初次颁发执业证时使用，属于行政许可事项；律协的印章，在执业后的每年年度考核时使用，属于执业过程中监督。"府会之争"使律师与行政机关的关系由多次接触转变为一次接触，律协则代替行政机关与律师多次产生接触。事实上，律协已经侵蚀了政府部门的部分职能，因此，在"府会之争"中，律协可以说是赢家[①]。当然，在运用这种模式时，社会组织挤压的力度不能过大、过猛，不能超出政府的容忍线，否则，政府会以"添乱子""别有用心"等名义，压制或者取缔社会组织，如此，则社会组织面临严重的生存危机。

拓展模式。在经济社会发展过程中，总会出现一些新问题、新矛盾、新需求。这些新问题、新矛盾、新需求处于政府原有职能体系之外，或者是政府想到要做，但是尚无时间、精力去做的事情（顾不

[①] 李建新：《非政府组织视野下律协与政府关系》，法律出版社2010年版，第44—45页。

上），或者是政府虽然没有想到去做，但是社会组织做了政府也不会反对的事情（不反对）①，其原因在于政府会从中得到益处，比如提升合法性和公信力，改善政府形象。在这种模式中，社会组织主要扮演"填补职能空白""拾遗补阙"的角色。从表面上看，社会组织做政府部门"顾不上"和"不反对"的事情，不应被纳入政府向社会组织转移职能范畴，其实不然，因为尽管这些事情处于政府原有职能体系之外，但是社会组织要做，还必须得到政府部门允许、支持，至少是默许。从这个意义上，社会组织做政府部门"顾不上"和"不反对"的事情也具有转移政府职能的意蕴。称之为拓展模式，主要是考虑到社会组织的功能和作用已经超出政府原有职能体系之外，开拓了新的职能领域。

三 政府向社会组织转移职能的特点

从总体上看，中国政府向社会组织转移职能具有如下特点。

边缘性。在转变职能过程中，政府只是将一些边缘职能交给社会组织，也就是说，社会组织从政府那里得到的是一些次要的、非中心职能。这一点在一些先行省份制定的规范性文件中表现的比较明显。比如，广东省制定的《政府向社会组织购买服务暂行办法》。如果说"避重就轻"是政府有意为之，那么充当"助手"和"配角"则反映了社会组织在当下政治环境中的生存智慧。在强政府支配社会的情况下，一旦社会组织有向政府索要核心职能的企图，政府就会压制它的发育，甚至将之列为清理整顿的对象。即使在看似激进的挤压模式中，社会组织占领的也只是政府部门的一些边缘职能。因此，甘当"助手"和"配角"，协助或者配合政府担当一些次要职能，是社会组织获得生存空间的前提。

---

① 中国青少年发展基金会、基金会发展研究委员会编：《处于十字路口的中国社团》，天津人民出版社2001年版，第112—113页。

动态性。尽管社会组织只能对政府职能进行边缘替代，但是何为中心、何为边缘是相对的。从某个时间点来看，社会组织承接的是边缘职能，但是随着时间的推移，随着政府部门思想观念的解放和社会组织能力的提升，社会组织承接的职能越来越多，这些职能如果用旧时的老眼光来看，可能是一些相对重要的职能。事实上，如果观察改革开放以来中国政府向社会组织转移职能的轨迹，会发现社会组织从边缘向中心演化的明显趋势。当然，这是边缘替代的累积效应造成的，因为量变会引起质变。动态性提醒人们，应该从长时段来观察中国政府向社会组织转移职能，不必局限于某一个时间点，片面地断定政府向社会组织转移职能的速度或快或慢。

非均衡性。一般来说，政府职能可以分为政治职能、经济职能、社会职能和文化职能。在这几个职能领域中，发生职能转移的可能性是不均衡的。由于政治职能的履行直接关系到国家政权的稳定和政治统治基础的巩固，因此，在政治领域发生政府向社会组织转移职能的可能性很小。列宁指出："政治同经济相比不能不占首地，不肯定这一点，就是忘记了马克思主义的最起码的常识"[1] "一个阶级如果不从政治上正确地看问题，就不能维持它的统治，因而也就不能完成它的生产任务"[2]。而政府转让经济职能、社会职能和文化职能的意愿要强一些，这些职能往往成为政府让渡的对象。即便在经济领域、社会领域和文化领域里转变职能，其速度也是非均衡的。由于中央一直强调政企分开、理顺政企关系是政府职能转变的关键，所以政府向社会组织转移经济职能的速度要远快于社会职能和文化职能。

渐进性。在早期的职能转变过程中，中国政府曾犯过操之过急的错误。20世纪中后期，中国政府提出以行业协会完全替代政府主管部门的设想。1988年轻工业部机构改革撤销了下属的各专业局，建立了44个协会管理各行业。1993年国务院机构改革撤销了轻工业

---

[1] 《列宁选集》第4卷，人民出版社1995年版，第407页。
[2] 《列宁选集》第4卷，人民出版社1995年版，第408页。

部、纺织工业部，组建中国轻工业总会和中国纺织总会。但是，这种完全将政府行业管理职能转移给行业协会的做法，导致许多严重问题。因此，这种激进做法在1998年机构改革中得到纠正，国务院各主管部门并入经贸委时，又恢复了纺织工业局和轻工业局的位置①。这个教训使中国政府认识到，脱离实际，盲目追求职能转变的速度和幅度，转变成效往往难以巩固，也越容易走回头路。自此以后，中国政府强调要把政府的意愿与社会组织的数量和质量状况、民众对社会组织的信任度等结合起来，循序渐进，积极稳妥，有重点分步骤地推进政府向社会组织转移职能。

交互性。所谓交互性，是指政府职能转变与社会组织发育之间存在良性互动关系。也就是说，社会组织的萌生和发育得益于政府转变职能，而随着社会组织的成熟壮大，又会为政府职能转变注入源源不断的动力。如前所述，改革开放前，中国不存在真正意义上的社会组织。改革开放后，政府有意识地从某些职能领域淡出，社会组织才获得必要的生存条件。从这个意义上说，政府职能转变与社会组织萌生之间存在因果关系。即是说，社会组织萌生在很大程度上是由政府职能转变引起的。随着政府向社会组织转移职能进程的继续，有越来越多的社会组织承接了政府放弃的职能。在实践锻炼中，这些社会组织的能力得到了很大提高，这使政府更加愿意向社会组织让渡职能。此外，在转变职能过程中，中国政府制定了一系列扶持社会组织的政策措施，比如提供经费支持、给予办公场地、提供培训机会等，推动了社会组织快速发展。日益壮大的社会组织以更加积极的姿态参与政府职能转变，成为政府职能转变的重要推动力量。

---

① 俞可平等：《中国公民社会的兴起与治理的变迁》，社会科学文献出版社2002年版，第416页。

中国社会组织承接政府职能转移：问题与对策[*]

自党的十三大强调转变政府职能以来，转变政府职能一直是中国行政管理体制改革的核心和重点。当"转变政府职能"这一口号化为实际行动时，立即面临一个现实问题，即由谁来承接政府卸载、释放、放弃、外移的职能。经过多年的探索和实践，中国政府已经认识到社会组织是承接政府卸载职能的适宜主体，没有社会组织的参与和配合，政府职能就不可转变到位。本书着力探讨中国社会组织承接政府职能转移的问题及对策，以期对加快中国社会组织承接政府职能转移的步伐、扩大中国社会组织承接政府职能转移的范围有所助益。

一 中国社会组织承接政府职能转移存在的问题

在当今世界，社会组织从政府手中承接原本是由政府承担的社会服务职能是一种普遍并且日益通行的做法。比较而言，美国、英国、韩国等国家的社会组织数量大、种类多、发展迅速、活动领域广，在政府职能转移和社会公共事务治理中发挥了积极且重大的作用。但是，社会组织承接政府职能转移对中国来说仍是新生事物，一些深层次问题仍制约着政府向社会组织转移职能的顺利进行。

---

[*] 原载《领导科学》2017年第3期，收录时有改动。

(一) 思想观念偏差和既得利益者阻挠，延缓职能转移—承接步伐

长期以来，中国政府垄断公共服务和公共产品供给，社会力量鲜有参与社会事务治理的机会。政府长期包揽公共服务供给，容易使部分政府官员不重视、不认可社会组织在政府职能转移中的重要作用。政府职能转移的重要内容是权力的再分配和下放，而政府权力不过是实现经济利益的手段。在利益的驱动下，一些政府部门不愿意卸载自身的职能。结果，一些本该交由社会组织承担的职能，政府部门却抓住不放。政府下属的事业单位是主要的公共服务机构，政府向社会组织转移职能，不仅会使事业单位失去部分公共服务市场，而且会对其构成竞争压力。这样，既得利益者（事业单位）与未来得利者（社会组织）之间会产生利益矛盾，延缓了政府向社会组织转移职能的步伐。

(二) 政策法规相对滞后，职能转移—承接过程不顺畅

尽管中国政府在党的十八大后密集出台了许多政策文件，但是有关政府向社会组织转移职能的政策法规仍然不能满足实践探索的需要，特别是由于政策时滞的存在，职能转移—承接过程的规范性仍有待提高。

一是政府部门之间协调合作困难。政府向社会组织转移职能事关多个部门（对政府向社会组织购买公共服务来说更是如此），如民政部门、财政部门、审计部门以及许多职能部门（如教育、卫生、环保等主管部门），所以需要它们之间互相配合、互相支持。但是，由于中国政府体系中存在着部门本位主义现象，导致政府部门之间的协调配合往往较为困难。尤其是当有关政策法规对部门之间的权责、权利和义务等缺乏详细规定的情况下，政府部门之间通力合作障碍重重。这常常成为政府向社会组织转移职能的不利因素。

二是政府部门逃避责任、规避风险。有些政府部门认为，职能已经转移给社会组织了，政府无须承担任何责任，甚至必要的监管职责。一旦公众和舆论问责，板子只管打在社会组织身上，与政府部门无关。在这种情况下，向社会组织转移职能成为某些政府部门逃避责任的"挡箭牌"。而且，在向社会组织转移职能过程中，为了规避责任风险，某些政府部门不惜设立烦琐的管理制度，不利于社会组织进行实践创新，不利于调动社会组织的积极性创造性。

三是职能转移—承接的随意性导致改革回潮。政策法规的不健全可能使职能转移—承接具有不稳定性。例如，对于已经转移给社会组织的职能，政府部门往往又会以各种理由收回，而面对这种"出尔反尔"的行为，社会组织丝毫没有办法。

（三）社会组织承接能力羸弱，政府难以找到适宜的承接主体

由于人才资源缺乏、筹资能力低下、内部治理制度不健全，中国社会组织处于弱小化状态。弱小化使社会组织在职能转移—承接过程中处于不对等地位，转移—承接事实上是体现政府意志的单向度行为。比如，在编制政府向社会组织转移职能事项目录时，一些政府部门不认真听取公众和社会组织的意见，且不随情势的发展及时动态调整转移职能事项目录。结果，所确定的转移职能事项目录与社会组织的承接能力和公众的意愿相脱节。更为重要的是，弱小化使不少社会组织缺乏承接政府职能的资质，导致政府难以找到适宜的承接主体。调查显示，在广东省，有能力承担政府转移职能的社会组织仅占15%[①]。在这种情况下，虽然政府购买服务的积极性提高，但是由于社会组织发育程度较低，政府的职能转移要求难以得到满足。

（四）职能转移—承接过程缺乏竞争性，影响服务质量的提高

政府转移的职能事项应该交给谁来办理，不应该由少数人说了算，应该引入竞争机制，交给市场来评判。竞争机制的引入，可以使

[①] 《调研称广东仅15%社会组织能承担政府转移职能》（http://news.sina.com.cn/c/2011-08-13/103822984925.shtml）。

政府部门找到最优秀的承接主体，并让其提供物美价廉的服务。但是，现状却与这种要求相去较远。一项调研显示，"政府与社会组织的双方合作或者基于熟人关系的非制度化程序，或者实质上的'内部化'合作。很多时候，购买方都未能提供所购买的产品细目与技术标准，也没有公开合理确定公共服务的价格，而且作为购买者的政府有关部门，对于诸如此类的问题尚未进行仔细深入的考虑"[1]。在广州市政府购买社会服务试点中，"人情标"的情况很难避免，"暗藏猫腻等问题已开始浮出水面，甚至于有关系的机构一口气接了十几条街道的服务，形成垄断"[2]。一些政府部门为了达到"自肥"的目的，自己组建社会组织或由某个政府官员的亲属出面组建社会组织，以承接转移的职能。这不仅会形成"劣币驱逐良币"的不良效应，打击草根社会组织的积极性，而且会影响公共服务的供给效率。

（五）评估机制不健全，职能转移—承接面临风险

社会组织承接职能事项是否达到预期目的、在多大程度上达到，需要用科学的评估机制予以说明。在一些地方，评估周期、评估主体、评估指标等方面均存在一些问题。有的政府部门对社会组织评估督查过多过滥，牵扯社会组织过多精力，增加社会组织负担；有的政府部门则对社会组织持放任态度，基本不开展评估活动。此外，独立的第三方评估基本缺位，"评估仍然是以政府部门为主体，以社会组织定期汇报为主要方法的体系。此种评估以政府为导向，主体和方法都很单一，除了个别行业评审等委托事项有明晰的指标和标准外，大部分事项的标准都没有明晰的指标，缺乏可量化和测量性"[3]。即使设置了量化评估指标，也都是以利润、效益等经济指标为主，"在这

---

[1] 王浦劬、[美] 莱斯特·M. 萨拉蒙等：《政府向社会组织购买公共服务研究：中国与全球经验分析》，北京大学出版社2010年版，第29页。

[2] 《广东政府将向社会组织购买服务 最大难点属处理人情关系》（http://news.ifeng.com/mainland/detail_2012_07/05/15797310_0.shtml?_from_ralated）。

[3] 毛洁雯：《社会组织承接政府职能转移合作模式研究——以金华市试点工作为例》，《当代社科视野》2013年第3期。

种考核标准的导向作用下，社会组织就会出现过度追求业务收入或产出量，从而无法达到原有的预期"[①]。

评估机制不健全加剧职能转移—承接过程中的风险。一是不能保证社会组织将有限的资金用在亟须的地方，存在资金浪费现象。二是一些社会组织负责人违背"非营利"宗旨，借参与政府职能转移之际，挪用财政资金、贪污组织款项、中饱私囊。

二 推进中国社会组织承接政府职能转移的对策建议

社会组织承接政府职能转移符合当今社会主流发展理念，能够更好地为公众提供公共服务，提升居民满意度和幸福感。根据中国实际情况，有序推进社会组织承接政府职能转移，应从以下几个方面入手。

（一）转变思想观念，扩大政府向社会组织转移职能的范围

思想是行动的先导。如果认识不到位，行动上就会犹豫不决；如果没有认识上的统一，就很难有行动上的统一。对一项改革来说，有无共识，关系到改革的合力能否形成，关系到改革的成败。习近平多次强调了凝聚改革共识的重要性。他指出："从历史经验看，凝聚共识对改革能否成功至关重要""没有广泛共识，改革就难以顺利推进，也难以取得全面成功"。各级政府要摒弃"全能政府"的落后理念，跨越观念误区，改变"政府垄断公共服务供给"的思维定式，自觉冲破既得利益藩篱，凝聚政府向社会组织转移职能的改革共识。各级政府要从改善民生、促进社会和谐的高度看待职能转移—承接行为，明确政府职能定位。要按照"尽可能社会，必要时政府"的原则，将行规行约制定，行内企业资质认定及等级评定，行业调查、统

[①] 田小彪：《社会组织承接政府职能的制度分析》，《理论界》2014年第2期。

计、培训、咨询、考核、宣传，社区事务、公益服务，产品检验检测，专业技术职称和执业资格评定等属于行业管理与服务、社会事务管理与服务、专业技术管理和服务等性质的职能向社会组织转移。建议由省机构编制部门牵头，结合行政审批制度改革，推动各职能部门梳理本部门职能事项，制定出本部门应向社会组织转移职能的目录。

（二）完善政策法规，健全社会组织承接政府职能的制度体系

完善政策法规，推进职能转移—承接行为制度化、程序化、规范化，才能保证职能转移—承接过程的规范性，减少随意性。在上位法缺失的情况下，应先行制定有关地方性规范性文件，为政府向社会组织转移职能提供实质规则和程序规则，对职能转移—承接过程的下列环节做出明确规定。1. 确定事项。政府有关部门向本级机构编制部门提出拟转移的职能、方式、承接主体范围等并说明理由。机构编制部门会同监察、法制等部门进行评估，提出意见报本级政府审定后，以适当的方式向社会公布。2. 制定方案。职能转出部门应当在规定期限内，根据转移职能的分类（充分竞争性事项、适度竞争性事项和非竞争性事项）和转移方式（授权、委托或其他方式）制定实施方案，报本级机构编制部门审定。3. 组织实施。转移实施方案经审定同意后，职能转出部门应当立即按以下步骤实施：公告事宜→报名竞争→公示名单→签订协议→事项交接。4. 监督评估。职能事项向社会转移后，职能转出部门应明确监管职责，制定后续监管措施，及时开展监督检查和考核评估工作。

（三）培育社会组织，增强社会组织的承接能力

培育和扶持社会组织，加强社会组织能力建设，才能确保有关职能事项"转得出、接得住"。要不断提高社会组织的融资能力、营销能力、创新能力、可持续发展能力、服务能力。重点要抓好四个方面的工作。一是打造高素质的社会组织人才队伍。政府要对社会组织的中高层管理人员定期进行职业和管理能力长效培训，对社会组织的专

职工作人员和兼职工作人员进行专业培训。在培训的基础上，鼓励和引导社会组织人员参加继续教育、职业资格认证考试、职业水平考试等，以考促学。逐步推行社会组织负责人、秘书长、中高层管理人员持证上岗制度。要做好社会组织专职工作人员的薪酬、福利、劳动合同、住房、养老、医疗、职称评定等工作，建设一支稳定的社会组织人才队伍。二是做好社会组织信息公开工作。政府要督促社会组织及时公开资金来源和使用、职能实施效果、行政性开支等信息。三是提升社会组织公信力，彰显社会组织特色，形成品牌效应。四是完善社会组织内部治理机制。督促社会组织采用决策—执行—监督分权分工式组织结构。会员（代表）大会、理事会、监事会、秘书长等互相监督，共同执掌组织的治理权。尤其要使理事会成为社会组织内部制衡关系的中心环节，成为社会组织业务活动的核心问责主体。

（四）加强监督力度，确保社会组织恪守自身的宗旨和使命

社会组织并非都是"天使"，在某些情况下，社会组织负责人会打着公益、慈善的幌子牟取不正当利益。因此，要建立政府监督、行业自律、社会监督相结合和自律、互律、他律相结合的问责体系。首先，要充分发挥第三方评估的作用。第三方评估，是指与政府没有隶属关系、与社会组织没有利益关系的具有专业性、独立性、民间性的中介机构对社会组织的全面评估。要从壮大第三方力量、维护第三方独立性、提升第三方权威性等方面完善第三方评估机制。其次，加强审计监督。完善社会组织内部审计、注册会计师审计和政府审计三种审计制度，实现由内向外、内外结合、内外同治。再次，加强社会监督。提高公众、媒体、捐赠人、受益人的监督积极性。对于它们的投诉举报和反映的问题线索，有关政府部门要及时调查核实，作出处理。

（五）推进社会组织"去行政化"改革，防控廉政风险

在中国的特殊制度环境下，社会组织行政化色彩浓厚。由于行政

化，政府与社会组织之间存在着复杂的利益关系。在政府系统"高压反腐"的情况下，腐败分子可能开辟新战场，借职能转移之际，利用社会组织继续公款吃喝、变相"三公消费"。推进社会组织"去行政化"改革，一要落实"直接登记"改革措施，逐步扩大"无主管登记"范围，去除社会组织的行政化"胎记"。二要推进党政机关与社会组织人员、资产、业务、办公住所、利益"五脱钩"。尤其要限制乃至禁止党政领导干部在社会组织兼职任职。对于违反规定在社会组织兼职的直接责任人和负有领导责任的政府官员要及时进行问责，以儆效尤，避免某些政府官员产生侥幸心理。

慈善组织规制

信息公开：中国慈善组织公信力建设的突破口[*]

公信力是慈善组织的生命线。缺少公信力，慈善组织就会丧失资源，丧失力量，甚至丧失存在的价值。然而，在慈善丑闻和慈善腐败的影响下，中国慈善组织的公信力极其脆弱。国际著名咨询机构麦肯锡公司在谈到中国慈善组织时指出：中国社会并不缺少善心，缺少的是对慈善组织的信心[①]。中国慈善组织公信力缺失的主要原因，是慈善组织信息不公开，工作不透明。2011年6月，郭美美在微博上炫耀其奢华生活，并称自己是中国红十字会商业总经理。网友质疑她的奢华生活与中国红十字会的善款有关。"郭美美事件"后，凤凰网公布的调查数据显示，"在回答'认为中国红十字会陷入信任危机的深层原因是什么'的问题时，46.2%的人表示红十字会内部情况长期不透明、不公开、组织神秘"[②]，占所有原因选项的第一位。因此，研究慈善组织信息公开问题，提高慈善组织透明度，对于加强慈善组织的公信力建设，促进慈善组织健康发展具有重要的现实意义。

---

[*] 原载《理论导刊》2012年第9期，收录时有改动。
[①] 赵灵敏：《重塑慈善公信力》，《南风窗》2010年第23期。
[②] 章轲：《慈善组织公信力追问：透明为何那么难？》（https://finance.qq.com/a/20110715/000248.htm）。

一 信息公开在慈善组织公信力建设中的重要作用

美国卡耐基基金会前主席卢塞尔说：慈善组织要有玻璃做的口袋。"玻璃做的口袋，就是说你的口袋有多少钱，你做什么事情，要透明到像玻璃一样，人人都可以看见"[①]。打造慈善组织的"玻璃口袋"，才能增强其公信力。具体来说，信息公开在慈善组织公信力建设中的作用如下。

第一，信息公开为慈善组织获取捐赠资源、吸引志愿者奠定基础。接受慈善捐赠、开展社会募捐是慈善组织获取物质资源的重要途径。慈善组织要想获取公众手中的资源，提高公众的捐赠率，必须用详细资料来告知公众本组织是如何开展其职责范围内的工作的，来证明本组织是值得托付的，来证明将慈善资源投向本组织是正确的决策。如果慈善组织信息公开，公众对捐赠资源的使用情况、受益人的分布情况、捐款意愿的实现情况等无从知晓，公众的慈善积极性和慈善热情就会很低。当前，中国公众的慈善捐赠率较低，是与慈善组织的信息不公开密切相关的。根据《2010 年度中国慈善透明报告》，近九成受访者表示，在捐款捐物后，从未收到过慈善机构的信息反馈。信息公开与否不仅影响慈善组织的物质资源获取，而且影响慈善组织的人力资源获取。志愿者加入慈善组织，有利于降低慈善组织提供产品和服务的成本。假如慈善体制不透明，没有充裕的信息证明志愿者的劳务奉献是值得的，公众通常不愿意做慈善义工。长期吸引志愿者、形成持续的捐赠来源是慈善组织扩大规模、加强能力建设的重要条件。如果慈善组织人力物力资源匮乏，它就难以开展有效的慈善活动，满足社会日益增长的慈善需求，其公信力必然较低。

第二，信息公开是抵制慈善流言、谣言的重要手段。慈善组织运

[①] 崔树银、朱玉知：《慈善组织的公信力建设浅析》，《社会工作》2009 年第 4 期。

作神秘化，公众对慈善组织的内部管理、资金运营、捐款去向等不了解，会使慈善组织的公信力受到流言、谣言的伤害。在暗箱操作的情况下，关于慈善组织的负面消息、消极新闻容易出现在网络媒体上。一些网民对慈善活动夸大其词，或者根据自己掌握的一鳞半爪的慈善信息进行判断，或者以有色眼镜看待慈善行为。网络传播的"染缸效应"，负面消息会很快扩散，甚至"失控"。为了维护本组织的形象，挽救本组织的声誉，慈善组织通常会发布一些信息予以澄清和解释。然而，在公众慈善透明意识明显提升的网络时代下，被动澄清显然无法满足国内外广大公众日益增长的慈善信息需要。于是，流言之后还会有流言，悬疑之后还会有悬疑，慈善组织由此陷入了澄清—流言—再澄清—再流言的尴尬境地。长此以往，公众对慈善组织的不信任感只能与日俱增。

第三，信息公开是慈善组织构建良好公共关系的重要途径。慈善组织公开机构的基本信息、财务信息、项目信息和捐赠信息，将慈善组织开展的扶贫济困、紧急救助等方面的慈善活动一目了然地展现在公众面前，有利于公众了解慈善组织履行自身职责的情况，有利于慈善组织展示自身的绩效。通过对外展示工作成果，更多的公众知晓慈善组织在促进社会和谐稳定中的积极作用，充分证明了慈善组织的非营利性和公益性，从而扩大了慈善组织的影响力，提高了慈善组织的知名度和美誉度。即使慈善组织在某些方面做得还不到位，通过信息公开，开诚布公地向公众展示困难和存在的问题，也会取得公众的谅解和支持。

第四，信息公开是公众监督的前提条件。慈善组织的工作人员对慈善资源拥有相当大的分配权，如果缺少来自公众的制约和监督，同样存在滥用权力的可能。如果一家慈善组织打着慈善的幌子牟取不正当利益，或贪污、挪用善款，或违规违法经营企业，整个慈善行业的形象都会受到影响。可见，公众监督对于慈善组织公信力建设至关重要。而要加强公众监督，必须做好信息公开工作。公众必须依据全面、准确的信息，才能行使自己的监督权。换而言之，公众的监督权是以知情权为前提的。近年来，中国红十字会系统频现慈善腐败丑闻。例如，温州市红十字会出纳陈某在5年里挪用公款126万元，昆明红十字会原常务副会长阮某利用职务之便公款购物、玩乐。究其原因，与其信息不公开、公众监督无从下手是分不开的。按照《中国红十字会法》，红十字的财务收支状况只需向其理事会报告，而没有向公众公示的义务。捐款人通过红十字会官网上的捐款查询系统只能查询善款是否到账，而没有善款使用情况。公众监督缺位，红十字会系统出现丑闻也就是意料之中的事。

第五，信息公开提高慈善资源的使用效率。由于捐助者和需救助对象的信息不对称，容易出现多头募捐、重复救助等问题，导致慈善资源分配不平衡。有学者认为："对于受捐助者的情况我们可能了解得不多，有一些更应该得到捐助的人没得到援助，而情况并不太严重的人反而得到了援助"[①]。在信息公开的情况下，捐赠人能够及时了解自身捐赠款物的流向和使用情况，及时了解捐赠款物（包括志愿服务）的总体情况，使捐赠人在捐赠和救助工作中作出有效的决策，避免一方有难，扎堆而上、过度救助，而同样需要救助的其他弱势群体极端缺乏救助资源。此外，信息公开还能够避免出现捐助者找不到需救助对象、需救助对象求助无门的现象。这些都有益于提高慈善资源的配置效率，减少慈善资源使用的浪费和无效对慈善组织公信力的冲击。

二 慈善组织信息公开的障碍

当前，中国慈善组织信息公开情况并不容乐观。《2010年度中国慈善透明报告》显示，完全不披露和仅少量披露信息的慈善组织比例高达75%；超过九成公众对当前中国慈善信息公开情况不满意或不

[①] 杨守金：《慈善机构必须公开财务》，《哈尔滨商业大学学报》（社会科学版）2004年第3期。

太满意①。造成这种局面的原因是,中国慈善组织信息公开面临一系列障碍。

第一,行政化增加了慈善组织信息公开的困难。中国多数慈善组织处于"准政府组织"的境地。无论是在人员构成、组织结构方面,还是在运作规范、活动方式等方面,中国慈善组织都体现出强烈的行政色彩。行政化使中国慈善组织处于依附地位,在组织决策、资金使用方面缺乏独立性。例如,慈善组织接受的捐赠资源往往转化为政府财政。在汶川地震期间,80%左右的善款流入了政府的财政专户,变成了政府的"额外税收"②。2010年7月,民政部、发改委、监察部、财政部、审计署联合下发了《青海玉树地震抗震救灾捐赠资金管理使用实施办法》,规定:有募捐资质的全国性基金会,须将捐赠资金拨付青海省民政厅、红十字会、慈善总会任一账户;集中汇缴后的资金,将由青海省统筹安排使用;具体项目的组织落实,亦由青海省统一负责。政府的赈灾款与慈善组织募集的善款在同一渠道里,分清彼此流向与最终的受益人是十分困难的,这无疑增加了信息公开的难度。另外,行政化的慈善组织享有行政募捐的特权。依靠行政强捐,即使没有公众的自愿捐款,行政化的慈善组织仍然能够获取大量资源。在这种情况下,慈善组织不重视信息公开,甚至缺乏信息公开意识。

第二,非竞争性原则使慈善组织缺乏信息公开的压力。所谓非竞争性原则,是指同一行政区域内已有业务范围相同或者相似的慈善组织,登记管理机关认为没有必要再成立的,将不予批准筹备或登记。这一制度性规定是传统计划经济体制下的行政管理模式在慈善组织管理上的复制,人为地造成某些慈善组织的垄断地位。依靠这种垄断地位,慈善组织无须围绕慈善资源、慈善项目展开竞争。失去竞争压力,慈善组织就不会主动加强其行为的公开度和透明度。更为重要的

---

① 《中国式慈善:透明为何这么难》(http://news.ifeng.com/c/7fa7wKkl07W)。
② 《民政部回应八成地震捐款可能转入政府财政报道》(http://news.sina.com.cn/c/sd/2009-08-13/022518422194.shtml)。

是，在慈善项目的开展上，也存在垄断现象。按照有关法规，在中国内地正式注册的慈善组织中，只有中华慈善总会与中国红十字会等20多家慈善组织是捐赠全额免税的慈善组织。依靠这种慈善捐赠全额免税资格，即使信息不公开，某些慈善组织照样有生财的门路。例如，2011年8月，媒体报道中华慈善总会开免税发票有附加条件，即得再给慈善总会现金捐赠。有人将5万元现金转账支票交给中华慈善总会财务部，对方才开具了1500万元的免税发票①。

第三，慈善组织运作不规范使之对信息公开持抵制态度。许多慈善组织是由少数精英人物创立的，其内部运作有着很深的精英化色彩，如缺乏货真价实的理事会，决策上的家长制、一言堂等。信息公开使慈善组织的内部运作像"玻璃缸里的金鱼一样"，其一举一动、一招一式都呈现在公众面前。某些慈善组织领导人不习惯这种状况，因为监督起来更加方便和直接，慈善组织就不能如往常一样"自由灵活"了②。另外，近年来，中国慈善事业发展较快。但是，相对于慈善事业的较快发展来说，慈善组织的能力建设和管理体制改革显得有些滞后，慈善组织从业人员对业务的熟知程度以及对慈善事业的忠诚度都亟须提升。在这种背景下，慈善组织内部容易发生一些违背慈善伦理和公益品质的事情。比如，以慈善组织的名义进行诈骗；披着慈善组织的外衣与企业合作，或者违法违规经营企业；慈善组织领导层和管理层分配商业收益等。如果让阳光照进慈善组织，慈善组织的形象肯定会大打折扣。正如一位民间组织负责人所说的：信息公开处理不好，不利于机构的发展，家丑还能外扬吗？③ 在"家丑不能外扬"心理支配下，相当多的慈善组织害怕信息公开，从而对信息公开持抵制态度。

第四，信息公开的成本使慈善组织缺乏信息公开的动力。在目前

---

① 《慈善总会被曝"额外捐款换发票"今日将回应》（https://news.qq.com/a/20110817/000114.htm）。
② 《慈善透明难在哪里》，《中国民政》2011年第1期。
③ 王名主编：《中国民间组织30年》，社会科学文献出版社2008年版，第182页。

的技术条件下，信息公开不可能做到"零成本"。为了做好信息公开工作，增强信息处理能力，慈善组织需要设立专门机构和配备合适的人员，从而增加了组织支出。以财务信息为例，慈善组织每年需要编写财务报告，并经审计部门审计后形成审计报告，而聘请外部审计机构需要产生成本。另外，无论慈善组织是通过建立机构官方网站、自己建立传播渠道，还是使用已有的传播渠道，信息的传播同样需要成本①。比如，《基金会管理条例》规定：基金会应当在通过登记管理机关的年度检查后，将年度工作报告在登记管理机关指定的媒体上公布，接受社会公众的查询、监督。实践中，"指定的媒体"主要是《公益时报》。这一规定显然使慈善组织承担了一定的信息公开成本，是一些慈善组织对信息公开持消极态度的重要原因。

第五，政策法规不健全使慈善组织信息公开缺乏制度保障。中国不少法律法规都涉及慈善组织的信息公开问题，如《公益事业捐赠法》《基金会信息公布办法》《救灾捐赠管理办法》《汶川地震抗震救灾资金物资管理使用信息公开办法》《关于进一步加强社会捐助信息公示工作的指导意见》等。但是，这些规范性文件只是确定了信息公开原则，肯定了信息公开的重要性，而没有建立慈善组织强制性信息披露规则，从而使慈善组织信息透明缺乏制度保障。因此，慈善组织"是否公开信息，很大程度上取决于慈善组织的道德自觉"②。在慈善组织缺少主动公开信息自觉性的情况下，公众的知情权就失去了保障。

三 推进慈善组织信息公开的对策

有人说：阳光是最好的防腐剂，灯光是最好的警察。这句话启示我们，必须将信息公开作为中国慈善组织公信力建设的重中之重和主

---

① 舒迪：《〈慈善信息披露指南〉即将出台》，《人民政协报》2010年12月7日第C01版。
② 《中国式慈善：透明为何这么难》（http://news.ifeng.com/c/7fa7wKkI07W）。

要着力点。当前,推进慈善组织信息公开,可以从以下几个方面入手。

第一,明确信息公开的重点。一般来说,慈善组织持有的信息与商业秘密、国家安全秘密等没有密切关系,因此,慈善组织应当最大限度地公开自身所掌握的公共信息。其中,资金管理的规范、透明至关重要。换而言之,财务信息是慈善组织信息公开的重点。筹款用途、项目实施效果、年度财务会计报告等公开的意义是不言而喻的。但是,这一领域恰恰是当前信息公开的弱点。康晓光曾对青基会的财务不透明提出过质疑:"实际上,无论是普通的社会公众,还是捐赠人和受助人,还是新闻记者,都没有'硬碰硬'地检查中国青基会的财务和管理状况的权力"[①]。调查显示,相对于慈善组织章程、理事会名单等信息来说,财务信息透明度最低。《2010年度中国慈善透明报告》显示,披露财务报告的慈善组织仅占28%;而73%的公众希望了解慈善组织的财务信息。这说明,公众对慈善组织财务信息公开寄予了厚望。事实上,财务透明也是发达国家慈善组织信息公开制度的重点。

第二,构建信息公开的网络化平台。慈善组织信息公开的方式多种多样,有年报、公报、信息发布会及报刊、网络、广播、电视等方式。这些方式比较起来,网络的优势最为明显。通过网络,信息占有者与信息需求可以进行互动交流,信息需求者可以快捷、方便地查阅或复制公布的信息资料。因此,应该明确规定将互联网作为慈善组织信息公开的主要途径,以实现慈善组织"网上透明""网上晒账单"。要做到这一点,慈善组织必须把自己的官方网站建设好。目前,2000多家基金会有自己官网的不到25%,在官网上公开自己信息的机构又仅占一小部分。也就是说,2000多家基金会中,能够在一周内更新自己信息的也就100多家[②]。因此,要从资金投入、技术支持等方

[①] 郭宇宽:《"青基会事件"的教训和收获》,《南风窗》2005年第11期。
[②] 章轲:《慈善组织公信力追问:透明为何那么难?》(https://finance.qq.com/a/20110715/000248.htm)。

面加强慈善组织官方网站的建设。同时，要积极打造慈善组织信息公开的公共平台。公共平台统一展示各慈善组织发布的信息，并做好信息搜集整理、分析、评估等工作。信息使用者通过这个平台可以了解某个慈善组织的整体财务状况，可以对慈善组织资金使用情况进行考核，有效地监督资金的使用效果，还可以对各个慈善组织进行比较[①]。

第三，建立慈信息公开的第三方监督机制。为了保证慈善组织公布信息的真实、准确，没有虚假记载、误导性陈述或重大遗漏，必须加强监督。政府部门，尤其是民政部门、财政部门和税务部门是慈善组织信息公开的重要监督主体。但是，政府监督容易出现规制过度现象，从而限制了遵纪守法的慈善组织的发展。慈善组织公布的财务报告、收支账目，往往充斥着专业术语和数据性信息，公众不一定看得懂。弥补上述缺陷的最好办法，就是引入第三方监督机制，即独立于政府之外的具有权威性、专业性、民间性的中间机构对慈善组织信息公开工作的全面评估和监督。由利益中立的第三方机构对慈善组织信息披露的效果进行独立的评估，可以保证慈善组织所公布信息的真实性。第三方监督为公众选择有效的慈善组织进行捐赠提供了信息，从而激励慈善组织树立透明意识和品牌意识，从强制性信息披露转向自愿性信息披露，即由履行信息公布义务人职责而被动披露信息向基于其形象、捐助者关系等动机主动披露信息。同时，第三方还可开展一些增值服务，如培训慈善组织信息公开的专业人员、信息公开业务咨询等。这些都有利于慈善组织做好信息公开工作。

第四，保障公众的信息公开救济权。公众在慈善组织信息公开的过程中不是一个被动的接受者。在某些情况下，公民、法人或其他组织可以主动要求慈善组织公开有关慈善信息。除不能公开的信息外，公民、法人或其他组织都可以向有关部门和慈善组织查询有关慈善信息，有关部门和慈善组织应及时答复。这被称为信息公开请求权。

---

① 余昭霞等：《我国慈善组织会计信息披露问题研究》，《中国管理信息化》2011年第4期。

"有权利必有救济",有关规定既然赋予公众以请求权,就应该给其救济权。在慈善组织拒绝公开的情况下,信息公开请求人可以向慈善组织的主管机关、监督机关寻求行政救济,申请人对行政机关的决定不服,可以向司法机关寻求司法救济①。唯其如此,才能最大限度地保障公众的信息公开救济权。

第五,推进信息公开制度化、法制化。中国的慈善组织信息公开具有很大的随意性,尚处于无法可依的局面。因此,要尽快完善相关法律法规,提高慈善组织信息公开的法制化水平。首先,要通过法律规范明确规定慈善组织的信息公开义务和公民的知情权利,对慈善组织信息公开形成刚性约束力。"目前针对慈善信息,还没有出台相应的法律规定不公开怎么惩罚相关部门,硬性的规定没有"②。这就要求,在相关法规中增加一些惩罚性条款,督促慈善组织承担信息不公开的否定性后果。其次,统一慈善信息披露的标准。一些慈善组织通常选择公布一些对自身有利的信息,对不利事项公布较少或根本不公布;或是公布一些使用者并不感兴趣的数字,对于公众密切关注的问题却避而不谈。应尽快制定慈善组织信息公布的操作办法和标准,切实解决选择性信息披露问题。最后,提高有关法规的位阶,改变关于慈善组织信息公开的法规以行政规章为主的局面,提高法规的权威性。

---

① 李芳:《慈善组织信息公开的法理基础》,《东方论坛》2009年第6期。
② 胡明伟:《"5·12"慈善捐赠信息公开的必要性及对策研究》,《山西档案》2010年第1期。

中国慈善组织行政化的根源、危害及对策[*]

慈善在本质上是民间公益行为。虽然引导和推进慈善事业良性发展是政府不可推卸的责任，但是政府不能成为慈善事业的直接操作者，不能取代慈善组织的主体地位。有学者认为："慈善是一种社会行为，是指在政府的倡导或帮助与扶持下，由民间的团体和个人自愿组织与开展活动的、对社会中遇到灾难或不幸的人，不求回报地实施救助的一种高尚无私的支持与奉献行为"[①]。然而，在中国的特殊制度环境下，慈善组织行政化色彩浓厚，处于"准政府组织"的境地。行政化对慈善组织的能力建设和公信力建设造成了负面影响，是阻碍慈善组织可持续发展的重要障碍。因此，推进"去行政化"改革，促进慈善组织向民间化转型，是推动中国慈善组织健康发展的根本举措。

一 中国慈善组织行政化的根源

在学术界，许多学者从不同角度对中国慈善组织行政化现象进行了分析，他们用不同的概念指称慈善组织行政化现象，如官民两重性、政府组织的非政府组织（GONGO）、组织外形化、制度的形同质

---

[*] 原载《理论月刊》2013年第12期，收录时有改动。
[①] 周秋光等：《中国慈善简史》，人民出版社2006年版，第6页。

异、准行政化生存方式、依附式发展等。这些分析概念的基本内涵大同小异，主要是指慈善组织违背非政府性的本质要求，对外与政府结成依附关系，或对内采用行政化的运作方式。造成这种现象的主要原因如下。

第一，政府在慈善组织成立过程中居于主导地位，使中国慈善组织先天具有行政化色彩。如中国青少年基金会是从团中央分化出来的，中华慈善总会主要是依托于民政部建立的，中国人口福利基金会脱胎于国家计划生育委员会。据统计，从1993年到2001年，全国一共出现了172家慈善组织。"这些慈善组织在产生方式和运作逻辑上具有惊人的相似性：它们绝大部分直接依托于各级政府的民政部门建立，和民政部门有着极其紧密的血肉联系"[1]。在"路径依赖"的作用下，这些慈善组织成为政府的延伸，在组织方式、工作方式上均体现出强烈的官僚化色彩，其内部运行主要依靠强制性行政权力。同时，政府习惯、官场习气进入慈善领域，导致慈善组织内部等级关系发达、慈善组织工作人员身份意识强烈。虽然不能说所有的慈善组织，但是可以说相当多的慈善组织具有一定的行政级别，占有行政编制或事业编制，组织活动经费主要依靠财政拨款。例如，慈善总会所属的各级慈善机构均是事业性编制，专职工作人员的编制和工资由国家编委核定、国家财政负担，同时在基层的慈善组织完全依附于地方行政机构，与政府部门一套人马，两块牌子[2]。政府之所以直接组建慈善组织，重要原因是出于转变政府职能、精简机构的需要。另外，民间慈善文化的缺失使中国慈善组织发展不得不走"自上而下，政府主导"的路子。换而言之，由于草根慈善组织缺乏观念基础和文化支撑，官办慈善组织成为不得已而为之的选择。中华人民共和国成立后，慈善被视为与社会主义意识形态不相容的东西，甚至被视为封建遗毒和资本主义腐朽思想的产物。在这种情况下，中国出现了公益福

---

[1] 田凯：《组织外形化：非协调约束下的组织运作——一个研究中国慈善组织与政府关系的理论框架》，《社会学研究》2004年第4期。
[2] 李国林：《略论政府在社会慈善事业中的地位和作用》，《求实》2005年第5期。

利由政府包揽的局面①。与此相联系，直至20世纪90年代初期，中国尚无直接以"慈善"命名的社会组织。

第二，非竞争原则强化了慈善组织的行政化色彩。《社会团体登记管理条例》《民办非企业单位登记管理暂行条例》均规定，在同一行政区域内已有业务范围相同或者相似的慈善组织，登记管理机关认为没有必要再成立，将不予批准筹备或登记。不仅如此，登记管理机构还主动将其认为业务重合或没有必要存在的慈善组织，予以合并或撤销。如《国务院办公厅转发民政部门关于清理整顿社会团体意见的通知》明确指出："对宗旨、业务范围相同相似的社会团体，予以合并"。这一制度性规定极大地抑制了慈善组织之间的竞争行为，堵塞了慈善组织通过优胜劣汰的方式实现民间化的制度通道，确保了由政府分化出来的慈善组织处于垄断地位。在现实生活中，即使草根慈善组织能力强，公众认可度高，也难以通过"增量改革"的方式取代老的官办慈善组织，获得合法身份，从而在慈善资源获取方法上居于优势地位。

第三，双重管理体制使慈善组织不得不靠近党政机关，接受权力系统的吸纳。按照有关规定，民政部门和业务管理部门共同负责慈善组织的登记管理和日常管理。如果一个慈善组织要获得民政部门给予的登记许可，它必须首先获得业务主管单位的审查批准。换而言之，得到业务主管单位的审查同意是慈善组织获得合法身份的必要条件。而业务主管单位一旦同意某一慈善组织挂靠在其名下，它就必须对之承担政治领导责任。在这种情况下，业务主管单位必然通过经常的、直接的、人际互动的方式，从思想和行为上控制和引导慈善组织。所谓经常，是指业务主管部门在实施控制的时间间隔上不像登记管理机关的年检之类的时间间隔那么长，而是经常了解和掌握社会团体的动态，影响社会团体的行为。所谓直接，是指业务主管部门对慈善组织

---

① 何卫卫：《准行政化——我国慈善组织运作的策略选择》，《学习与实践》2010年第4期。

的控制采取人际在场的方式来进行,即通过电话、传真、发布各种政治动态和经济社会信息、定期的会议、各种学习、培训班讲座来实施影响。所谓人际互动,是指业务主管部门通过自身和相关慈善组织的具体工作人员之间的职务行为和互动活动来实施控制[1]。结果,中国慈善组织的成立与取缔,"章程的制定和修改、宗旨和任务的限定与调整、人事和组织机构的设置与改变,乃至日程活动的计划和实施都必须得到业务主管部门的批准"[2]。可见,业务主管单位的强控制加剧了慈善组织的行政化。

第四,政府监管手段落后不利于慈善组织保持独立性。中国慈善组织发展还处于初级阶段,存在自律机制不健全、公信力差等问题。这要求加强对慈善组织的监督和管理。慈善组织监管的海外经验表明,政府要善于利用行业自律、社会监督等手段促使慈善组织在健康的轨道上运行。这样做的优势是,在规范和引导民间组织行为时,减少不必要的行政干预,维护民间组织的自主性和自治性。例如,在美国,第三方评估机构规模庞大、权威性强、作用显著[3]。但是,中国尚不存在真正意义上的第三方评估机构[4]。同时,现行法规没有明晰规定社会监督的渠道、方式、程序,也没有明确规定社会监督主体的权利和义务,导致社会监督常处于缺位状态。事实上,中国慈善组织的监管主体主要是政府部门。政府部门拥有监管慈善组织的全权,承担监管慈善组织的全责。而且,政府部门主要运用行政手段、以行政指令的方式监管慈善组织。主要表现是,政府通过重大活动请示报告制度和年度检查制度督促慈善组织遵守法律、恪守章程。虽然重大活

---

[1] 刘玉能、高力克等:《民间组织与治理:案例研究》,社会科学文献出版社 2012 年版,第 282—283 页。

[2] 康晓光:《创造希望——中国青少年发展基金会研究》,漓江出版社、广西师范大学出版社 1997 年版,第 347 页。

[3] 廖鸿、石国亮、朱晓红:《国外非营利组织管理创新与启示》,中国言实出版社 2011 年版,第 177 页。

[4] 陈金罗、刘培峰主编:《转型社会中的非营利组织监管》,社会科学文献出版社 2010 年版,第 142 页。

动请示报告制度和年度检查制度的目的是禁止某些社会组织以慈善组织的名义从事危害国家安全和政治稳定的反政府活动，具有一定的合理性，但是这一制度安排却为政府部门直接渗透到慈善组织内部提供了依据。总之，政府监管手段单一、落后，强化了政府部门对慈善组织的主导权，导致慈善组织严重依赖政府体系。

第五，资金困境使慈善组织不得不依附政府组织。随着慈善组织活动范围和领域的拓展，慈善项目的多样化，许多慈善组织面临着资源困境，即开展慈善活动所需的开支与可供支配的资金之间存在巨大缺口。一些调查显示，"'缺乏资金是慈善团体面临的主要问题，被排在第一位，所占比例超过四成，而仔细推究，排在第二位的'缺乏人才'与'缺乏活动场所和办公设备'，都与缺乏资金密切相关"[1]。在既定的政治体制下，中国政府拥有强大的资源汲取能力和资源配置权力。在这种情况下，慈善组织在自主与依附上处于两难境地：追求自主性使组织生存和发展资源匮乏；依赖政府获取体制内资源，会增强组织的依附性。鉴于"在国内，民间组织生存和发展所必需的资源大多为政府部门所有""机构只有依托政府才能生存下去"[2]，许多慈善组织不得不与政府部门结成依附关系。也就是说，由于资金困境，许多慈善组织不得不选择"以依附换资源"策略。

二　中国慈善组织行政化的危害

慈善组织行政化是在行政体制改革不到位、政治体制改革缓慢的特定条件下产生的一种畸形现象，其危害不可低估。

第一，行政化使慈善组织缺乏信息公开的压力与动力。接受社会捐款和获取政府资助是慈善组织的主要资金来源之一。因此，慈善组

---

[1] 谢志平：《关系、限度、制度：转型中国的政府与慈善组织》，北京师范大学出版社2011年版，第219页。

[2] 张钟汝、范明林：《政府与非政府组织合作机制建设——对两个非政府组织的个案研究》，上海大学出版社2010年版，第150页。

织有义务向社会公众定期公布理事会、监事会成员的基本情况；资本状况；款物的募集、使用情况；年度工作报告、财务报告、审计报告；慈善项目的开展情况和重要活动信息，并接受查询。然而，中国慈善组织信息公开的状况却不理想。《2012年度中国慈善透明报告》显示，以100分为满分，中国慈善组织年度透明指数平均值仅为45.1，仅39%的公众对慈善组织信息公开情况表示满意[1]。慈善组织运作不透明，与行政化密切相关。政府在给予慈善组织资助时，会优先考虑官办慈善组织。例如，上海市民政局从2007年开始，每年从上年度本级福利彩票公益金中支出总额约7000万元的资金，分别资助7家慈善组织，其中主要是官办组织。中国政府具有行政劝募的权力。有些地方把慈善活动当成一项政治任务，每年制定捐款数额指标，并列入各级各类考核内容。有的单位从职工工资中划转一笔钱充作捐款[2]。通过行政强捐获取的慈善资源，相当一部分交由官办组织管理、使用。这说明，官办慈善组织获取资源，不是靠透明度、公信力，而是靠行政化的身份。在这种情况下，慈善组织难以将信息公开工作提上议事日程，甚至缺乏起码的信息公开意识。

第二，行政化弱化了政府监督和第三方监督的效果。如前所述，当前，中国慈善组织发展存在公信力脆弱、自律意识差等问题。因此，政府、第三方机构的外部监督至关重要。但是，行政化使慈善组织成为政府部门的分支机构，二者在利益、职能等方面密切相连，导致政府监督成为"自己人监督自己人"，难以发挥本应具有较大威力的政府监督的作用。在行政化背景下，许多慈善项目与政府有关，这导致第三方机构在监督时顾忌重重，限制了第三方机构的手脚。

第三，行政化降低了慈善组织的工作效率。行政化使慈善组织的工作方式、管理方式与政府部门极其相似。因此，慈善组织容易沾染

---

[1] 《2012年度中国慈善透明报告发布年度透明指数为45.1分》（http://society.people.com.cn/n/2013/0105/c1008-20099118.html）。

[2] 《新闻观察：为"政府淡出劝募活动"叫好》（http://news.sina.com.cn/c/2003-11-12/08421102209s.shtml）。

政府机关的一些通病，如机构臃肿、人浮于事、官僚主义等。周恩来指出："官僚主义和强迫命令的结合，是我们行政工作部门的大问题，是我们国家制度上的一个问题"①。邓小平也指出："执政党的地位，很容易使我们同志染上官僚主义的风气"②。令人遗憾的是，官僚制的一些弊端也体现在慈善组织身上。有学者指出："我国的慈善机构多数'脱胎'于传统的政治体制。政府的行为方式及运作规范对慈善组织影响巨大。'论资排辈'和'官本位'在慈善组织中留下轻重不同的痕迹。随着某些慈善机构基金规模的扩大和业务范围的拓展，机构的'帕金森'病也就开始滋生"③。在某些慈善组织内部，官僚制的弊病甚至比政府部门还严重④。众所周知，机构臃肿、人浮于事、官僚主义等是影响组织效率的重要诱因。基于同样的原因，官办慈善组织的工作效率往往较低。

第四，行政化导致慈善组织营利化。"当前，在中国非营利组织的发展过程中，一个较为普遍的问题是许多公众对非营利组织的非营利性表示怀疑"⑤。某些慈善组织的所作所为证实公众的怀疑是有道理的。一些官办慈善组织利用自己的特权地位，牟取不正当物质利益。根据有关规定，在中国大陆正式注册的慈善组织中，只有20多家官办慈善组织是捐赠全额免税的慈善组织。依靠这种慈善捐赠全额免税资格，某些慈善组织捞取不少好处。例如，2011年，中华慈善总会涉嫌通过开免税发票谋取不正当利益。有人将5万元现金转账支票交给中华慈善总会财务部，对方才开具了1500万元的免税发票⑥。一些官办慈善组织不将主要精力用于慈善公益，而是利用自身与政府

---

① 《周恩来年谱》下卷，中央文献出版社1997年版，第601页。
② 《邓小平文选》第一卷，人民出版社1994年版，第214页。
③ 谢志平：《关系、限度、制度：转型中国的政府与慈善组织》，北京师范大学出版社2011年版，第302页。
④ 李莉、宋蕾放：《我国慈善组织结构的"趋同性"分析及反思——基于制度学派的视角》，《学会》2011年第11期。
⑤ 邓国胜：《非营利组织评估》，社会科学文献出版社2001年版，第82页。
⑥ 《慈善总会被曝"额外捐款换发票"今日将回应》（https://news.qq.com/a/20110817/000114.htm）。

的密切关系、借用政府公信力大肆举办收费培训班、发放付费证书、承担有偿资格认证。营利化是对慈善组织宗旨和使命的背离,妨碍了慈善组织健康发展。

第五,行政化损害慈善组织自身建设。行政化使慈善组织将处理好与政府的关系作为首要任务,将主要精力用于在官僚机构内部扩展人际关系,无暇顾及或不重视自身建设。例如,一些慈善组织的机构设置不以救助对象的慈善需求为导向,而是聚集在政府机关周围,以方便与政府机关交往;一些慈善组织工作职能扭曲,热心完成政府安排的工作任务,而对提供慈善服务持敷衍塞责的态度。此外,行政化不利于调动社会成员的志愿精神和公益精神,妨碍慈善组织吸纳慈善捐赠和志愿人才能力的提高。例如,一位慈善基金会的负责人在接受采访时自我介绍说:我们是副部级单位,享受国家拨款。不是那些小民间组织,所以你们一定要重视对我们的宣传。"这话言外之意无疑就是,他们是官办的,自然比一般的慈善机构高人一等。可是这种居高临下的姿态,显然是难以获得捐款人亲近感的,如果人们对这样的慈善机构都敬而远之,那么,这样的慈善机构的募捐工作难以开展也就不足为怪了"[①]。

三 "去行政化"改革的对策

推进"去行政化"改革,祛除慈善组织的行政色彩,可以从以下几个方面入手。

第一,深化双重管理体制改革。由民政部门对慈善组织履行登记管理和业务主管一体化职能,即符合条件的民间非营利组织,包括从事慈善活动的社会团体、基金会、民办非企业单位,都可以直接登记成为慈善组织,改变之前的双重门槛,改变慈善组织从出生开始就被

---

① 李坚:《慈善事业"准官办"自然导致"募捐难"》(http://news.sohu.com/20061128/n246652881.shtml)。

打上行政化胎记的局面。目前,一些地方进行了改革试点。但是,改革效果并不理想。例如,北京市从2011年始试水"无主管登记",即社会福利类、公益慈善类等4类组织可直接到民政部门登记。"但至今,民间组织仍在登记的门槛前止步徘徊,虽然有'四类组织直接登记'在内的种种利好政策,但找'婆家'依旧是一道难以逾越的障碍"①。因此,要继续完善相关政策,使之更具操作性,并督促政府官员转变观念。在做好慈善组织直接登记工作的同时,要积极探索慈善组织备案制,推动慈善组织登记和备案双轨制,以便使双重管理体制取得实质性突破。

第二,限制政府官员在慈善组织兼职任职。早在1998年,中共中央办公厅、国务院办公厅就颁布了《关于党政机关领导干部不兼任社会团体领导职务的通知》。该通知指出:在职县(处)级以上领导干部,不得兼任社会团体领导职务(含社会团体分支机构负责人)。但是,该文件又指出,特殊情况下,政府官员可以兼任社会团体的领导职务。因此,时至今日,仍有部分政府官员在慈善组织兼职任职。鉴于"特殊情况下党政官员可以在民间组织兼职"的条款规定过于笼统、模糊,应进一步明确党政官员在慈善组织任职的条件,使"特殊情况"具体化、明晰化,以增强政策的规范力。同时,要进一步严格政府官员在慈善组织兼职的程序,减少领导干部在慈善组织任职的随意性,最终达到禁止现任党政官员在慈善组织兼职的目的。不仅如此,在条件成熟的情况下,还要减少退休官员和事业单位负责人在慈善组织任职的数量,使慈善组织能够自选负责人、自聘人员。

第三,引入竞争机制。放弃非竞争性原则,鼓励慈善组织在规则和法律的框架内,围绕慈善资源、慈善项目公开、平等、有序、理性地展开竞争。放弃非竞争性原则会增加慈善组织的数量。在慈善组织数量增加的情况下,慈善市场、劝募市场上的竞争会愈来愈激烈。老牌慈善组织若不能改变长期积弊,也会被市场所抛弃。也就是说,市

---

① 《"社会组织直接登记"落实难》(http://roll.sohu.com/20110906/n318455304.shtml)。

场竞争会自动建立慈善组织的退出机制,即将那些官办色彩浓厚、服务意识差又拒不改革的慈善组织淘汰出局,从而以"增量"改革的方式实现慈善组织的民间化。

第四,改革政府监管方式。"去行政化"不是否定政府在慈善组织发展中的作用,不是收缩政府的监管职责。事实上,中国慈善组织发展还处在幼稚时期,更需要政府呵护和管理。不过,政府的监管方式应有所改变。这要求政府对慈善组织的监管由直接控制转向间接管理。政府要培育慈善行业的自律组织,鼓励它们制定自律规范,提高慈善行业的自律能力和自主治理能力。同时,政府要充分发挥公众监督和媒体监督在慈善组织治理中的作用,畅通公众监督和媒体监督的渠道,完善公众监督和媒体监督的程序,促进公众监督、媒体监督与政府监管互动、互适。此外,政府监管还要由依靠行政手段为主,转向以法律手段为主;由微观干预,转向宏观调控,塑造良好的慈善环境;由入口监督转向对募捐活动、资金流向、项目实施等慈善活动的全过程监督。

第五,鼓励和规范慈善组织商业化运作。"商业模式不仅适用于企业和营利性的组织,也同样适用于众多的非营利组织、社会团体以及非政府机构等"[1]。一个拥有良好商业模式的慈善组织不仅能够实现慈善目标,而且可以减少财政依赖性,增强相对于政府的独立性。因此,慈善组织从事商业活动和经营活动成为一种国际流行做法。有学者认为:"非营利组织的领导者必须成为一位企业家才能跟得上潮流"[2]。在中国,有关政策法规为慈善组织提供了较为广阔的制度空间。1995年,民政部和国家工商行政管理局联合下发通知,明确许可具有社团法人资格的社团投资设立企业法人或非法人的经营机构以从事经营活动。2004年制定的《基金会管理条例》规定:基金会应当按照合法、安全、有效的原则实现基金的保值、增值。但是,商业

---

[1] 林伟贤等:《慈善的商业模式》,机械工业出版社2011年版,第4页。
[2] [美] J. 格雷戈里·迪斯、杰德·埃默森、彼得·伊科诺米:《企业型非营利组织》,颜德治等译,北京大学出版社2008年版,第1页。

化经营可能葬送慈善组织的宗旨和使命。为了实现商业手段与公益使命的高度统一和完美融合，要积极运用税收杠杆，严格限制慈善组织从事商业活动的领域和规模。同时，要建立慈善组织强制性信息披露规则，着力打造透明慈善，避免慈善组织的营利行为成为个人利益的输送工具。

第六，完善相关法律法规。关于慈善组织的法律法规散见于《公益事业捐助法》《社会团体登记管理条例》等多个规范性文件中，存在内容矛盾、立法空白等问题。因此，要尽快出台一部统一的《慈善事业促进法》，从法律上保证慈善组织的独立和自治。新法的重心应该是对政府行为和慈善组织行为进行规范和指引。在对保障政府监管权力的同时，应增加其保障慈善组织独立地位的义务，明确划分政府与慈善组织的权力边界和职能分工。应从法律上完善慈善组织的内部治理机制，完善慈善组织的选举制度、财务制度、决策制度、会议制度、内部监督制度，构建防止政府不当干预的内部屏障。同时，要对慈善组织从业人员的编制、工资、职称、医疗、失业、子女教育等问题做出法律规定，推进慈善组织人事管理制度化、法制化，减少"去行政化"改革面临的障碍。

第三方评估：中国慈善组织
公信力建设的必然要求*

近年来，在慈善丑闻和慈善腐败的影响下，中国慈善组织的公信力极其脆弱，甚至一件普通的慈善事件也能使慈善组织的公信力降至冰点。2011年6月，郭美美以中国红十字会商业总经理的身份在微博上炫耀奢华生活。结果，一种简单的网络炫富行为使中国慈善组织陷入了信任危机。有人指出："一定意义上说，'郭美美'只是一个引爆点，触发了许多人郁积的对慈善机构的不信任乃至不满"[①]。公信力是慈善组织的生命线。缺少公信力，慈善组织就会丧失吸纳慈善捐赠和吸引志愿人才的能力。因此，加强公信力建设是推进中国慈善组织健康发展的根本举措。提高中国慈善组织的公信力，改善其形象，必须重视第三方评估的作用。所谓第三方评估，是指与政府没有隶属关系、与慈善组织没有利益关系的具有专业性、独立性、民间性的中介机构对慈善组织的全面评估。第三方对慈善组织能力、绩效等方面的客观公正评估，能够引导慈善组织规范自身行为，主动树立责任意识和品牌意识。同时，第三方评估还能克服政府监督、捐赠人监督等监督方式的弊端。正因为如此，《中国慈善事业发展指导纲要（2011—2015年）（征求意见稿）》明确指出，要完善慈善组织的第三方评估制度，促进慈善组织不断提高社会公信力。

---

* 原载《行政论坛》2014年第4期，收录时有改动。
① 《人民日报刊文谈郭美美事件：公众善心伤不起》（https：//news.qq.com/a/20110627/000376.htm？pgv_ref=aio）。

一 第三方评估在慈善组织公信力建设中的重要作用

学者们普遍认为,要破解慈善组织公信力难题,必须做好慈善组织评估工作。一般来说,慈善组织的评估主体主要包括政府、受益人、第三方等。政府部门时间精力有限,难以对种类繁多、数量巨大的慈善组织进行实质性评估。年检是政府评估的主要形式。但在实际生活中,年检常常流于形式,很难发现慈善组织运作中存在的迫切问题。例如,2008年,"小天使基金"刚刚通过年度财务收支情况的相关审计的2个多月后,便爆出挪用善款丑闻[①]。慈善组织的受益人往往是弱势群体,"是最没有权力的人,他们对不良服务或滥用现象经常噤若寒蝉,因为他们担心自己的利益会受到损失"[②]。在这种情况下,受益人评估缺乏监督意义。上述分析表明,第三方是慈善组织评估的最佳主体之一。具体来说,第三方评估的重要作用如下。

第一,评价作用。第三方评估具有专业性、中立性等特点。第三方机构拥有专业化的研究队伍,具有人才、知识和学术优势,在参与主体的选择与培训、评估标准的制定、评估信息的搜集与整理、评价结果的判断等方面拥有相应的理论基础和专业化分析工具。第三方机构与政府部门、慈善组织没有利益牵连,能够独立地做出判断,其评估结果一般不带偏见。因此,第三方的评估结论具有科学性、客观公正性。这意味着,第三方机构可以对慈善组织的透明度、能力、绩效、内部治理等状况作出公正的、权威性的评价。在这种评价的基础上,第三方机构把慈善组织划分为不同的等级。不仅对优秀的慈善组织划分等级,而且对劣质慈善组织划分等级,如对财务混乱、效率低下的慈善组织排名。一般情况下,第三方机构会将自己的评估结论通

---

① 何芸:《重塑我国慈善组织的公信力》,《学习月刊》2011年第6期。
② [美]B.盖伊·彼得斯:《政府未来的治理模式》,吴爱明等译,中国人民大学出版社2001年版,第143—144页。

过报纸、网络等新闻媒体公开，这为公众作出正确的捐赠决策提供了全面的信息。换而言之，第三方机构的评估结论会帮助捐赠人识别负责任的或者没有诚信的慈善组织。例如，德国为了规范慈善机构的运作，设有社会福利问题中央研究所（DZI）这家独立机构，负责监督善款的使用情况。通过审查，DZI向慈善组织颁发"捐助徽章"。由于公众认可这家机构的权威性，所以获得其"捐助徽章"的组织比未获认证的组织更受公众信赖，自然也更容易得到捐款[①]。这说明，第三方评估能够使优秀的慈善组织获得更多的生存资源，从而促进其快速发展。随着时间的推移，那些低劣的慈善组织将逐渐失去汲取公众捐款的能力，最终被淘汰出局。从这意义上说，第三方评估具有筛选和纯化慈善组织的作用。

第二，引导作用。中国慈善组织的评估主体较为单一，主要由政府部门担当评估主体。政府评估虽然具有经费充足、效率高等优点，但是容易导致政府部门对慈善组织内部事务的过多干预，使慈善组织丧失独立性，限制优秀慈善组织的发展。如何在对慈善组织进行客观评价的同时又不妨碍其独立性，是摆在中国慈善组织评估面前的重要难题。第三方评估是破解这一难题的主要方法。第三方机构通过设置科学的指标体系评价慈善组织的基本状况。指标反映了社会和政府对慈善组织的期望，透过指标，政府部门和公众反对什么，提倡什么，一目了然。因此，指标就是一个指挥棒。它会引导慈善组织向指标设定的方向前进，主动约束自身行为，提高责任感和公信力意识，减少贪污、挪用善款现象的发生。

第三，激励作用。除接受慈善组织的委托评估外，第三方机构还会主动开展对慈善组织的持续性示范评估。第三方机构是具有独立行动能力的组织，主动发挥评估功能是第三方机构的社会职责，也符合自愿独立性原则。事实上，对慈善组织进行长期不间断的跟踪式评

[①] 《中国75%慈善组织财务不透明 公益亟需"去行政化"》（http://business.sohu.com/20101203/n278079621.shtml）。

估，是第三方机构存在的主要价值之一。通过这种主动评估，第三方机构可以在慈善组织中树立典型、榜样。也就是说，第三方机构能够发现资质好、管理水平和绩效水平高的慈善组织，并利用舆论宣传，使它们的典型事例为多数慈善组织所知晓。这必然激励众多慈善组织向之看齐。另外，第三方的评估结果，通常是政府奖惩慈善组织的重要依据。这更会激励一些慈善组织对照自身的宗旨和使命，寻找与先进慈善组织之间的现实差距，从而推动慈善组织牢固树立扶危济困的理念，关注自身的功能定位，更加有效合理地配置慈善资源。

第四，预防作用。第三方机构一般设有接受公众投诉的热线电话，或者接受公众投诉的网络专栏。对于公众抱怨集中、矛盾突出的慈善组织，第三方机构及时发布信息，提醒捐赠人注意，从而避免了慈善资源的浪费和无效。第三方评估的过程也是慈善组织与第三方机构之间沟通交流的过程。这种沟通交流能够达到以评促建、以评促改的目的。第三方机构拥有多层次的、高素质的评估人才，可以对慈善组织发展中的问题进行科学诊断，找准产生问题的原因，在此基础上，给出解决问题、提升组织形象的建议。通过沟通反馈，慈善组织能够及时调整行为，避免小的失误发展为严重的违规行为。更为重要的是，第三方机构的跟踪式评估，能够时时对慈善组织进行监督。当经常化约束下的行为产生惯性并最终成为行为主体的"下意识"时，慈善组织就具备了自律意识。显然，这为预防慈善组织的违规失信行为提供了新的屏障。

二 实施第三方评估的障碍

由于起步较晚以及其他方面的原因，实施第三方评估存在种种障碍，比较重要的是。

第一，慈善组织行政化增加了第三方评估的难度。中国许多慈善组织是基于政府工作需要成立的，政府在慈善组织成立过程中居于主导地位。如中华慈善总会主要是依托于民政部建立的，中国青少年基金会是从团中央分化出来的，中国人口福利基金会脱胎于国家计划生育委员会。再加上，在现行管理体制下，政府部门特别是业务管理部门拥有向慈善组织推荐和派遣干部的权力，现职和退职干部兼任慈善组织负责人的现象十分普遍。结果，中国慈善组织处于"准政府组织"的境地，行政化色彩非常强烈。行政化使中国慈善组织处于垄断地位，利用这种地位，慈善组织即使缺乏公众捐款，也能够获取生存资源。由于缺乏慈善市场竞争所带来的压力，中国慈善组织没有接受第三方评估的需求。甚至部分管理不善、责信度较低的慈善组织对第三方评估持抵制态度。另外，在行政化背景下，许多慈善项目与政府有关。这导致第三方机构在评估时顾忌重重，限制了第三方机构的手脚。

第二，第三方机构力量弱小。壮大的、成熟的第三方机构是有效开展第三方评估的前提。但是，无论是从规模上来说，还是从数量上来说，中国的第三方机构都处于弱小化状态，至今仍少有规模大、影响力大的第三方机构。个别地方虽然零星地进行了第三方评估试验，但是多由政府临时组建的第三方机构负责，与真正意义上第三方评估相去甚远。究其原因，主要包括两个方面。一是长期以来，中国慈善组织评估主要由政府部门负责，忽视了第三方评估的作用，忽视了对第三方机构的培育。二是中国对民间组织实行双重管理体制。一个民间组织即使满足会员数量、资产经费、固定场所、民事能力等限制性条件，如果不能找到业务主管单位，不能与相应级别的行政部门结成业务主管关系，也不能获得民政部门的登记许可。登记注册的"高门槛"限制了像第三方机构这样民间组织的实力和规模的壮大。

第三，慈善信息不公开。从一定意义上说，第三方评估的过程就是第三方机构搜集、筛选、加工、输出、反馈信息的过程。因此，如果慈善组织运作不透明，关于内部治理、善款使用、资金流向、受益人状况等方面的信息不公开，第三方评估就不知从何入手。然而，当前中国慈善信息公开状况却不容乐观。《2012年度中国慈善透明报告》显示，以100分为满分，中国慈善组织年度透明指数平均值仅为

第三方评估：中国慈善组织公信力建设的必然要求

45.1，远低于及格线；超过六成公众对当前中国慈善信息公开情况不满意①。一些慈善组织负责人对信息公开有模糊认识，认为慈善是一项高尚的事业，无须向社会公开信息。在目前的技术条件下，信息公开是要付出一定成本。为了做好信息公开工作，慈善组织需要设立专门机构和配备合适的人员，从而增加了组织支出。另外，无论慈善组织是通过建立机构官方网站、自己建立传播渠道，还是使用已有的传播渠道，信息的传播同样需要成本②。成本问题使不少慈善组织缺少主动公开信息的自觉性。

第四，评估的权威性不足。"评估的价值很大程度上取决于评估机构的权威性。被评估组织接受评估的主要原因，也是希望利用权威评估机构的评估为自己赢得更多支持"③。第三方评估的权威性是建立在其公信力基础上的，是建立在公众、慈善组织认同感累积基础上的。独立的第三方机构站在民间的立场，对慈善组织进行客观公正、真实、准确的评估，从长远来看，其权威性是毋庸置疑的。但是，在其发展的起步阶段，它的权威性显得有些不足。特别是在中国的具体国情之下，这一点表现得非常明显。由于行政权力支配社会是一种根深蒂固的传统，多数慈善组织重视政府评估、政府表彰，而对第三方评估持轻视态度。尽管近年来政府部门开始有意识地卸载自身的评估职能，交给第三方机构，但是第三方机构在承接政府的评估职能时，却不能承接其权威。第三方评估的权威性需要依靠自身努力去争取，这当然需要一个过程。结果，"从调查情况看，民间组织本身也不愿意参加民间评估机构的评估，大家普遍认为，国内民间的评估没有公

---

① 《2012年度中国慈善透明报告发布年度透明指数为45.1分》（http://society.people.com.cn/n/2013/0105/c1008-20099118.html）。

② 舒迪：《〈慈善信息披露指南〉即将出台》，《人民政协报》2010年12月7日第C01版。

③ 邓国胜等：《民间组织评估体系：理论、方法与指标体系》，北京大学出版社2007年版，第88页。

信、没有权威"①。

第五，设置科学的评估指标体系比较困难。设置科学的、系统的评估指标是做好第三方评估工作的重要环节。如果没有科学的指标体系，第三方评估就会被个人看法、个人好恶左右，打上主观主义的烙印。中国慈善组织多种多样，这种多样性决定了评估指标体系的复杂性。要想使评估指标体系既反映慈善组织的共性，又反映它们的差异性，绝不是一件容易的事。另外，从性质上来说，中国慈善组织包括官办、半官办、草根等类别。因此，制定一种普遍适用的评估标准是有难度的。更为重要的是，评估指标的量化和具体化十分困难。慈善组织不以营利为目的，不追求利润最大化；收入具有非价格的因素，并且与成本之间没有直接的匹配关系；组织成员的行为难以考察；服务大多是无形的②。这些特征导致我们难以用量化指标衡量慈善组织的经营绩效，难以定量分析慈善组织的业绩。

第六，相关制度不健全。中国的慈善组织评估处于探索阶段，尚没有专门规范慈善组织评估的法律。在这种大环境下，中国的第三方评估尚处于无法可依阶段。由于缺乏有效的制度保障，第三方评估难以充分发挥其监督和促进作用。在某些地方，第三方评估具有很大的随意性。领导人重视，进行第三方评估就非常顺利。而一旦领导人看法和注意力改变了，第三方评估就寸步难行。这种随意性妨碍了第三方评估的持续开展，妨碍了第三方机构在实践中不断累积经验。另外，由于相关制度不健全，第三方机构的独立性经常受到政府部门的侵扰。在个别地方，第三方机构评估什么、如何评估都要受制于政府部门，甚至连指标设计和参与主体都是相关政府部门事先规定和挑选好的。失去独立性，第三方机构的评估结果的效度和信度会大打折扣。

---

① 邓国胜等：《民间组织评估体系：理论、方法与指标体系》，北京大学出版社2007年版，第98页。

② 王名主编：《中国民间组织30年》，社会科学文献出版社2008年版，第153页。

三 推进第三方评估的对策建议

当前,破除第三方评估的障碍,为第三方评估创造有利条件,可以从以下各方面入手。

第一,推进去行政化改革。慈善组织行政化是中国行政体制改革不到位、政治体制改革滞后的特定条件下形成的一种畸形现象。推进去行政化改革,就是要使慈善组织回归其原本的性质和功能定位。首先,要深化双重管理体制改革。由民政部门对慈善组织履行登记管理和业务主管一体化职能,即符合条件的民间非营利组织,包括从事慈善活动的社会团体、基金会、民办非企业单位,都可以直接登记,成为慈善组织,改变之前的双重门槛,改变慈善组织先天就缺乏独立性的局面。其次,严格限制政府官员在慈善组织兼职任职,推进慈善组织与党政机关人员分离。1998年,中共中央办公厅、国务院办公厅颁布的《关于党政机关领导干部不兼任社会团体领导职务的通知》指出:在职县(处)级以上领导干部,不得兼任社会团体领导职务(含社会团体分支机构负责人)。当前,要把这一文件精神落实到位。而且,在条件成熟的情况下,要减少退休官员和事业单位负责人在慈善组织任职的数量,真正实现慈善组织无政府官员兼职、自选负责人、自聘人员的目标。最后,存量改革与增量改革相结合。在对老的官办慈善组织进行去行政化改革的同时,要注重对自下而上成立的草根色彩较浓的慈善组织的扶持和引导,逐步壮大草根慈善组织。

第二,做好慈善信息公开工作。在这方面,慈善组织应做到"公开为原则,不公开为例外",即除涉及商业秘密、国家安全秘密外,慈善组织应当最大限度地公开所掌握的公共信息。为了做到这一点,要以法律法规的形式强制要求慈善组织公开有关信息,并保证慈善组织公布信息的真实、准确,没有虚假记载、误导性陈述或重大遗漏。除慈善组织主动履行信息公开义务外,公民、法人或其他组织还可以要求慈善组织公开有关慈善信息。当公民、法人或其他组织向有关部门和慈善组织查询有关慈善信息时，有关部门和慈善组织应及时进行答复。如果慈善组织拒绝公开，信息公开请求人可以向慈善组织的主管机关、监督机关寻求行政救济，申请人对行政机关的决定不服，可以向司法机关寻求司法救济[1]。唯其如此，才能使慈善组织的运作方式像"玻璃缸中的金鱼"一样透明。

第三，培育第三方机构。社会上的专业会计机构可以作为第三方评估的某种形式参与到评估中来。当前，慈善机构中滥用善款、私分利润现象较为突出。专业会计机构进行财务审计，可以督促慈善组织遵守法律法规，完善财务管理制度。但是，专业会计机构只能说清善款拨到哪里，"而真正的评估是当初承诺拿这些钱要做到什么水平，做到了吗？这更多的是一种综合的社会经济成效的评估，需要更加系统综合的方法来做"[2]。依托高等院校和科研单位，充分发挥高校研究队伍的评估积极性，可以衡量资源投入后慈善行为的实际效果，测度慈善行为绩效，这是对现有的第三方评估体系的有益补充。在利用现有组织资源的同时，要积极培育新的第三方机构。李连杰壹基金有意对慈善组织进行评估，它所创办的典范工程评选活动具有标杆意义[3]。对于像壹基金这样的民间公益组织，政府要降低它们登记注册的门槛，给予减免税待遇，并加大舆论宣传力度，提高社会对它们的认知度。

第四，维护第三方机构的独立性。没有独立、中立作为前提，第三方机构的公正属性将被遏制，评估结果的有效性将被质疑。换而言之，失去独立性，第三方机构就会失去信誉，失去市场。为了维护第三方机构的独立性，应提倡公务员、慈善组织从业人员不参与第三方机构，克服人员交叉现象。确实需要参与第三方机构，也应以不妨碍第三方的独立性为前提。第三方机构的经费不宜主要依靠被评估机构和政府部门。政府部门可以给予第三方机构一定的财政支持，以利于

---

[1] 李芳：《慈善组织信息公开的法理基础》，《东方论坛》2009年第6期。
[2] 《中国NGO：向左走？向右走？》（https://gongyi.qq.com/a/20120516/000031.htm）。
[3] 田磊：《如何培育慈善公信力》，《南风窗》2010年第23期。

第三方评估：中国慈善组织公信力建设的必然要求

扶持第三方机构，但应该以间接的方式进行，如建立慈善组织评估基金。慈善组织缴纳会费、评估费，容易导致第三方机构被慈善组织俘获。第三方机构的经费主要来源于公众、基金会、企业的捐赠。例如，捐赠人在资助慈善项目时，可考虑把第三方评估列入单独预算，给予第三方评估资金保障。为了防止第三方机构以牺牲独立性为代价，获取评估经费或其他不正当利益，应加强外部监督，同时要完善自律机制，如完善第三方机构内部治理结构，对评估专家的评估行为进行有效监督；制定完善的规章制度和管理规范，预防评估中的各种违规行为；弘扬第三方机构的使命、信念来培养、强化机构成员的自律意识[1]。

第五，构建第三方评估与政府评估的互动关系。虽然第三方评估的作用非常重要，但是并不意味着第三方评估可以代替政府评估。首先，第三方评估与政府评估是相互补充、相互促进的。受行政化的影响，中国慈善组织与政府部门关系密切，甚至结成利益共同体，这凸显了政府评估的困境，也是善款滥用事件频发的重要诱因。第三方机构独立于政府系统之外，立场超然，其评估活动有利于恢复公众对慈善组织的信心。从这个意义上说，第三方评估能够弥补政府评估的缺陷。因此，政府部门要重视第三方评估，将之视为与政府评估具有同等重要地位的评估形式，改变轻视第三方评估的态度和行为。其次，第三方评估也不是完美无缺的，可能存在第三方评估失灵现象。例如，在美国，联合之路丑闻被曝光后，有人提出质疑：为什么公益咨询服务部（PAS）未能事先觉察出问题。PAS 的回答是，"根据我们收到的材料，联合之路的表现完全符合我们的标准"[2]。这说明，PAS 的评估方式是有欠缺的。最后，第三方评估的结论不具有法律强制性，要提高它的约束力，必须使第三方评估与政府评估密切配合。例如，把第三方评估的结论与年检次数相挂钩，评估等级高，年检次数

---

[1] 邓国胜：《非营利组织评估》，社会科学文献出版社 2001 年版，第 98 页。
[2] 王绍光：《多元与统一：第三部门国际比较》，浙江人民出版社 1999 年版，第 122—123 页。

减少或者在一定时期内免于年检；将第三方评估的结论作为政府购买公共服务时评价慈善组织资质的重要依据。

第六，健全相关法律法规。评估立法是慈善组织评估过程中不容忽视的一个重大问题。要在总结第三方评估实践经验的基础上，制定相关法律，推进第三方评估制度化、法律化。当前，可以先用行政法规的形式，对第三方评估的地位、作用和第三方机构的资格予以明确，对评估程序、评估周期等予以规范，待时机成熟，再上升到法律高度。要用法律法规的权威性保证第三方评估的稳定性，使第三方评估不随领导人的改变而改变，不随领导人看法和注意力的改变而改变。同时，在制定相关法律法规时，要避免粗放型的立法模式，应尽量精细化，以提高法律法规的可操作性和执行力，为第三方评估提供严格的可操作的程序。

中国慈善组织公信力的缺失与重塑*

培育和发展慈善组织对于缩小贫富差距，健全社会保障体系，维护社会稳定，促进社会和谐具有重要的作用。然而，中国的慈善组织不仅数量少，而且规模小，其实际功能并未得到充分发挥。有关统计表明，2009年中国所有基金会资本规模，包括政府拨款、会员费用和捐赠总共1800多亿元，还远远不如美国盖茨基金会一家的资本规模①。中国慈善事业发展滞后，原因是多方面的。其中，慈善组织缺乏公信力无疑是重要原因。因此，分析中国慈善组织公信力缺失的危害及其根源，提出重塑中国慈善组织公信力的对策建议，对于促进慈善组织和慈善事业健康发展，推动社会文明进步具有重要的现实意义。

一 中国慈善组织公信力缺失的危害

国际著名咨询机构麦肯锡公司在谈到中国慈善组织时指出："中国社会并不缺少善心，缺少的是对公益组织的信心"。这个结论被一项实证调查所验证。据搜狐网对"造成中国慈善事业落后的主要原因"在线调查显示：高达62.26%的选民都把"中国慈善机构的公益性令人怀疑"作为造成中国慈善落后的主要原因②。这说明，中国慈

---

* 原载《郑州大学学报（哲学社会科学版）》2015年第6期，收录时有改动。
① 田磊：《如何培育慈善公信力》，《南风窗》2010年第23期。
② 赵灵敏：《重塑慈善公信力》，《南风窗》2010年第23期。

善组织缺乏公信力已成为一个不争的事实。慈善组织公信力缺失的危害是多方面的。

第一，公信力缺失妨害慈善组织获取必需的物质资源。必需的物质资源是慈善组织开展救助活动、实现可持续发展的前提条件。慈善组织通常以开展慈善募捐、接受社会捐赠的方式吸纳物质资源。而募捐能够成功、公众捐赠率的高低与慈善组织的公信力息息相关。假如慈善组织缺乏公信力，公众就不会响应慈善组织的募捐号召。因为公众只有在确信慈善组织是值得托付的、善款能够得到善用的情况下，才会向慈善组织捐款捐物。正是从这个意义上，有人认为："捐赠与社会公信力有着高度的正相关关系，即捐赠者之所以将自己的财富转交给慈善组织是基于对慈善组织运作能力和诚信的信任，只有具备高度的社会公信力的慈善组织，才能获得社会公众的高捐赠率"①。2011年6月，年仅20岁的女孩郭美美在网上公然炫耀其奢华生活，称拥有豪宅、名车、名包，并称自己是中国红十字会商业总经理。网友质疑她的奢华生活与中国红十字会的善款有关。"郭美美事件"沉重打击了中国红十字会的公信力，使公众对红十字会的信任程度降至冰点，直接影响了红十字会的捐赠收入。例如，佛山红十字会在郭美美事件后所收捐款几乎为零，深圳红十字会一月仅获百元捐款。另有调查显示，82%的网友表示不会再给红十字会捐款，15%的人表示查清了账本把每笔去向公布了之后再说，只有2%的网友表示会捐款②。这从侧面反映了公信力与慈善组织捐赠收入之间的密切关联性。

第二，公信力缺失降低慈善组织的危机防治效率。在当今的风险社会，任何组织的发展不可能是一帆风顺的，都必然要面临这样那样的问题。在危机常态化的情况下，如何有效预防和化解危机成为慈善组织发展过程中不容回避的重大课题。良好的公信力是慈善组织应对危机的重要精神资源。它不仅可以促使公众主动参与危机防治，而且

---

① 何芸：《重塑我国慈善组织的公信力》，《学习月刊》2011年第6期。
② 《捐款箱变"废纸箱"慈善机构公信力遇信任危机》（http://www.hi.chinanews.com/hnnew/2012-08-22/255552.html）。

可以使公众认同、支持慈善组织的危机防治措施，帮助慈善组织渡过难关，甚至使危机转变为促进慈善组织良性发展的契机。相反，如果慈善组织缺乏公信力，其危机防治措施只能收到事倍功半的效果。在"郭美美事件"中，简单的微博炫富行为之所以能够使中国红十字会这个全国最大的慈善组织陷入严重的"信任危机"之中，重要原因是中国红十字会在此前的诸多不良记录已严重透支了其信用资产。在万元帐篷事件、天价商务餐事件、400 万元违规金额等慈善风波中，公众质疑红十字会存在滥用捐款的行为，这使其形象在公众心中已大打折扣。所以，有人说："'郭美美'只是一个引爆点，触发了许多人郁积的对慈善机构的不信任乃至不满"[1]。"郭美美事件"发生后，中国红十字会采取了一系列措施企图平息事件。但是由于公信力脆弱，中国红十字会说什么，网友质疑什么，反而激起网友更大的质疑。"不管你信不信，反正我不信"的舆论倾向妨碍了中国红十字会有效应对"郭美美事件"。

第三，公信力缺失增加慈善活动的成本。慈善组织存在的重要价值是专业化和职业化有利于降低慈善活动的成本。在中国许多慈善组织陷入"名誉风波"的情况下，一些捐赠者绕开慈善组织，将捐款直接赠予受益人。捐赠者亲力亲为无疑增加了慈善活动的成本。此外，慈善组织由于大量使用了志愿人员而使其所提供的产品和服务成本比营利性的企业更为低廉。如果没有大量的志愿人员，慈善组织的运作成本会大幅度上升。公信力缺失降低了公众的志愿服务热情，使许多人不愿意到慈善组织做义工，这也在一定程度上增加了慈善活动的成本。

第四，公信力缺失阻碍慈善组织参与国际交流和合作。慈善组织参与国际交流和合作是中国对外开放政策的一个组成部分，也是慈善活动国际化的内在要求。随着制度环境的改善，一些国外慈善组织陆

---

[1] 《人民日报刊文谈郭美美事件：公众善心伤不起》（https：//news.qq.com/a/20110627/000376.htm？pgv_ref=aio）。

续在中国设立代表机构和分支机构,或者选择与组织宗旨一致的慈善公益领域开展项目资助活动。在此过程中,中国慈善组织不仅获得了先进的慈善管理经验,而且获得了大量慈善资源。虽然中国多数慈善组织是恪守公益使命的,积极从事扶贫济困、紧急救助、助残帮残等活动。但是,少数慈善组织以慈善的名义诈骗钱财,以慈善为幌子挪用、私分、贪污善款。少数慈善组织的这种失信行为,损害了中国慈善组织的形象,使中国慈善组织陷入信用缺失的境地。在这种情况下,一些国外慈善组织不愿意把中国的慈善组织当作重要的资助对象和从事慈善活动的伙伴。

第五,慈善组织公信力缺失恶化社会风气。慈善组织宣称以奉献社会、关爱他人为组织宗旨,常被打上高尚、利他、人道等道德光环。例如,中国青少年发展基金会负责人说:"强烈的'社会责任感'永远是中国青基会机构文化的灵魂,并体现在中国青基会的各项机构行动之中。不断地重申机构公益使命并身体力行,是机构存在的价值所在,也是机构实现可持续发展的根本保证。对于工作人员来说,这里没有'当官'的位置,也没有发财的机会,崇高的信仰才是我们的精神支柱、力量源泉"[①]。然而,当慈善组织变成牟取个人不当利益的工具,内部贪腐行为丛生时,公众的善心会遭到亵渎和伤害。而且由于道德光环效应,公众的心理落差会很大。在这个意义上,慈善组织欺骗公众违背了最基本的公序良俗,挑战了社会道德的底线,使伪善之风盛行,不利于营造团结互助、平等友爱、融洽和睦、乐于奉献的社会风气,不利于推进社会主义精神文明建设,不利于提升社会文明水平。

二 中国慈善组织公信力缺失的根源

中国慈善组织公信力缺失的根源主要表现在以下几个方面。

---

① 李珍刚:《当代中国政府与非营利组织互动关系研究》,中国社会科学出版社2004年版,第147页。

第一，双重管理体制。按照有关法规，成立慈善组织需要得到业务主管机关的审查许可和登记管理机关（民政部门）的登记许可。在双重许可制度下，一个慈善组织假如不能找到业务主管单位，就不能进行登记注册。登记注册的"高门槛"造就了庞大的法外慈善组织。据统计，目前全国尚未取得合法身份的慈善组织的数量要超过100万个[1]。由于缺乏最起码的监督管理，这些法外慈善组织行为失范，以慈善组织的旗号干着违法违规的勾当。双重管理制度还导致管理漏洞和管理空白。登记管理部门和业务管理部门之间的职责划分不清，再加上对现实的理解、政策立场等方面的不同，二者之间容易产生扯皮推诿现象。政府监督乏力是不良慈善行为产生的重要原因。此外，强迫慈善组织找婆家（业务管理部门）的做法，导致慈善组织不得不与政府部门结成依附关系，从而为政府部门向慈善组织派遣干部，全面而直接地干预慈善活动提供了条件。当前，中国多数慈善组织行政化色彩浓厚。行政化不仅使慈善组织从业人员染上了官僚主义习气，而且降低了慈善组织的工作效率。

第二，信息不公开。中国慈善组织普遍存在工作不透明、信息不公开等问题。据中民慈善捐助信息中心发布的《2010年度中国慈善透明报告》显示，完全不披露和仅少量披露信息的慈善组织比例高达75%[2]。由于信息不公开，公众监督和媒体监督无从下手。公众监督和媒体监督等外部监督机制弱化是慈善腐败现象频发的重要原因。此外，慈善组织运作神秘化，公众对慈善组织的资金运营情况、捐款使用情况、受益人分布情况等不了解，会使慈善组织的公信力受到流言、谣言的伤害。在暗箱操作的情况下，关于慈善组织的负面消息、消极新闻容易出现在网络媒体上。一些网民对慈善活动进行夸大其词，或者根据自己掌握的一鳞半爪的慈善信息进行判断，或者以有色眼镜看待慈善行为。网络传播的"染缸效应"，负面消息会很快扩

---

[1] 尤琳：《提升我国慈善组织公信力的法律思考》，《求实》2008年第10期。
[2] 《中国式慈善：透明为何这么难》（http://news.ifeng.com/c/7fa7wKkI07W）。

散，甚至"失控"。正因为如此，美国卡耐基基金会前主席卢塞尔说：慈善组织要用玻璃做的口袋。"玻璃做的口袋，就是说你的口袋有多少钱，你做什么事情，要透明到像玻璃一样，人人都可以看见"①。事实上，美国慈善组织的公信力较高，是与其慈善体制阳光、透明分不开的。美国联邦法律规定任何人都有权向慈善组织要求查看它们的原始申请文件及前三年的税表。同时，人们也可写信给国税局，了解某非营利组织的财务情况和内部结构②。

第三，财务管理制度不健全。严格而健全的财务管理制度使慈善组织的每项活动都处在有效的监督之下，使慈善组织的每项收入支出都符合其宗旨，"而混乱的财务管理常常掩盖着假公济私、滥用善款、贪污腐败等丑恶现象"③。慈善组织的财务管理制度主要包括财务预算管理制度、资金的收入与支出管理制度、财务报告制度、投资管理制度、审计制度等。当前，不少慈善组织并未建立上述制度，或者虽然建立，但是没有切实有效地执行。有学者指出：中国相当多的慈善组织没有特殊情况不作年度财务报告，或者虽作年度财务报告但无严格审计④。这导致一些慈善组织大肆开展与其自身宗旨相背离的活动，片面追求利润最大化，甚至出现财务违法犯罪现象。

第四，理事会制度不完善。理事会制度是慈善组织内部形成多元制衡机制的关键，也是慈善组织实现民主治理的保障。它可以保证慈善组织的所作所为对社会负责，保证慈善组织完成自己的使命。例如，在英国，健全的理事会制度对于提升慈善组织的诚信度具有不可忽视的作用⑤。但是，从总体上来看，中国的慈善组织都缺乏货真价实的理事会。有些慈善组织虽然建立了理事会，但是存在种种问题：

---

① 崔树银、朱玉知等：《慈善组织的公信力建设浅析》，《社会工作》2009年第4期。
② 俞可平等：《中国公民社会的制度环境》，北京大学出版社2006年版，第212页。
③ 王名编著：《非营利组织管理概论》，中国人民大学出版社2002年版，第101页。
④ 蔺丰奇等：《非营利组织的财务困境与解决策略》，《经济与管理》2007年第6期。
⑤ 俞可平等：《中国公民社会的制度环境》，北京大学出版社2006年版，第218页。

理事来源单一，常常由举办者及其代理人担任；理事会权力虚置，难以成为最高决策机构；理事会长期不活动；理事会缺乏健全的议事规则，等等。这些问题导致理事会成为创办人的橡皮图章，使慈善组织呈现精英化色彩，从而为少数人盗用慈善组织的名义获取非法利益开了方便之门，进而使慈善组织蒙受污名。

第五，商业化运作的风险。随着慈善组织活动范围和领域的扩展，许多慈善组织面临着资金短缺的困境。为了突破资金瓶颈，一些慈善组织开始实行商业化运作，它们或与企业合作，获得企业的资金支持，或者经商办企业，直接牟取商业利益。现行法规为慈善组织涉足商业提供了制度空间。《基金会管理条例》规定：基金会应当按照合法、安全、有效的原则实现基金的保值、增值。但是，对于基金会以何种方式实行基金的保值、增值并未作出明确规定。在这种背景下，慈善组织从事商业活动和经营活动甚至成为一种时髦做法。但是，商业化运作使慈善组织面临着一种日益增长的危险，即逐渐被营利化。有学者指出："在最好的情况下，非营利组织在追求商业融资的过程中，要面对经营和文化两方面的挑战。在最坏的情况下，商业化经营可能葬送组织的社会宗旨"①。作为一种非营利组织，慈善组织的本质属性是非营利性。非营利性要求商业利润对于慈善组织来说"只是一种'过路财'，这些物质和资源最终都要用到各种社会公益项目上，最终的受益者仍然是非营利组织所实施的社会公益项目的资助对象"②。营利化是对慈善组织这一本质属性的背离。在现实生活中，一些慈善组织打着慈善幌子从事商业活动，其领导层和管理层私分商业收益，或者违法违规从事经营活动，牟取暴利，或者以慈善的名号偷税漏税。例如，媒体质疑中国红十字基金会"借公益之名开发房地产"、中国红十字会博爱项目借慈善推销保险是企业绑架慈善组

---

① ［美］里贾纳·E. 赫兹琳杰等：《非营利组织管理》，北京新华信商业风险管理责任公司译，中国人民大学出版社2000年版，第124页。
② 任慧颖：《当代中国非营利组织的社会行动研究：以中国青基会为例》，济南出版社2007年版，第150页。

织的敛财行为。总之，营利色彩太浓损害了慈善组织在公众心目中的形象。

三 提高中国慈善组织公信力的对策

提高中国慈善组织的公信力可以从以下几个方面入手。

第一，推进"去行政化"改革。上述分析表明，行政化是慈善丑闻发生的重要原因。因此，推进"去行政化"改革，使慈善组织真正回归民间定位是重塑中国慈善组织公信力的必然要求。首先，深化双重管理体制改革。由民政部门对慈善组织履行登记管理和业务主管一体化职能，即慈善组织可直接登记，改变之前的双重门槛，改变慈善组织先天就缺乏独立性的局面。其次，严格限制现任党政领导干部在慈善组织兼职任职，推进慈善组织与党政机关人员分离。再次，存量改革与增量改革相结合。许多慈善组织是基于政府工作需要、由政府自上而下成立的。如中华慈善总会主要是依托于民政部建立的，中国人口福利基金会脱胎于国家计划生育委员会，中国青少年基金会是从团中央分化出来的。对这些行政化程度较高的慈善组织进行"去行政化"改革的同时，注重对新成立的草根色彩较浓的慈善组织的扶持和引导。最后，构建慈善组织与政府间的契约合作关系。政府积极向慈善组织购买公共服务，将特定的公共服务项目发包给具有资质的慈善组织，使之不以独立性丧失为代价获取财政资金支持。需要指出的是，"去行政化"不是否定政府在慈善组织发展中的作用。"去行政化"改革后，政府仍然要履行对慈善组织的监督职责。不过，政府的监督方式应有所改变。即由依靠行政手段为主，转向以法律手段为主；由微观干预，转向宏观调控，塑造良好的慈善环境；由入口监督转向对募捐活动、资金流向、项目实施等慈善活动的全过程进行监督；由各部门各自为政，转向民政部门、税务部门、财政部门、审计部门、公安部门、司法部门联合监督。

第二，建立健全信息披露机制。西谚有云：阳光是最好的防腐剂，灯光是最好的警察。这句话启示我们，必须将信息公开作为中国慈善组织公信力建设的重中之重和主要着力点。一是要明确信息公开的范围和重点。慈善组织要将机构的基本信息、财务信息、项目信息和捐赠信息全面公开，力争全面、具体，以详细资料来告知公众本组织是如何开展其职责范围内的工作的。但是，信息公开的重点是服务成本、捐款使用、行政性开支等，因为这些领域是公众质疑的"重灾区"，也是最容易发生慈善腐败的领域。二是要转变信息公开的方式。《基金会管理条例》规定：基金会应当在通过登记管理机关的年度检查后，将年度工作报告在登记管理机关指定的媒体上公布，接受社会公众的查询、监督。实践中，"指定的媒体"主要是《公益时报》。这一规定显然使慈善组织承担了一定的信息公开成本，是少数慈善组织抵制信息公开的重要原因。在信息网络化时代，应该明确规定将互联网作为慈善组织信息公开的主要途径，以实现慈善组织"网上透明""网上晒账单"。三是要由被动公开向主动公开转变。当前，中国慈善组织在面对公众质疑时，才发布信息予以解释和澄清。信息公开上的这种被动行为不利于慈善组织公信力建设。例如，在"郭美美事件"中，中国红十字会连发三道声明中，企图以被动澄清来恢复公信力，其成效甚微。四是遵循循序渐进原则。根据慈善组织的承受能力、公众的意愿等，稳步推进信息公开工作，保证信息公开的渐进性。

第三，壮大第三方评估机构。中国慈善组织评估存在评价主体单一、评价手段落后、评价指标不合理等问题。解决这些问题，必须引入第三方评估。所谓第三方评估是指独立于政府之外的具有权威性、专业性、民间性的中介机构对慈善组织的全面评估。引入第三方评估是发达国家慈善组织公信力建设的通行做法。例如，在美国，慈善信息局培育以捐赠者的理性捐赠不断推动慈善组织提高其管理水平的社会捐赠机制[1]。目前，中国第三方评估机构实力弱小。政府要从资金、

---

[1] 吴东民、董西明主编：《非营利组织管理》，中国人民大学出版社2003年版，第77页。

政策、环境等方面扶持第三方评估机构，促进第三方评估机构快速发展。第三方评估机构要制定出科学的、合理的评估标准，尤其要制定出慈善组织公信力的具体评价指标，保证评估的准确性和客观性。要充分利用第三方评估的结论。对于评估等级较高的慈善组织，政府在购买公共服务时应予以适当倾斜。同时，要将评估结论在媒体上公开，促进慈善组织围绕捐赠资源、公益项目展开适度有序竞争，通过竞争，督促慈善组织树立品牌意识，自觉加强公信力建设。

第四，规避商业化运作的风险。对于慈善组织来说，获取利润只是手段，更好地完成组织的公益使命才是营利行为的最终目的。化解慈善组织商业化运作的风险，目的在于实现商业手段与公益使命的高度统一和完美融合。为了达到这一目的，一要限制慈善组织从事商业活动的领域。对于慈善组织从事与其自身宗旨无关的商业活动，税务部门应该依法课税。二要限制慈善组织从事商业活动的规模。当慈善组织的商业收入超过一定比例时，就取消慈善组织的免税资格，确保慈善组织的主要精力用于公益事业。三是规范慈善组织与企业的合作行为，如明晰合作方需要具备的条件、与企业合作的边界等。四是加强对慈善组织经营活动的监管，避免内部人控制，避免慈善组织领导人及其代理人操作商业活动，避免慈善组织的营利行为成为个人利益的输送工具。

第五，健全内部治理制度。健全内部治理制度，重点是加强理事会制度建设和财务管理制度建设。要限制创办人及其亲属在理事会任职；适度控制理事会的人数；改变以捐赠换取理事职位的传统做法；健全选举制度，明确理事选举的程序、具体规则，如候选人提名、差额选举、无记名投票等；健全理事会决策制度，推进决策科学化民主化；健全理事会决策失误追究制度。在财务管理制度建设方面，要健全预算管理制度，慈善组织要制定开展公益活动所需资金的详细使用计划，并严格按预算规定的支出用途使用资金；要健全会计制度，加强对慈善组织财产物资和原始凭证的审核监督；要健全审计制度，在加强内部审计的同时，要积极接受外部会计师事务所的审计，提高审计质量；要健全财务管理人员培训制度，提高财务管理人员的道德品质和专业技能；要充分发展监事会的财务监管职能，完善监事会开展财务监管活动的程序，拓展监事会开展财务监管活动的方式，确保监事会能够严把"财务关"。

境外非政府组织管理

涉外民间组织对中国国家安全的影响及对策[*]

涉外民间组织亦称境外在华民间组织[①]，是指在境外成立、在中国境内开展活动的民间组织。随着全球化的深入，中国融入国际社会步伐明显加快，涉外民间组织的数量、规模和影响日益扩大，加强涉外民间组织管理已成为改革开放过程中迫切需要解决的问题。为此，胡锦涛指出："加强国家安全工作，完善境外非政府组织在华活动管理机制，高度警惕和严密防范境内外敌对势力渗透破坏活动"[②]。党的十八届三中全会强调，要加强在华境外非政府组织的管理，引导它们依法开展活动。在这种背景下，深入研究涉外民间组织对中国国家安全的挑战及对策，对于促进涉外民间组织健康发展，最低限度化解涉外民间组织对中国国家安全的不利影响，确保国家安全，具有重要的意义。

一 涉外民间组织对中国国家安全的影响

涉外民间组织为中国现代化建设带来了资金、技术和管理知识，从总体上看，是中国改革开放事业的有益因素。但是，少数涉外民间

---

[*] 原载《领导科学》2014年第6期，收录时有改动。
[①] 《社团管理条例送呈国务院 涉外民间组织合法登记》（http://news.sohu.com/20070313/n248679848.shtml）。
[②] 《十七大以来重要文献选编》上册，中央文献出版社2009年版，第658页。

组织打着"公益""慈善"等旗号,从事渗透、破坏活动,危害中国国家安全。

(一)破坏中国领土和主权的完整

冷战结束后,西方发达国家将和平演变的主要矛头对准中国,企图"分化"中国,以达到削弱中国的目的。它们利用涉外民间组织破坏中国领土和主权的完整,正是西方国家经常用到的一种手段。由于种种原因,中国新疆、西藏地区存在一些民族分裂分子。这些人往往成为涉外民间组织拉拢、利用的对象,比如,一些涉外民间组织向民族分裂分子提供资金、斗争技巧、物资设备等。近年来,中国新疆、西藏地区发生的暴力事件,其背后就有某些涉外民间组织的影子。即便在"一国两制"运行良好的香港地区,涉外民间组织的渗透、破坏活动也未停止。某些涉外民间组织打着"政改"、政治发展的幌子,破坏香港与内地、香港特区政府与中央政府间和谐关系,企图将香港从中国分割出去[1]。

(二)以人权、民主、自由等名义,危害中国意识形态安全

"意识形态安全是国家安全的题中应有之义,是国家安全系统中重要方面,也是国家安全的深层次问题。事实表明,一个国家的安危不仅系于军事和经济,更系于文化与意识形态,文化与意识形态本身已成为国家利益均衡的一个重要参数和力量"[2]。由于意识形态安全在国家安全体系中占有重要位置,某些西方发达国家不遗余力地进行意识形态渗透,以便用资本主义意识形态取代社会主义意识形态。在这方面,某些涉外民间组织是本国政府"人权外交""价值观外交"的重要支柱,甚至扮演西方国家开展意识形态渗透"急先锋"的角色。涉外民间组织开展意识形态渗透的手段是多种多样的。一是在基

---

[1] 金彪:《国际非政府组织在华活动的主要问题》,《学会》2008年第11期。
[2] 郭明飞:《网络发展与我国意识形态安全》,中国社会科学出版社2009年版,第169页。

层开展公共服务活动时，潜移默化地改变当地的政治生态环境，向民众输出西方的人权观、民主观和自由观。二是以青年学生为重点，进行网络意识形态渗透活动，传播反马克思主义政治思潮。三是以提供学术资助、邀请参加国际会议、提供访学等方式，诱使部分专家学者认同西方价值观。四是利用宗教问题，干涉中国内政。"大体来说，它们对中国内政的干涉主要集中于所谓的人权和所谓的宗教自由等方面"①。

（三）窃取军事情报，危害中国军事安全

涉外民间组织具有非营利性、非政府性等特征，这些特征使涉外民间组织窃取军事情报行为具有隐蔽性，从而也为涉外民间组织危害中国军事安全提供了便利。例如，某些在华国际非政府组织利用人们对环保等公益事业项目的关心，借"生态保护考察""污染源考察"等名义，秘密窃取中国机密情报。某国的一个环保组织资助某发展中国家对中国近海进行所谓污染源勘察，后来证实该次勘察结果正是西方某国海军需要的情报②。涉外民间组织具有蜕变为西方国家窃密工具的可能性，这一点已引起党和政府的重视。1996年，中共中央办公厅、国务院办公厅发出的《关于加强社会团体和民办非企业单位管理工作的通知》指出，一些民间组织接受境外敌对势力的捐赠和委托，以学术研究为掩护，为其搞社情调查，提供信息情报，并要求各级政府高度重视这一点。

（四）以"环保""可持续发展"等名义，给中国经济发展设置障碍

当今世界存在严重的环境问题，这是不争的事实。但是某些西方

---

① 李峰：《国际社会中的国际宗教非政府组织》，上海人民出版社2013年版，第242页。

② 罗彩荣：《国际非政府组织对我国家安全的影响及其治理对策》，《湖北警官学院学报》2011年第4期。

发达国家企图将责任完全算在包括中国在内的发展中国家头上。一些涉外民间组织动辄指责中国"污染环境""破坏生态平衡",利用环境问题给企业的生产经营设置障碍。例如,2004 年,绿色和平组织公开指责金光集团 APP 在云南圈地毁林,要求中央和云南省政府对金光项目进行重估。2005 年,绿色和平组织又指称,金光集团 APP 在海南省的操作过程,存在同样的问题,并表示金光集团 APP 依赖中国和亚洲其他地区的森林破坏来满足其原料供给缺口。绿色和平组织的指责遭到云南和海南两省政府的批驳[1]。事实上,一些涉外民间组织并非真正关心中国的环保问题,关心中国民众的福祉,它们指责中国"不环保",主要目的在于给中国经济发展设置障碍,进而延缓中国经济发展的步伐。

(五) 攻击社会主义制度,损害社会主义形象

有学者指出:"国际共产主义运动历史经验反复证明,要搞垮一个社会主义国家,首先就要攻击这个国家执政的共产党;要搞垮这个国家执政的共产党,首先就要丑化这个执政党的主要领袖。这是国内外敌对势力企图西化、分化我们的最直接、最便捷、花钱最少但却最有效的手段"[2]。冷战时期,一些国际非政府组织经常攻击斯大林模式,抹黑社会主义制度,丑化、妖魔化斯大林等苏联领导人。冷战结束后,一些国际非政府组织并未放弃运用这种手法。某些别有用心的涉外民间组织夸大中国共产党的一些历史错误,歪曲事实,损害毛泽东等领导人的形象。比如,抓住"文革"中的某些片面资料不放,以点带面,全盘否定毛泽东的历史功绩,进而达到否定党的领导、否定社会主义的目的。

---

[1] 吴玉章主编:《中国民间组织大事记(1978—2008)》,社会科学文献出版社 2009 年版,第 356 页。

[2] 李慎明:《正确评价改革开放前后两个历史时期》,《红旗文稿》2013 年第 9 期。

二 涉外民间组织兴起背景下维护中国国家安全的对策

防范和化解涉外民间组织对中国国家安全的威胁，可以从以下几个方面入手。

(一) 牢牢掌握处理社会事务的主动权，妥善解决民众关心的民生问题

一些国际非政府组织之所以能够在"颜色革命"中一展身手，"重要原因是民众对经济状况、政府腐败的不满。只有当国内政治、经济生活中的问题积累到一定程度，当社会上不满情绪不断高涨时，外部因素才可能产生作用。若不是社会自身渴望急剧变革，若不是社会的忍耐已超出了极限，美国和欧洲都无法将事态引向自己需要的轨道"①。这提醒我们，必须牢牢掌握处理社会事务的主动权，妥善解决民众关心的民生问题。对于群众普遍关心的教育公平问题、看病难看病贵问题、房价过高问题、分配不公问题、就业难问题、养老难问题、食品安全问题等，政府要认真加以研究，花大力气予以解决，积极回应民众的合理诉求。比如，中国已进入人口老龄化快速发展期，老年人口数量将以年均800万人以上的规模激增。预计到2020年，老年人口将达到2.55亿人，2033年突破4亿人，2050年达到4.83亿人。如此严峻的老龄化态势，使民众产生"我的晚年谁来养"的担忧②。如果政府应对社会问题乏力，不能满足民众的合理诉求，涉外民间组织就会乘隙窜出，利用民众的某些不满情绪，诱使他们接受西方价值观。因此，各级政府要具有高度的政治责任感，认真践行党的群众路线，牢记党的宗旨，"牢固树立群众观点和公仆意识，把群

---

① 潘如龙、戴铮勤：《"颜色革命"与国际非政府组织》，《电子科技大学学报》（社会科学版）2005年第4期。

② 中共中央宣传部理论局：《理性看 齐心办》，学习出版社2013年版，第82页。

众呼声作为第一信号,把群众需要作为第一选择,把群众满意作为第一标准"①。尤其重要的是,各级政府要积极转变职能,积极创造条件,实现政府职能向创新社会管理、提供公共服务、维护公平正义转变,推动"经济建设型政府"向服务型政府转变。唯其如此,才能不给涉外民间组织的种种渗透活动以可乘之机。

(二) 促进本土民间组织发展,以"民制民"

利用本土民间组织应对涉外民间组织的安全挑战,是俄罗斯的一条重要经验。"俄罗斯政府认为,非政府组织的存在和发展本质上不是坏事,而是民主化和公民社会发展的必然结果和真实体现。他们虽然是非政府的,但不一定都是反政府的。非政府组织成员一般都具有很高的专业水准和活动能力,政府对其不仅不能忽视,而且要善于引导和利用,可以经常与其进行对话和沟通,多倾听意见建议,委托其从事某些科研和社会项目,建立建设性的伙伴关系"②。所谓以"民制民",就是利用民间渠道、民间力量化解涉外民间组织对中国国家安全的不利影响。一方面,本土民间组织的力量壮大可以提供更多的公共产品和公共服务,更好地发挥"拾遗补阙"的作用,填补政府职能空白,减少部分民众对涉外民间组织的依赖;另一方面,中国民间组织走向国际舞台,开展公共外交,可以增进中国与其他国家之间的理解和增加中国与其他国家之间的对话,反制涉外民间组织在国际舞台上散布对中国的不利言论。因此,中国要积极培育民间组织,进一步改革民间组织管理体制,健全民间组织扶持政策体系,不断优化民间组织成长发育的环境。要加强中国民间组织能力建设和公信力建设,使更多的民间组织有能力承接政府转移的职能。要积极创造条件,使更多民间组织能够"走出去",有机会参与国际交往,在国际舞台上传播中国声音。

---

① 《十七大以来重要文献选编》上册,中央文献出版社 2009 年版,第 851 页。
② 中国现代国际关系研究院课题组编著:《外国非政府组织概况》,时事出版社 2010 年版,第 154 页。

（三）掌握国际交往的话语权

如前所述，西方发达国家经常利用人权、民主、自由等政治价值危害中国国家安全尤其是意识形态安全。在很长时期里，涉外民间组织利用人权、民主、自由等问题向中国发难，中国才加以批驳。这种被动反应不利于维护中国意识形态安全。只有占领道德制高点，掌握国际交往的话语权，才能化被动为主动，更好地应对涉外民间组织的安全威胁。我们要善于用马克思主义的观点分析西方发达国家所宣扬的人权、民主、自由等所谓的普世价值。马克思指出："自由这一人权的实际应用就是私有财产这一人权"[1]。列宁指出："在资产阶级制度下（就是说只要土地和生产资料的私有制继续存在），在资产阶级民主下，'自由和平等'只是一种形式，实际上是对工人（他们在形式上是自由的和平等的）实行雇佣奴隶制，是资本具有无限权力，是资本压迫劳动"[2]。马克思主义关于资产阶级民主是假民主、金钱民主、虚伪民主的观点，在今天仍然没有过时。马克思主义认为，人权、民主、自由从来都是具体的、历史的，根本不存在抽象的、超阶级的人权、民主、自由。"权利决不能超出社会的经济结构以及由经济结构制约的社会的文化发展"[3]。因此，我们要善于向国际社会展示在既定的社会历史条件下，中国在人权、民主、自由方面所取得的巨大成就，同时向国际社会展示随着社会主义现代化建设和社会主义政治发展的推进，中国社会主义民主政治建设和人权事业向前发展的巨大可能性。

（四）构建健全的涉外民间组织管理体系

构建健全的涉外民间组织管理体系对降低涉外民间组织对中国国家安全的不利影响具有直接意义。涉外民间组织能不能危害中国国家

---

[1] 《马克思恩格斯全集》第3卷，人民出版社2002年版，第183页。
[2] 《列宁全集》第36卷，人民出版社1985年版，第362页。
[3] 《马克思恩格斯全集》第25卷，人民出版社2001年版，第19页。

安全在很大程度上取决于管理体系尤其是政府监管制度是否健全。构建健全的涉外民间组织管理体系，应该做到以下几点。一是成立综合管理部门，构建无缝隙管理体系。"建议由分管民政部的副总理牵头成立中央境外在华 NGO 管理委员会，民政部、外交部、外国专家局、对外友协、工商行政管理总局、国家外汇管理局、税务总局、卫生部、国务院扶贫办、安全部、公安部、国家民委、宗教局等部门的副职担任委员，具体工作由相关部委的司局级副职担任。省级按此成立省境外在华 NGO 管理委员会"[①]。二是完善登记管理制度。涉外民间组织包括它的代表机构、分支机构要依法在民政部门登记注册。对于不符合登记条件的涉外民间组织，可先进行备案，等到条件成熟，再到民政部门登记注册。这样可以将涉外民间组织都纳入政府的监管视野，便于政府掌握涉外民间组织的动态。三是完善信息公开制度。涉外民间组织的内部治理、规章制度和开展的各种活动等，要尽可能地向社会公开。尤其是涉外民间组织的资金来源、开支等要厉行公开，便于接受社会监督。四是实行分类控制。对于真心实意帮助中国现代化建设和改革开放事业的涉外民间组织，要给予开展活动的便利，保护它们的合法权益；对于危害中国国家安全或者具有威胁潜能的涉外民间组织，要加强监控，必要时予以取缔。

[①] 韩俊魁等：《境外在华 NGO：与开放的中国同行》，社会科学文献出版社 2011 年版，第 214 页。

在华境外非政府组织
营利化的根源及对策*

在华境外非政府组织（下文简称"境外非政府组织"）是指非中国公民、境外的中国公民在中国境内成立的非政府组织以及在境外成立、在中国境内开展活动的非政府组织。境外非政府组织的发起人可以是非中国公民，也可以是中国公民，如一些内地居民在香港注册非政府组织，然后到内地开展活动，在目前情况下，也被称为境外非政府组织。改革开放30多年来，境外非政府组织为中国第三部门发展带来了资金、人才和管理经验，从总体上看，是中国改革开放事业的助力，但是境外非政府组织并非都是"天使"。[①] 在某些情况下，境外非政府组织可以成为危害社会主义现代化建设的消极因素。长期以来，对于境外非政府组织的消极影响，学术界关注的焦点是境外非政府组织对国家安全和社会稳定的现实和潜在危害性。尤其在"颜色革命"和"阿拉伯之春"背景下，许多学者指出了境外非政府组织充当西方"和平演变"帮凶和意识形态渗透"特洛伊木马"的可能性。但是，鲜有学者对境外非政府组织的营利化倾向进行深入分析。事实上，不少境外非政府组织打着慈善、人权、扶贫、环保等旗号，背离非政府组织本质特征即非营利性（非分配性约束），变相营利，成为个人利益的输送工具。如总部设在美国加州的国际认证管理协会通过

---

* 原载《理论月刊》2014年第11期，收录时有改动。
① 赵黎青：《中国如何应对外国非政府组织》，《学会》2006年第11期。

虚假宣传，收取高额费用、肆意发授各类证牌证书。① 国际认证管理协会非法敛财只是揭开了境外非政府组织营利化的"冰山一角"。类似的例子频频见诸报端，如世界和平慈善基金会非法集资、中华儒商总会非法经营、世界杰出华商协会慈善敛财等。因此，加强境外非政府组织管理，祛除境外非政府组织的营利化色彩，督促境外非政府组织恪守非营利性原则，已成为改革开放过程中迫切需要解决的问题。

一 境外非政府组织营利化的根源

境外非政府组织营利化的根源，可以从以下几个方面分析。

第一，境外非政府组织进入内地的步伐过快与非政府组织管理体制改革的渐进性产生矛盾。中国政府对境外非政府组织的活动总体上是持欢迎态度的。有学者指出："由于中国政府对境外非营利组织在华活动是一个现实主义的态度，这实际上认同了境外非营利组织在华开展工作"。② 外交部部长助理程国平也表示："中国政府高度赞赏境外非政府组织的积极作用，欢迎和支持境外非政府组织来华活动。我们衷心希望境外在华非政府组织，能够更加积极地参与到中国政府和人民努力实现'十二五'规划的进程中来，紧密结合中国经济社会发展的实际需求，遵守中国的法律法规，继续在扶贫、抗灾、环保、教育、医疗、慈善领域与中方合法组织开展务实合作，为促进中外交流、推动中国经济社会发展做出新的贡献。中国政府也将加大力度为境外非政府组织在华开展友好交流与合作提供便利"。③ 中国政府的态度推动了境外非政府组织的快速发展，在短短的十几年时间里，境外非政府组织数量激增。有学者指出：1995年中国举办了第四届世

---

① 《民间社团中的监管盲区》（http：//news.sina.com.cn/c/2006-11-30/154310650074s.shtml）。

② 廖鸿等编著：《澳大利亚非营利组织》，中国社会出版社2011年版，第188页。

③ 《程国平副部长在2012年非政府组织新年招待会上的致辞》（http：//www.tianjinwe.com/rollnews/201101/t20110127_3302839.html）。

界妇女大会之后,开始出现了境外非政府组织大量进入中国的现象,特别是在中国加入世界贸易组织后,境外非政府组织进入中国的数量激增,在环保、人道救助、扶贫、发展援助、健康、教育、家庭等领域开展了很多的项目。[1] 社会领域开放步伐过快,导致有关方面对境外非政府组织数量激增的后果缺乏预测,对境外非政府组织的活动领域、开展项目的范围缺乏限制性规定,并与非政府组织管理体制改革的渐进性产生矛盾。换而言之,中国非政府组织管理体制的渐进性改革严重滞后于境外非政府组织的迅猛发展。结果,对境外非政府组织的监管,不仅力量薄弱、手段滞后,而且法律法规严重缺失。面对客观存在的境外非政府组织营利化问题,民政部门坦言:"不好管,甚至管不了""无能为力"。[2] 民政部门的这种困境就是上述问题的反映。

第二,"三不政策"容易滋长境外非政府组织营利之风。《取缔非法民间组织暂行办法》规定,未经登记,擅自以社会团体或者民办非企业单位名义进行活动的属于非法民间组织。但是该办法以及其他法规并未明示境外非政府组织如不进行登记将会被取缔或遭受行政干预。事实上,在长期的实践中,中国政府摸索出"不承认、不取缔、不干预"的鸵鸟政策,即在境外非政府组织不危及中国国家利益和社会主义现代化建设的前提下,政府不承认境外非政府组织的合法身份,不取缔在华活动的境外非政府组织,不干预境外非政府组织的内部事务。"三不政策"赋予境外非政府组织不登记也可开展活动的便利,使政府部门对境外非政府组织的活动情况知之甚少,更不用提对之进行有效管理了。这明显使本土非政府组织与境外非政府组织处于不对等的地位,也为境外非政府组织的逐利行为打开了方便之门。正因为如此,一些本打算在内地注册的非政府组织不惜"改头换面",

---

[1] 康晓光等:《依附式发展的第三部门》,社会科学文献出版社2011年版,第183—184页。

[2] 《民间社团中的监管盲区》(http://news.sina.com.cn/c/2006-11-30/154310650074s.shtml)。

到境外注册，但主要活动地域仍在内地，以达到牟利的目的。

第三，地方政府的简单化处理放纵境外非政府组织的营利化行为。中国政府干预境外非政府组织的底线是境外非政府组织危及国家安全和社会稳定。但是，这一底线过于宏观，各地政府在实践中常常对之做简单化的处理，即以境外非政府组织的活动领域来判断其是否危害国家安全和社会稳定。对于在扶贫、抗灾、环保、教育、医疗、慈善等领域活动的境外非政府组织给予"绿灯"放行，为其进入中国提供种种便利条件；而对于那些涉及政治、宗教、人权、意识形态领域的境外非政府组织则亮起"红灯"，①或者虽准许其在华活动，但严加防范。在西方国家尚未放弃"和平演变"战略的情况下，这一处置办法毫无疑问是正确的。但是，多数营利化行为是打着"扶贫、抗灾、环保、教育、医疗、慈善"等旗号进行的。地方政府对在此领域活动的境外非政府组织疏于管理，调控不力，必然放纵境外非政府组织的营利化行为。更为重要的是，少数政府官员为了提高政绩显示度，在"与国际接轨""招商引资"的名义下，对声称从事教育、卫生、扶贫活动的境外非政府组织持绝对欢迎态度，轻视甚至否定境外非政府组织的工具性和两面性。在这种情况下，境外非政府组织的营利化行为常常大行其道。

第四，监管权力碎片化使境外非政府组织营利化失去政府约束。在现行的体制框架下，监管境外非政府组织的权力被分割在不同的政府部门。就登记管理来说，政府部门之间没有分工，各管各的，不仅工商部门对境外非政府组织进行企业登记，发给工商登记证，外专局发国际人才交流服务境外机构资格证书，核定服务范围，不少其他部门也在对与其合作的境外非政府组织进行管理，并收取管理费。② 在监管体系碎片化的情况下，如果缺乏协调机制，就会产生各部门"谁

---

① 谢晓庆：《国际非政府组织在华三十年：历史、现状与应对》，《东方法学》2011年第6期。
② 马国芳：《国际非政府组织在云南发展状况研究》，《云南行政学院学报》2004年第2期。

都管不了"的局面。比如,"公安机关要查,得有企业举报,没有企业举报,公安机关没法处理这种事情。民政部门没有权力封他账号,也没有权力扣人。国家对银行这一块就指定了几个部门,比如公检法"。[①] 中国目前尚缺乏关于境外非政府组织管理的协调机制,这在某种程度上弱化了政府的监管效能,从而助长了境外非政府组织营利化风气。

第五,公众认知度较低为营利化的境外非政府组织提供了生存空间。当前,公众对非政府组织的认知度较差。他们通常根据非政府组织的名称,衡量非政府组织的公信力和权威性。《社会团体登记管理条例》规定,社会团体的名称应当与其业务范围、成员分布、活动地域相一致,准确反映其特征。全国性的社会团体的名称冠以"中国""全国""中华"等字样的,应当按照国家有关规定经过批准,地方性的社会团体的名称不得冠以"中国""全国""中华"等字样。但这一规定仅适用本土非政府组织,对于境外非政府组织尚无类似规定。这导致部分境外非政府组织钻法规的空子,乱贴"中国""中华"等标签,利用"全国""国际"字眼迷惑公众,以达到非法敛财的目的。

二 境外非政府组织"去营利化"的对策

上述分析表明,境外非政府组织营利化模糊了营利组织和非营利组织的界限,是境外非政府组织"乱象"的重要表征,其负面效应是显而易见的:不利于境外非政府组织健康发展;不利于保护公民个人权利;不利于维护市场经济秩序。因此,我们必须采取一系列可操作性的政策措施,遏制或者减少境外非政府组织营利化现象的发生。

第一,建立"无缝隙"政府监管制度。政府是唯一具有法定权威

---

① 《民间社团中的监管盲区》(http://news.sina.com.cn/c/2006-11-30/154310650074s.shtml)。

对境外非政府组织进行管理的外部主体。加强对境外非政府组织监管，防治境外非政府组织营利化问题是政府的重要职责。为切实发挥政府的监管功能，提高政府监管的有效性，许多国家建立了部门联动机制。在俄罗斯，行政机关、联邦安全局、总检察院、司法部等组成监督委员会，负责检查外国非政府组织的资金支出是否符合其章程，是否对俄罗斯的政治、经济和社会造成不利影响。[1] 在越南，总理办公室主席、和平团结和友谊组织副主席、政府组织与人事委员会成员、内务部和外交部各派出一位代表组成越南人民援助统筹委员会，负责监管外国非政府组织的各项活动，督促其恪守非营利性底线。[2]

在中国，民政部门虽然对境外非政府组织管理负主要责任，但是主要责任并不等于"全责"。由于境外非政府组织管理具有复杂性，民政部门在履行监管职责时，需要公安、外交、情报、宗教、经贸、卫生等部门密切配合。借鉴国际经验，我们也应该加强有关政府机构间的协调、合作，着力建设无缝隙政府。当前，可考虑建立以民政部门为主体，其他政府部门起辅助作用的多部门联动机制，包括议事协调机制、争端解决机制和信息共享机制。例如，当民政部门发现具有税收优惠资格的境外非政府组织在经费使用方面违反有关规定时，应及时通知税务部门，以便于税务部门采取必要的惩罚措施。另外，"人们有一种心态，根深蒂固，挥之不去，即不论何事，只有高层领导亲自挂帅才显示出重要和重视，才有权威，才行得通"。[3] 适应这种现实状况，应该考虑由高层次领导兼任议事协调机构的负责人，以增强它的权威性。

第二，发挥事前监督的作用。依据实施监督的时间，可以将监督

---

[1] 中国现代国际关系研究院课题组编著：《外国非政府组织概况》，时事出版社2010年版，第152—153页。

[2] 崔晶：《越南对外国非政府组织的管理模式及对中国的启示》，《经济社会体制比较》2010年第6期。

[3] 任晓：《中国行政改革》，浙江人民出版社1998年版，第214页。

的方式分为事前监督、事中监督和事后监督。作为预防境外非政府组织营利化行为的一种前置监督方式，事前监督具有前瞻性、主动性等特点，有利于防患于未然，有利于减少监督的成本。长期以来，各监督主体侧重于运用追惩性的、"马后炮"式的事后监督方式，而忽略了对营利化行为的预防。当某种营利化行为造成了恶劣社会影响、巨大经济损失，民怨沸腾时，才启动监督程序，进行补救和惩治。例如，当中国质量信誉监督管理协会诈骗活动波及全国30个省市自治区，受害单位超过千余家时，有关部门才开始对之进行整顿、查处。由于缺乏事前预防，以致造成营利化现象出现过多，政府监督机构经常忙于应付"查错纠偏"，陷入被动消极的不利局面。因此，要加强预防性、预测性的工作，及时发现、研究带有倾向性的问题，规范在前、预防在前，将监督的关口前移。为此，首先要将关键领域的境外非政府组织作为事前监督的重点。对于资金流量大、社会关注度高、与群众利益关系密切的境外非政府组织，如某些境外大型基金会、境外大型社会服务组织、境外大型慈善组织实行监督关口前移，从源头上预防营利化现象的发生。其次，有条件的政府部门和境外非政府组织要成立提前介入监督的组织机构，为实施预防性监督提供组织保障。组织机构是履行事前监督职责的重要载体。为了使事前监督落到实处，必须成立人员精干、职责明确、运转协调的组织机构。最后，要建立自我预警和组织预警机制。境外非政府组织要采取定期自省、重大事项反省、借鉴他人错误警醒、接受组织批评深省等方式，未雨绸缪，把不良苗头扼杀在萌芽之中。同时，政府部门要加强沟通，及时通报有关情况，对有营利化倾向的境外非政府组织，早打招呼，及时提醒。

第三，加强境外非政府组织的资金管理。组织开展活动，通常需要消耗一定的资金。境外非政府组织也不例外。从一定意义上，管理好了境外非政府组织的资金，也就管理好了境外非政府组织的活动。2009年，国家外汇管理局颁布的《关于境内机构捐赠外汇管理有关问题的通知》规定：境内机构应当通过捐赠外汇账户办理捐赠外汇收支；外汇指定银行应当为境内机构开立捐赠外汇账户，并纳入外汇账户管理信息系统进行管理。这一规定使政府可以实时监控境外非政府组织所接受的每一笔海外资金，对于打击境外非政府组织的营利化行为具有重要意义，特别是对于打击洗钱、金融诈骗等活动具有重要作用。当务之急是，要将这一规定落到实处。另外，境外非政府组织在中国开展活动所涉及的各种财务事项和资金的调拨，包括跨境的资金流动和在中国境内的资金收支，都应以便于公众知晓的方式及时公开，实行透明化管理，便于接受社会监督。

第四，建立登记制和备案制并行的分类管理体制。登记注册的高门槛（如双重管理体制）和无法可依导致多数境外非政府组织没有取得合法身份。中民慈善捐助信息中心发布的《美国NGO在华慈善活动分析报告》称，改革开放以来，美国在华NGO总数在1000家左右。其中，大约只有不到3%的组织在中国拥有正式合法的NGO身份。[1] 另有调查发现，境外非政府组织的实际数量与合法登记数的比例大约达到12∶1。[2] 在这种情况下，政府部门对于境外非政府组织的基本概况知之甚少，比如对于境外非政府组织的数量、规模、活动领域、分布地域、资金总量、人力资源状况、项目运作方式等难以提供准确的数字。所以，政府的管理决策常常缺乏扎实的信息基础。此外，为了规避登记注册难题，一些境外非政府组织以公司的名义在工商部门登记，但企业管理和非政府组织管理是两种不同性质的管理，因而，"这种登记方式不仅容易混淆营利/非营利之间的界限，还让一些组织公益宗旨的归属感不强，当然也不排除一些组织钻空子的可能"。[3] 当前，一些地方政府开始探索境外非政府组织登记管理制度改革的方式方法。由于《民办非企业单位登记管理暂行条例》没有

---

[1] 《美国在华NGO身份合法不足3% 捐赠资金65%流入北京》（http：//www.gongyishibao.com/News/201203/144459.aspx）。

[2] 汤蕴懿：《中国境外非政府组织管理困境中的"锁定效应"分析》，《社会科学》2012年第3期。

[3] 韩俊魁等：《境外在华NGO：与开放的中国通行》，社会科学文献出版社2011年版，第52页。

规定民办非企业单位的举办人必须是中国公民（《社会团体登记管理条例》规定社会团体的设立人必须是中国公民），上海市利用这一政策的模糊性，尝试将一些涉外社会团体登记为涉外民办非企业单位。①但是，面临税收优惠、身份认同、品牌效应等问题，因而涉外社团参与的积极性很低。鉴于此，笔者认为，真正破除境外非政府组织登记注册难题，应该推行登记制和备案制并行的分类管理体制。对于符合登记注册条件的境外非政府组织，应通过法定程序，赋予其法人身份。而对于暂不符合登记注册条件的境外非政府组织，应强制推行备案制，便于将其纳入政府监管范围内，便于政府部门对其基本状态的把握。

第五，完善境外非政府组织管理的法律法规体系。中国政府对境外非政府组织推行"不承认、不取缔、不干预"政策，导致境外非政府组织的管理立法相当滞后。目前，除涉外基金会、外国商会的管理被纳入到法制化轨道外，绝大多数的境外非政府组织管理尚处在无法可依的状态。因此，如何制定适当的覆盖所有境外非政府组织的法律法规是加强境外非政府组织管理的一项重要任务。按照"非歧视性"原则，许多国家将境外非政府组织与本土非政府组织等同视之，并未用专门法规规范境外非政府组织的行为。俄罗斯《社会团体法》规定，"本法亦适用于设在俄罗斯联邦境内的外国非商业性、非政府团体的组织分支机构（附属组织、分部或分会和代表处）"。② 日本政府也对境外非政府组织实行完全的国民待遇。③ 考虑到有关国际惯例，可对现有的关于非政府组织管理的"三大条例"进行修订，对境外非政府组织的登记、变更、终止、年检、日常监督、评估、活动限制、资金分配、问责等环节作出规定。

第六，培养境外非政府组织管理的专业人才。境外非政府组织管理对专业人才提出了特殊要求。他们不仅需要具备一定的管理知识，

---

① 吴玉章主编：《中国民间组织大事记》，社会科学文献出版社2009年版，第339页。
② 李本公主编：《国外非政府组织法规汇编》，中国社会出版社2003年版，第117页。
③ 李本公主编：《国外非政府组织法规汇编》，中国社会出版社2003年版，第399页。

而且需要具备一定的外事工作经验。现实情况是,既懂管理知识(尤其是财务管理),又熟悉国际惯例、具备丰富外事工作经验的人才难得,尤其是地方政府部门,这种人才更是少之又少。因此,加强境外非政府组织管理,必须重视专业人才的培养。应结合公共管理学科的发展规划,在公共管理学科培养目标体系之中专门设定非政府组织管理研究方向,并在国内重点大学中采用订单化的培养模式对学生进行有针对性的培养,重点解决境外非政府组织专业管理人员匮乏的困难,相关管理部门的人员配置也要优先使用高校培养出来的专业人员。①

---

① 陈姝娅等:《国际非政府组织监管的特殊性研究》,《湖北函授大学学报》2011年第5期。

美国基金会的创新功能及
其对中国的启示[*]

近年来，中国政府确立了创新驱动发展战略，将创新作为引领发展的第一动力，摆在发展全局的核心位置。实现创新发展，必须首先解决"谁来创新"的问题。一般认为，政府、产业界（企业）、基金会均是推动创新的重要主体。但是，在当代中国，基金会的功能主要局限于扶贫济危、助残助老、环境保护等领域，它在优化创新环境、引领创新精神等方面的作用非常微弱。因此，应该在借鉴海外经验的基础上，采取针对性的措施，以充分发挥基金会的创新潜能和优势，使之成为推进创新的"发动机"，为创新型国家建设作出更大的贡献。

一 美国基金会推动创新的方式

在美国，基金会推动创新的主要方式如下。

第一，设立研究机构从事创新活动。基金会通常有一些新颖想法和创新思想。原因在于，成熟基金会的领导人有着深刻的见地和敏锐的洞察力，他们站在时代的风口浪尖，充满活力，高瞻远瞩，看得见政府和商业部门还未察觉到的趋势。[①] 为了将宏观的、战略性的创新

---

[*] 原载《理论月刊》2016年第12期，收录时有改动。

[①] 卢咏：《第三力量：美国非营利机构与民间外交》，社会科学文献出版社2011年版，第291页。

思想转化为具体可行的政治、经济或文化方面的创新方案，基金会往往依靠自身的资源创建一些研究机构。如美国的凯特林基金会设立光合作用实验室、磁场实验室和植物研究所，卡耐基国际和平基金会曾设立经济研究所、洛克菲勒基金会曾设立政治研究所（二者后并入布鲁金斯学会），皮尤慈善基金会创办皮尤研究中心。其中，一些基金会的创新性研究成果受到公众的广泛关注。戴蒙德基金会设立的戴蒙德艾滋病研究中心聚集于医疗研发领域的创新，该中心主任何大一因研究艾滋病新药被《时代》周刊命名为当年风云人物。美国部分基金会设立研究机构与1969年税法的引导分不开。该法将基金会划分为运作型和捐赠型两大类，并实行不同的税收待遇。此后，为了规避税收限制，部分基金会停止捐赠，自设研究机构开展创新活动，因而"本身有些像研究所"。[①]

第二，以项目的方式资助合作伙伴开展创新研究。美国基金会在跨学科、交叉学科和新兴学科领域设立了诸多研究项目，研究人员凭借自己的创新计划和创造性思想向基金会提出申请，基金会评估后，决定是否给予资助。如今，以项目的方式支持创新人才和研究伙伴从事创新活动是基金会的通行做法。这是因为它具有诸多优点。它不仅可以给予研究人才的创新活动以物质保障，而且可以将跨学科、数量较多的研究人才集合在一起，开展协作式创新。围绕研究项目开展的研讨会，可以启迪思维，促进创新。尽管研究人员获得项目资助需要得到基金会的批准，但是一旦研究项目成立，基金会通常不干涉具体的研究活动，这有利于研究人员自主探索，自由开展创新活动，从而提高创新成功的机会。[②]

第三，培养创新人才。培养人才虽然对于创新活动不能收到立竿见影的效果，但是它直接关系到一个社会的可持续创新能力建设。为

[①] 资中筠：《财富的归宿：美国现代公益基金会述评》，上海人民出版社2005年版，第165页。
[②] 龚旭：《美国私人基金会及其支持科学事业的考察》，《自然辩证法通讯》2003年第4期。

了培养源源不断的后备创新人才，基金会采取了多种措施。美国许多大学是私立的，基金会对其发展起着至关重要的作用。一些大学的成立与基金会的捐助分不开，而且，基金会是它们成立后的稳定资金来源。有关数字表明，"1949—1969 年的 20 年间，在全美国所有大学的私人资金来源中基金会的捐助占首位"。[①] 有的基金会捐建了许多免费公共图书馆，以满足贫寒子弟读书的愿望，给他们提供自学成才的机会。对于培养创新人才具有直接意义的是奖学金、助学金、培训计划、设立教席等。各类基金会设立了名目繁多的奖学金、助学金，向优秀学生提供资助，帮他们在名牌大学完成学业，使之成为创新精英人才。有的基金会制订了针对青年学者的培训计划，包括资助其出国讲学、参加国际会议等，以提升专业素质、开阔理论视野。有的基金会在大学设立教席，对于学科带头人、杰出教授给予长期经济支持，改善他们的研究条件，对于培养顶尖创新人才发挥了重要作用。[②]

第四，设立创新奖励以调动各创新主体的积极性。对于为创新事业做出重大贡献的个人和组织，基金会会斥巨资予以奖励，表示对其创新成就的肯定，并吸引公众对创新事业的关注，提高全社会对创新事业的重视程度，激励更多的人勇攀创新事业高峰。美国拉斯克基金会于 20 世纪 60 年代初设立了拉斯克公众服务奖。该奖的特色在于"私人奖励政府"，得奖者有包括约翰逊总统在内的政府官员和国会议员，表彰他们在政策创新方面做出的贡献。在具体的奖励方法上，各基金会存在一些差异。有的基金会鼓励申请者积极争取，如举办各类创新大赛，对胜出者给予奖励。有的基金会不接受个人申请，完全由基金会自身负责遴选奖励对象。无论是哪种奖励方法，都体现了基金会激发全社会创新活力的企图。

第五，改变公众态度以塑造社会创新氛围。新奇思想和独创性观

[①] 资中筠：《财富的归宿：美国现代公益基金会述评》，上海人民出版社 2005 年版，第 292 页。
[②] 陈秀峰：《当代中国大学教育基金会研究》，中国社会科学出版社 2010 年版，第 124—125 页。

点往往与既存的研究范式、社会习俗、基本价值观等产生紧张关系，因而在初建阶段，它们往往被贴上"标新立异""异端"的标签，不仅得不到公众的支持和拥护，反而可能成为公众压制的对象。毛泽东指出，历史上新的正确的东西，在开始的时候常常得不到多数人承认，"正确的东西，好的东西，人们一开始常常不承认它们是香花，反而把它们看作毒草。哥白尼关于太阳系的学说，达尔文的进化论，都曾经被看作是错误的东西"。① 英国学者J. S. 密尔在谈到"习俗的专制"对个人的革新和首创精神的压抑时也指出，天才乃是而且大概永远是很小的少数，他们是社会要压为凡庸而未成功的一个标志，在这种情况下，"社会就要以严正警告的意味指斥为'野人'、'怪物'以及诸如此类的称号"。② 这说明，创新事业在开始时是比较脆弱的。基金会的一项重要功能是改变公众态度，号召公众宽容、理解和接纳创新事物，从而达到呵护创新事物的目的。有的基金会资助电视台的科学教育项目，传播和普及科学知识；有的基金会资助电影和网络媒体，进而影响意见领袖和普通公众的看法，引导公共舆论支持创新事业。

二　美国基金会推动创新的优势

美国的制度文明成为许多发展中国家的效仿对象，其科技创新能力也居世界领先地位。研究表明，从1901年诺贝尔奖首次颁出以来，获奖者中几乎没有哪一年少了美国人的身影，而且美国人不止一次地包揽过三大科学奖。③ 从一定意义上说，基金会是美国创新事业发达的"秘诀"。一些重大的创新成果在很大程度上得益于基金会的资助。"包括爱因斯坦在内的与制造原子弹有关的主要科学家，在他们作基础研究时曾经接受洛克菲勒基金会资助而获得关键性成就的竟有

---

① 《毛泽东文集》第7卷，人民出版社1999年版，第229页。
② ［英］J. S. 密尔：《论自由》，许宝骙译，商务印书馆1959年版，第77页。
③ 《为什么美国盛产诺贝尔奖得主?》，《科学决策》2006年第12期。

23名之多。一些后来原子分裂的重大科研，如回旋加速器的研制成功主要靠的是洛克菲勒基金会的资助"。① 斯隆基金会在短短的几十年时间里就资助过16位诺贝尔奖获得者。美国社会科学的诞生主要得益于大型基金会的资助。现今社会科学领域的主流话语如结构—功能主义、行为主义、多元主义也是在基金会的助推下出笼的。除科学创新、技术创新外，政策创新也与基金会的支持密不可分。美国的众多智库以推进政策创新为己任，而基金会是支持智库的主力军，离开基金会在背后默默无闻的支持，许多智库断难维持下去。

美国基金会对创新事业为什么能有如此高的贡献度？这要从基金会推动创新的优势谈起。在笔者看来，基金会推动创新的优势如下。

第一，基金会的组织结构和组织文化使之对创新事业具有认同感。在经典的威尔逊—韦伯行政范式下，官僚制是主要的行政组织模式。官僚制的规则和程序导向容易导致例行公事、繁文缛节、墨守成规等弊端，从而对创新产生阻碍作用。韦伯认为，官僚制犹如一个巨大的铁笼，将人固定在其中，压抑了人的积极性和创造精神，使人成为一种附属品。② 事实上，在19世纪60年代官僚制刚刚萌芽之时，J. S. 密尔就敏锐地观察到，官僚制总是倾向于变成腐儒政治，它对来自外部改良措施的永恒敌意，"连一个有魄力的皇帝的专制权力也很少或决不足以克服"。③ 与政府不同，基金会的组织结构遵循民主管理和自主自治原则，其运转不靠权力关系和等级身份来维系，因而其内部文化具有较强的民主、自由、平等、自治色彩。这种文化特征使基金会倾向于认同和支持创新事物。另外，在现代公益文化影响下，基金会强调"向问题根源开刀""治本"，而不是强调简单的慈善救济。这使基金会密切关注社会发展趋势，着眼于未来，以极大的责任感推动创新事业发展。基金会与创新之间的亲缘关系得到了科学界的

---

① 资中筠：《财富的归宿：美国现代公益基金会述评》，上海人民出版社2005年版，第299页。
② 丁煌：《西方行政学说史》，武汉大学出版社2004年版，第79页。
③ ［英］J. S. 密尔：《代议制政府》，汪瑄译，商务印书馆1982年版，第91页。

肯定。在美国，当科学家有某种探索性极强的创新性研究要求时，他们往往会首先想到向某个私人基金会而不是向政府部门寻求经费支持。[①]

第二，基金会的宗旨意识使之对创新的支持具有稳定性。宗旨和使命是非营利组织的命脉所在，它回答的是一个非营利组织为什么做自己所做的事，它存在的原因与目的是什么等问题。[②] 作为一种典型的非营利组织，基金会的宗旨和使命使它的捐赠领域能够保持历史连贯性，能够对特定的创新项目提供长期捐助。而真正意义上的创新绝不是一蹴而就的，需要长年累月的付出和研究。显然，基金会长期集中其资金在一项工作上契合了创新活动的内在要求。但是，政府财政拨款却很难做到这一点，因为它难免受到政治与人事、选情和舆情等因素的干扰，特别是在现代代议民主制下，任期制所带来的"短视效应"更是如此。[③] 宗旨和使命及非政府身份使基金会的资金资助很少受政党政治、利益团体等因素的影响，从而能够几十年如一日地专注于某一创新目标。有学者认为："非政府组织能够免受政局变化、经济起伏的干扰，可以长期地、始终如一地追求相对单一的宗旨和目标"。[④] 美国基金会协会前总裁詹姆斯·约瑟夫也指出："基金会的独特优势在于，它们可以与大众舆论和选民压力隔绝开来。因此，基金会的领导者不必顾忌主流社会的舆论或者政治上的要求，他们可以资助新颖的项目，站在社会的前沿工作"。[⑤]

第三，基金会使用资金的方式放大了资金的使用效益。基金会给予各种创新活动以直接的资金支持是惯常现象。但是给予的方式蕴含

[①] 龚旭：《美国私人基金会及其支持科学事业的考察》，《自然辩证法通讯》2003年第4期。
[②] 程昔武：《非营利组织治理机制研究》，中国人民大学出版社2008年版，第163页。
[③] 竺乾威主编：《西方行政学说史》，高等教育出版社2001年版，第334页。
[④] 李开盛、庞蕾：《国际非政府组织与非传统安全》，《阿拉伯世界研究》2012年第3期。
[⑤] 卢咏：《第三力量：美国非营利机构与民间外交》，社会科学文献出版社2011年版，第291页。

着诸多诀窍。基金会善于通过三种方式给予创新活动资金支持,从而放大了资金的使用效益。一是注入"种子资本"。基金会筛选、甄别具有创新潜力的个人或组织,向其投入部分资金,用于其开展创新活动的启动资金,或加强其创新能力建设,待它们的创新事业做大做强后,基金会便不再给予资金支持,而是寻找新的扶持对象。二是投入"匹配资金"。基金会在给予受援方一定的资金资助时,也要求受援方为同一创新项目出一部分资金或与捐助的资金相匹配。这种附加条件表面上苛刻,实际上有利于激发受援方的责任心,并使创新项目的资金更加充盈。三是投入"挑战资金"。即基金会以自己的捐赠向社会其他方面叫阵,激励它们也为此解囊。某一基金会对特定创新活动给予资助,起到引领和示范作用,其他基金会、个人或公司纷纷跟进,从而形成联合资助态势。例如,1993 年,安嫩伯格基金会投入 5 亿美元用于美国中小学教育改革。这些钱显然是不够的,但在安嫩伯格基金会的"刺激"下,休利特等基金会纷纷解囊,最终获得捐赠 10 亿多美元。[①] 无论是"匹配资金"还是"挑战资金",都扩大了基金会支配资金的规模,将自身以外的资金投入到创新活动,进而提高了基金会花钱的效益。

第四,基金会捐助的灵活性促进社会创新全面均衡发展。基金会花钱具有较大的自由度。在符合法律和宗旨的范围内,基金会可以自主决定资助领域和重点。卡内基基金会主席约翰·加德勒指出:"这个部门最引人注目的特点也许就是它不受约束的相对自由和因此而来的多元主义。在法律允许的范围内,所有的人都可以追寻他们所向往的理想或项目。与政府不一样,一个独立部门的团体不需要弄清楚它的想法或哲学是否得到大量选民的支持。与企业部门也不一样,他们不需要只追随那些能谋利的想法"。[②] 事实上,在美国,各基金会正

[①] 资中筠:《财富的归宿:美国现代公益基金会述评》,上海人民出版社 2005 年版,第 295 页。

[②] 韩铁:《福特基金会与美国的中国学:1950—1979 年》,中国社会科学出版社 2004 年版,第 5 页。

是根据自己的兴趣、理想自主决定资助对象与资助区域,即使在同一资助领域内活动,各基金会的资助项目也有很大差异。这种多元性正是基金会捐助灵活性的重要体现。此外,各具个性和独特性的基金会善于占领政府和企业不愿和忽视的"缝隙市场"。例如,"冷战"结束后,美国政府决定停止资助"寻找外星智能"研究计划,一些基金会于是顶替政府资助,使该研究计划得以延续。又如,对于推动生产暂时没有直接关系的基础研究领域的创新,企业通常不愿意资助,而一些基金会却为此付出了很大精力。基金会的"查缺补漏"功能无疑有利于促进社会创新全面均衡发展。

第五,基金会的非政府性和非营利性使之愿意承担创新风险。创新活动具有不确定性和不可预测性,因而常与风险、失败相伴。彼得·F. 德鲁克认为,创新即风险。他说:"创新最好的界定是:人们通过承担风险和创造风险,力图在他们的思想和周围世界中创造秩序。"[1] 与政府和企业相比,基金会更愿意承担创新风险。官僚和政治家出于政治前途考虑,常常厌恶风险。在政治竞争中,"九十九个成功顶不上一个错误"。有学者指出:"政府冒险的理念与许多政治文化和官僚传统相冲突。"[2] 从成本、利润角度考虑,企业常常不愿意支持暂时看不到成果和效益且具有高度风险性的创新性研究,尽管这类研究对于促进科学革命、开发新技术、开创新的研究领域是必需的。基金会的非政府性质使之不必讨好和迎合选民,刻意规避创新风险。它的非营利性质使之不追求利润最大化,其资财的使用并非为捐赠人带来收益,而是为了造福他人,造福全社会和全人类。这些特点使基金会勇于承担创新风险,敢于先行先试,敢于在创新领域进行不计成本的"豪赌"。

---

[1] [美] 彼得·F. 德鲁克:《已经发生的未来》,许志强译,东方出版社 2009 年版,第 38 页。
[2] [美] B. 盖伊·彼得斯:《政府未来的治理模式》,吴爱明等译,中国人民大学出版社 2001 年版,第 142 页。

三 对中国的启示

目前,中国基金会在国家创新体系中的作用比较微弱,未能有效动员和组织广大民间力量参与到创新事业中来,对创新事业有较大影响力和显著推动作用的公益项目也比较少。根据美国经验,开发中国基金会的创新潜能,可以从以下几个方面入手。

第一,促进基金会发展"提速"和"提质"。充分发挥基金会创新功能,首先要做大做强基金会。这涉及基金会发展"提速"和"提质"的问题。"提速"是指加快基金会的发展速度,增加基金会的数量。为此,要逐步降低基金会登记注册的门槛,解决基金会"登记难"问题。税收优惠政策对于推动基金会发展至关重要。应通过具有操作性和程序性的制度安排,将目前的特惠制变为普惠制,改变特事特批的不正常现象,使基金会在税收优惠上享有平等待遇,进一步拓展享受税收优惠的基金会范围;落实公益捐赠的税前扣除政策,在条件成熟的情况下,提高税前扣除额度,调动民众的慈善捐赠积极性,扩大基金会的财产来源,增大基金会的财产规模。随着基金会数量的增加,应更加注重提高基金会的发展质量。近年来,一系列"公益丑闻",如中国牙病防治基金会变相营利、某省宋庆龄基金会挪用善款放贷等,沉重打击了中国基金会的公信力,使中国基金会面临着严重的公信力危机。加强中国基金会公信力建设,必须重视信息公开。因为慈善毁誉事件频发的主要根源,乃是基金会暗箱操作。推进基金会信息公开,应以财务信息为重点。有学者认为,基金会是一种资合性法人,"基金会的资金性特点决定了其活动无不与资金相关联,涉及资金的筹集、管理和使用等"。[①] 所以,要将基金会资金的来源、使用、年度财务会计报告等以便于公众知晓的方式公开。并且,要建

[①] 吴玉章主编:《中国民间组织大事记》,社会科学文献出版社2009年版,第34页。

立"披露—分析—发布—惩罚"机制,① 避免基金会弄虚作假。唯其如此,基金会才能赢得民众和创新人才的信任。在提高基金会透明度的同时,还要完善基金会的社会保障制度和人事管理制度,提高基金会工作人员专业化、职业化水平,切实加强基金会的能力建设。

第二,提高创新资金在基金会公益支出中的比重。"日本基金会一年资助总金额约为500亿日元,其中研究资金占半数以上,教育奖学金占三成,余下的不到100亿日元资助给了福利事业、文化艺术、环境保护和市民活动等"。② 比较而言,在中国,热衷创新事业、以推进创新事业发展为己任的基金会非常少,基金会的公益支出专注于传统慈善项目。由于缺乏战略公益理念,基金会回避或忽视资助有一定风险但对于根治社会问题至关重要、从长远来看有发展前途的变革性研究和发明事业。中国迄今最大的非公募基金会即华民慈善基金会的资助项目主要是养老事业、大学生就业等。有关研究表明,上海市慈善基金会的公益支出集中于救助项目,与创新事业没有直接关联。③ 同时,公众对基金会的创新功能也缺乏认同。一种表现是,教育助学、救灾、扶贫济困等公益项目容易引发公众的恻隐之心而解囊捐赠,而创新支持类项目的筹资难度很大。鉴于此,应推动中国基金会理念从传统慈善救助向战略公益转变,稳步提高创新资金在其公益支出中的比重。对将支持创新事业写进章程的基金会,政府应给予适当政策倾斜,并支持基金会依照章程开展活动。对于为创新事业做出突出贡献的基金会,要予以宣传表彰,激励更多的基金会参与支持创新活动。

第三,选择优秀的项目官员。理事会是基金会的决策核心、权力中枢和掌舵人,负责实现组织的重大使命。因此,对于健全基金会的

---

① 朱云杰、孙林岩:《发达国家非营利组织治理研究评述》,《经济管理》2005 年第 12 期。
② 吴锦良等:《走向现代治理——浙江民间组织崛起及社会治理的结构变迁》,浙江大学出版社 2008 年版,第 176 页。
③ 上海市慈善基金会、上海慈善事业发展研究中心编:《转型期慈善文化与社会救助》,上海社会科学院出版社 2006 年版,第 81 页。

治理结构，现有文献多强调理事会的重要性。有学者认为，适应"董事会中心主义"的潮流，中国基金会的规范与发展，当务之急是借鉴公司治理的趋势，加快确立和健全董（理）事会体制。[①] 不过，对于充分发挥基金会的创新功能来说，选择胜任的项目官员作用更为直接。理事会主要负责确定战略规划、资助方向，对具体创新项目做出决策、完成审批任务的是项目官员。换而言之，在理事会的领导下，项目官员根据自己的判断、辨识来做资助与否的决策。因此，项目官员的知识结构、工作经验和价值观对其项目决策质量的高低至关重要。项目官员应具有较高的专业素质，是某一领域的内行和专家，并具有敏锐的专业洞察力，这样，项目官员才能在资助决策时能做出高质量的挑选，甄别具有变革性思想、革命性创见的个人或团队，保持对前沿性和开创性研究应有的敏感度，尽可能地降低因认知错误而失去支持高创新性研究的概率。此外，项目官员应具有追求推动创新事业发展的使命感和旺盛热情。这样的项目官员才会认同挑战现有研究范式或推进传统知识框架变革的研究，才会对非共识性研究项目申请作出灵活反应，而不是仅青睐那些成功机会较大且产出可以预见的研究项目申请。

第四，推进基金会"去行政化"改革。中华人民共和国成立后，"经过20世纪50年代初期的停办、接收、改组及合并，中国原有的民间慈善机构或是不复存在，或是转变为政府的附属机构，成为带有官方色彩的福利保障体系的一部分"。[②] 在这种情况下，中国缺乏真正意义上的基金会。改革开放后，中国基金会的萌生在很大程度上得益于政府的扶持和培育，许多基金会由政府直接组建或在政府主导下组建。在其后的发展过程中，基金会充当政府机构改革中分流人员的重要去处和"蓄水池"。因此，中国基金会严重依附于政府机关，其内部管理也主要借助行政方式，上领导下，下服从上。"行政化"泯

---

① 徐晞：《我国非营利组织治理问题研究》，知识产权出版社2009年版，第43页。
② 谢志平：《关系、限度、制度：转型中国的政府与慈善组织》，北京师范大学出版社2011年版，第148页。

灭了基金会推进创新的优势，特别是失去推进创新的灵活性，"查缺补漏"的功能无从谈起。推进"去行政化"改革，就是要使基金会与政府机构资产、人事、办公场所等分开，提高基金会的独立性和自治性。当前，对自上而下设立的官办基金会进行"去行政化"改革面临较大阻力，在这种情况下，重视培育草根色彩较浓的非公募基金会不失为一种较好的方法。为此，要改革双重管理体制，降低非公募基金会成立的准入限制，破除基金会的"行政胎记"。"从目前来看，双重管理发挥的最有效的作用是其阻挡作用。"[1] 事实上，双重管理体制已备受诟病。有学者指出："当前，无论是管理机关还是管理对象，它们对于这种'双重负责'制度都很有看法。"[2]《基金会管理条例》规定，非公募基金会的原始基金不低于200万元人民币。这一设立资金限制为有志于公益事业的小企业设立了门槛，应予以适当降低。中国非公募基金会基金增值方式单一，增值能力不强，如多数非公募基金会选择收取银行利息作为基金增值的主要甚至唯一手段。要鼓励非公募基金会正确涉足商业投资领域，以商业手段实现公益使命，提高非公募基金会的融资能力。要积极倡导"企业公民"理念，提高先富阶层的社会责任感，引导和推动中国富豪投身基金会事业，使民营企业家成为中国非公募基金会发展的重要推动者。

　　第五，建立政府与基金会之间的伙伴关系。政府与基金会有着功能上的互补性和创新目标上的一致性，在二者之间发展紧密而全面的合作关系十分可取。在现代社会，政府虽然在国家创新体系中居于主导地位，但它决不能轻视基金会的创新功能，更不应将基金会支持的民间创新活动视为"异己"，动辄使用行政力量加以压制或干扰。相反，政府要积极塑造鼓励、包容创新的社会氛围，为基金会创新功能的发挥创造良好的环境条件。政府就创新活动作出资助决策时，可以听取基金会的意见，以促进资源分配的平衡性、遏制不良关系网的形

---

[1] 陈金罗、刘培峰主编：《转型社会中的非营利组织监管》，社会科学文献出版社2010年版，第87页。

[2] 吴玉章主编：《中国民间组织大事记》，社会科学文献出版社2009年版，第103页。

成。基金会的创新试验一旦成功，政府应加以推广，以使更多的人受益。在美国，基金会发起创新试验、政府接过去成为一项政策的例子非常多。1963年，福特基金会在纽黑文启动一项对15名学龄前儿童进行10周实验教育的项目。此后，美国政府在全国推广的"启蒙"教学法就以此为蓝本。20世纪五六十年代，福特基金会启动"灰色区域"项目，这是一项综合治理计划，试图示范一种治理城市贫民窟的新方法。该项目后来为约翰逊的"向贫困开战"计划所吸收。20世纪60年代，电视开始普及时，卡耐基基金会率先资助利用这一先进手段普及教育的项目，卡耐基基金会的工作直接促使约翰逊政府成立全国性的教育广播电视集团公司。① 在这方面，基金会扮演的是创新倡导者的角色，而政府扮演的是创新推广者的角色，二者密切配合，相得益彰。

第六，构建基金会联合支持机制。中国基金会大多既开展募捐、投资经营活动，又亲力亲为运作项目。这种"小而全"模式不利于发挥基金会的各自优势，不利于各基金会之间形成合力。因此，中国基金会之间应形成合理的分工合作。实力强、募捐效率高的基金会应专注于拨款资助，具体的创新项目运作由其他基金会来完成。盖茨基金会的创始人比尔·盖茨认为，该基金会最主要的功能其实是一个召集人的角色，"其目标是找到最好的人和最好的项目，至于项目具体怎么执行、善款具体怎么花则不是盖茨基金会要操心的"。② 这启示我们，资助型基金会和运作型基金会分工合作，创新效果才会更好，创新收益才会更高。此外，对于关系到社会进步和民族未来的重大创新项目、耗资巨大的创新计划的资助，并非单个基金会能够胜任，因而需要许多基金会联合起来，共同出资。例如，针对中国的现实情况，基金会可以向创新能力强、发展潜力大的民间智库给以联合资

---

① 资中筠：《财富的归宿：美国现代公益基金会述评》，上海人民出版社2005年版，第294页。

② 吴锦良等：《走向现代治理——浙江民间组织崛起及社会治理的结构变迁》，浙江大学出版社2008年版，第192页。

助，使之拥有稳定的资金来源，能够自主、从容地探索根治社会问题的新方法，应对新挑战的政策举措，使政策创新更好地为国家长治久安服务。这就需要发展基金会横向联合组织、行业组织，为各基金会沟通、交流、协商提供平台。

大合作、小冲突：在华境外非政府组织与中国政府关系的基本态势[*]

在华境外非政府组织（下文简称"境外非政府组织"）是指非中国公民、境外的中国公民在中国境内成立的非政府组织以及在境外成立、在中国境内开展活动的非政府组织。改革开放以来，随着全球化的深入和中国逐步融于国际社会，境外非政府组织数量日益增多，活动领域愈加广泛，并在中国经济建设和社会发展中发挥重要而独特的作用。境外非政府组织一般以项目运作为主要活动方式，以政府部门为主要合作伙伴。但是，由于认知障碍、利益矛盾、制度缺陷等原因，境外非政府组织与中国政府之间也存在冲突的一面。在当前既定的政治经济环境下，境外非政府组织与中国政府均具有合作的愿望、动机和诚意，因此，合作是二者之间关系的主流。境外非政府组织与中国政府之间的合作，不仅有利于中国的改革开放和现代化事业，而且为境外非政府组织在中国的发展提供了难得的际遇。

一 境外非政府组织与中国政府之间的合作

自 1978 年美中艺术交流中心进入中国以来，境外非政府组织在中国开展活动已有 30 多个年头。经过多年的探索和实践，境外非政府组织与中国政府结成了全方位、多层次、宽领域的合作关系。对

---

[*] 原载《河南社会科学》2017 年第 3 期，收录时有改动。

此，可从如下几个方面分析。

第一，合作基础牢固。有无坚实的合作基础直接关系到合作行为能否产生和合作关系是否稳定。中国政府和境外非政府组织之间的互利互惠、互补双赢奠定了双方合作的稳固基础①。一般来说，境外非政府组织的进入意味着资金的引入，这不仅有利于提高政府官员的政绩显示度，而且有利于诸多社会问题的解决。长期以来，在"经济建设型政府"支配下，社会领域是中国整体社会发展的薄弱环节，导致社会问题、社会矛盾不断累积。境外非政府组织带来的巨额资金无疑为缓解社会问题提供了一定的物质基础。境外非政府组织不仅资金雄厚，而且结构健全、理念先进。政府与之合作，可以为社会问题的解决带来新的理念、模式，从而收到事半功倍的效果。另一方面，政府也是境外非政府组织最具吸引力的合作伙伴。因为与政府合作，境外非政府组织可以获得政治合法性和行政合法性。由于缺乏专门的法律法规对境外非政府组织的登记管理予以明确规范，大多数境外非政府组织处于"登记无门"的境地。但是，一旦与政府建立合作关系，境外非政府组织就具有合法身份，从而排除了进入中国的"身份障碍"。政府部门拥有的健全的组织体系、强大的宣传动员能力为境外非政府组织在华开展活动提供便利，有益于境外非政府组织目标的实现。这一点是它偏好与政府合作的重要原因。上述分析表明，在合作过程中，一方目标的实现也促成另一方目标的实现。政府在实现公共服务供给目标的同时，也帮助境外非政府组织扩大了自身影响、实现了自身的宗旨。这种互利共赢构成了双方合作的坚实基础。

第二，合作部门广泛。境外非政府组织的合作伙伴极其广泛，从共产党的各机构到政府各个部门，从人大、政协等国家机构到高校、社科院等国家事业单位几乎都同境外非政府组织有着某种形式和某种程度的合作关系②。境外非政府组织不仅与中国党政机构合作，而且

---

① 李丹萍：《境外非政府组织在华运作的法律规制——地方实践引发的思考》，《云南大学学报》（法学版）2013年第4期。
② 赵黎青：《如何看待在中国的外国非政府组织》，《学习月刊》2006年第9期。

大合作、小冲突：在华境外非政府组织与中国政府关系的基本态势

与工商联、妇联、文联、残联、红十字会、体协、科协等官办社团合作。在目前的中国环境下，这些官办社团与事业单位一样，不过是政府的附属机构，其实质上的运作逻辑与政府机构并无二致，因而可以等同于与政府合作。在实践中，某个政府部门可以与多个境外非政府组织进行合作，例如，国务院扶贫办、科技部等部门均与数个境外非政府组织开展合作；某个境外非政府组织也可以与多个政府部门构建合作关系，例如，与乐施会合作的政府部门达68家之多，包括民政部、农业部、外交部、商务部、民委等[1]。

第三，合作领域宽广。境外非政府组织不仅关注微观项目如地方病等具体疾病的诊治，也关注宏观议题如正义、平等。特别是，随着中国经济发展水平的提高，越来越多的境外非政府组织从扶贫济困等传统慈善领域转向人权、法律维权等政策倡导领域，进一步拓展了境外非政府组织的活动领域。目前，境外非政府组织的活动范围涉及教育、健康、扶贫、助残等20多个领域[2]。在上述每一个领域，均有相关的政府部门与境外非政府组织合作。中国政府除在公共服务领域与境外非政府组织广泛深入合作外，还在政策倡导领域与境外非政府组织维系合作关系。如救助儿童会与民政部等部门合作，对中国孤儿状况开展调查，直接推动了民政部等15部委《关于加强孤儿救助工作的意见》的出台[3]。在某些情况下，中国政府与境外非政府组织联合，在国际领域开展政策倡导。例如，乐施会曾与中国农业部、商务部紧密合作，共同反对欧美国家借大量农业补贴，向发展中国家倾销农产品，造成中国及发展中国家的弱小农业和农民陷入困境以至

---

[1] 邵楠：《国际非政府组织在华发展的资源困境及应对策略分析》，硕士学位论文，浙江大学，2010年，第48页。
[2] 闫文虎：《境外非政府组织在西北民族地区的活动及对我国安全的影响》，《西安政治学院学报》2014年第5期。
[3] 王名、李勇、黄浩明编著：《英国非营利组织》，社会科学文献出版社2009年版，第246页。

破产①。

第四,合作方式多样。境外非政府组织与中国政府合作方式灵活,形式多样。从合作的紧密程度上看,既有境外非政府组织出资、提供技术和派遣工作人员,政府部门只给予政策指导这种松散的合作方式,又有境外非政府组织出资、政府部门负责项目实施或者政府部门出资、境外非政府组织负责项目实施此类比较紧密的合作方式,还有境外非政府组织与政府部门共同提供人财物实施项目这种非常紧密的合作方式。从合作的持续时间来看,既有持续数年的长期合作(如世界宣明会与永胜县政府合作持续数十年),又有项目完成(如一些救灾、医疗检查项目)即停止合作的短期合作。从合作的程序化程度上看,既有双方签署合作协议、谅解备忘录,明确双方的权利、义务,根据严格而规范的文本规则而开展的正式合作(程序化合作),又有根据口头协议或者惯例而开展的非正式合作(非程序化合作)。从合作的政府层次上看,既有与中央政府开展的合作,又有与地方政府开展的合作,还有与央地政府同时开展的合作②。

第五,合作成效显著。通过合作,境外非政府组织与中国政府共同致力于中国经济发展、社会保障、环境保护、文化建设,取得了良好的社会效益和经济效益。例如,国际狮子会与卫生部、中国残联合作,开展为期 5 年的"视觉第一中国行动",国际狮子会为此投入 1500 万美元,培训了 11000 位眼科医务工作者,使中国白内障手术能力和人工晶体植入率提高 3 倍,实现了"白内障致盲人数负增

---

① 《创新奖候选——香港乐施会简介》(http://news.sina.com.cn/c/2006-09-06/104310935938.shtml)。

② 境外非政府组织与中国政府的合作层次存在变动性。一般来说,境外非政府组织先与中央政府或其工作部门合作,尔后在中央政府或其工作部门的指导、推动下,境外非政府组织与地方政府开展合作。但是,境外非政府组织也可以直接与地方政府合作,待合作取得显著成效、引起中央政府重视后,再与之合作。比如,弗雷德·霍洛基金会与江西省卫生厅合作,开展"中澳白内障防盲合作项目"。双方的成功合作,引起卫生部的重视,卫生部随后与弗雷德·霍洛基金会开展合作。廖鸿等编著:《澳大利亚非营利组织》,中国社会出版社 2011 年版。

长"①。另有研究表明,通过与中国政府合作,"英国非政府组织在中国大陆的工作是有成效的,尤其在扶贫、环保、农村发展、英语教育、救灾救助、儿童帮助、民间组织能力建设等方面成果明显"②。境外非政府组织不仅为中国社会问题解决做出了重要贡献,而且促使中国政府政策理念创新。正是在境外非政府组织的助推下,像可持续性发展、参与式运作、小额信贷、生态旅游、善治等之类的话语逐步进入中国政策体系,成为重要的政策选项。由于合作成效明显,境外非政府组织得到了社会公众的认可,进而获得了政府部门的信任。对于长期与中国政府合作,工作成绩突出的境外非政府组织,党和国家领导人会亲自接见其负责人,或者由中国政府给予奖励。比如,胡锦涛等领导人曾接见国际狮子会负责人;世界宣明会获得民政部等单位颁发的"中华慈善奖"。这是对境外非政府组织社会贡献的充分肯定,进一步彰显了中国政府努力发展同境外非政府组织合作关系的诚意,增强了境外非政府组织与中国政府合作的信心,也预示着双方的合作将有着更加广阔的前景。

二 境外非政府组织与中国政府之间的冲突

但是,这不代表二者之间不存在矛盾和摩擦。事实上,境外非政府组织与中国政府之间,合作中存在冲突,冲突中也包含着合作,从而形成合作和冲突相互交织的局面。境外非政府组织与中国政府之间的冲突主要表现在以下几个方面。

第一,对合作绩效的不同理解导致境外非政府组织与政府产生冲突。由于立场不同、观察问题的视角不同,对于合作绩效的评价,二者可能得出不同的结论。比如,对于扶贫成功与否的评价标准,双方

---

① 朱雨晨:《狮子会敲开中国之门》,《中国新闻周刊》2005年第27期。
② 王名、李勇、黄浩明编著:《英国非营利组织》,社会科学文献出版社2009年版,第248—249页。

有着明显的差异。政府往往立足于经济增长评价扶贫效果，而境外非政府组织衡量一个地区的扶贫成效，不单纯以经济增长为指标，如果提高了公众的民主意识和参与技能，同样可以作为扶贫的成就。这种认知差异往往成为二者冲突的根源。此外，对于合作绩效应该算在谁头上或者如何区分彼此的贡献，二者可能有不同看法。政府在经济社会发展中居于主导地位，希望境外非政府组织起着协助、配合作用，境外非政府组织的参与，不应动摇政府的主导地位。但是，某些境外非政府高调介入中国经济建设和社会事业发展，大有"喧宾夺主"之嫌。换而言之，在合作过程中，某些境外非政府组织不提或很少提政府的主导作用，常常令政府部门难以容忍。例如，在宣明会和永胜县政府合作十年庆晚会进入尾声时，一位官员感觉"气氛不对"，和政府的投入相比，慈善机构的资金只是零头，然而，怎么全是颂扬宣明会？政府的作用在哪里？[①] 不仅某些境外非政府组织有"揽功"的意识，一些群众也将功劳全部算在境外非政府组织头上，忽视政府所做的大量工作。有学者指出，党和政府对提高群众的物质文化生活水平做了大量的工作，而群众认为这是政府应该做的；相比之下，境外非政府组织只提供了微乎其微的资助，群众却感激万分，使部分群众对党和国家的帮助支持视而不见，对相关政策产生误读歧解[②]。在这种情况下，一些政府部门常常认为境外非政府组织的参与，破坏了干群关系，损害了党的执政基础，因而对之采取控制防范策略，进而诱发二者之间的冲突。

第二，境外非政府组织的"参照系"作用可能使政府对之持排斥态度。境外非政府组织的工作理念、工作作风、工作方式与中国政府明显不同。在境外非政府组织的反衬下，某些政府部门的"不正之

---

① 韩俊魁等：《境外在华 NGO：与开放的中国同行》，社会科学文献出版社 2011 年版，第 62—63 页。

② 康春英、海晓君：《对国际非政府组织参与我国民族地区和谐社会建设的几点思考——以宁夏南部山区三县为例》，《北方民族大学学报》（哲学社会科学版）2010 年第 6 期。

风"更加令人瞩目。一些政府部门的工作人员官僚主义习气严重,脱离群众、高高在上。而境外非政府组织的工作人员大多能深入基层,与群众打成一片。比如,"日本 NGO 的工作人员似乎根深蒂固地有一种想法,他们认为要对受贫困之苦的人提供支持、推进社区发展,必须进入当地社会,融入他们的生活当中,与他们一起生活、共同吃苦流汗、分享经验最为重要"①。一些政府部门中形式主义、享乐主义和奢靡之风盛行,其工作人员精神懈怠、贪图名利、弄虚作假、不务实效。而境外非政府组织的工作人员大多能秉承本组织的宗旨使命,具有较强的奉献精神和敬业精神,以务实的工作态度和扎实的工作作风努力开展项目活动。境外非政府组织带来的资金、技术,在救灾救济、扶贫助孤等领域取得的成绩,在某些政府部门看来,有影射政府无德之嫌②。这些政府部门虽不反对慈善救济行为本身,但是认为境外非政府组织在公益慈善领域的成功,恰恰衬托政府的"失职"。例如,国际狮子会给贫困县捐钱,"有时也会引起当地某些官员的怀疑和拒绝,他们会认为是对其扶贫政绩的否定"③。上述分析表明,政府部门与境外非政府组织在工作理念、工作作风、工作方式上的反差,有损害政府部门在群众中的威信的可能性。在这种情况下,一些政府部门常常对境外非政府组织在华活动持负面评价,当负面评价累积到一定程度,尤其是转化为境外非政府组织的排斥行为时,就会导致二者之间的冲突。

第三,境外非政府组织的工作缺陷可能使政府对之持抵制态度。如前所述,大多数境外非政府组织的工作人员能够以本组织的使命作为自己的行为准则,认真践行为社会服务、为公众服务的宗旨理念。但是,少数境外非政府组织的工作人员并未坚持使命为先的组织宗

---

① 王名等编著:《日本非营利组织》,北京大学出版社 2007 年版,第 163 页。
② 崔开云:《国际制度环境下中国政府与非政府组织关系研究》,南京师范大学出版社 2011 年版,第 106—107 页。
③ 徐传凯:《从法团主义视角看在华的国际非政府组织——以国际狮子会为例》,《学会》2008 年第 4 期。

旨，而是借用非营利事业的名义，为己服务。比如，一些境外非政府组织的工作人员将来华工作，视为旅游观光，甚至携全家或亲戚朋友来华游山玩水。尽管这类境外非政府组织的数量很少，但是它们严重影响了境外非政府组织的整体形象，使政府对境外非政府组织产生疑虑。云南省的一位官员认为，某些境外非政府组织善于做表面文章，并告诫其他官员以后尽量少和此类组织合作，以免搭上时间精力而导致功效甚微[1]。此外，"国际NGO范式中隐含着的传统的殖民主义意识形态，项目资助者把西方都等同于文明、发达、进步"[2]。在这种情况下，一些境外非政府组织的工作人员具有天生的优越感，喜欢以导师自居，不尊重中方合作伙伴。毫无疑问，境外非政府组织的上述工作缺陷，容易引起政府部门的反感，从而为二者之间的潜在冲突埋下伏笔。

第四，跨文化沟通的障碍容易使二者之间产生矛盾。大多数境外非政府组织来自西方，它们不可避免受到西方文化的侵染。境外非政府组织在华活动期间，如果不能适应中国文化，仍按本国的态度、信仰和感情指导自身的行为，就会产生跨文化沟通的障碍[3]。在西方，非政府组织一般是独立于政府的公民社会组织，政府不能随意干涉非政府组织的内部事务。但是，在中国目前的制度环境下，政府对非政府组织的严格控制，是确保其政治正确性的重要举措。一些境外非政府组织在华活动时，遵循公民社会的逻辑，往往导致其与政府之间的抵牾。比如，云南省国际民间组织合作促进会与救助儿童会进行合作时，合作备忘录中有一条要求救助儿童会雇佣的中国人员必须要在民促会备案，如果民促会认为某位雇员不合适，救助儿童会需要予以解

---

[1] 韩俊魁等：《境外在华NGO：与开放的中国同行》，社会科学文献出版社2011年版，第63页。
[2] 沈海梅：《国际NGO项目与云南妇女发展》，《思想战线》2007年第2期。
[3] 陈晓春、黄媛：《在华境外非政府组织跨文化管理研究》，《湘潭大学学报》（哲学社会科学版）2016年第2期。

聘。救助儿童会对这一条相当反感,认为是干涉其内部事务①。作为一种外来型非政府组织,境外非政府组织项目理念的适合度如何,需要从中国文化的角度予以衡量。一些境外非政府组织从西方经验出发,在扶贫领域片面强调社区主导,而没有考虑到中国有着悠久的强政府传统;在开展小额信贷项目时,片面强调妇女主导,而没有考虑到中国的男权社会传统影响深远②。境外非政府组织的这些做法,其合作伙伴政府部门难以接受,也难以令部分政府官员满意,所以容易激起二者之间的冲突。

第五,缺乏制度保障容易导致双方产生摩擦。目前,中国尚无明确、具体的法律法规来调整境外非政府组织与政府之间的合作关系,因此,二者之间的合作缺乏制度保障。在这种情况下,双方的合作具有随意性和主观性,体现着强烈的人治色彩。领导人重视,二者之间的合作关系就会健康发展;领导人的看法和注意力转变了,二者之间的合作关系就会停滞不前,甚至出现倒退。基于此,有些境外非政府组织的项目官员认为:"要想顺利开展项目,就要学会和中国的官员在一起耍"③。但是,在中国政府体系中,部门利益、部门本位主义是客观存在的。有学者将这种现象称为"分裂式的权威主义""自利官僚竞争模式"④。无论是"分裂式的权威主义"还是"自利官僚竞争模式",都说明一个问题,即不同部门的官员对于与境外非政府组织合作重要性的认识有很大的差异。而境外非政府组织来华活动,不仅要获得业务主管部门的许可,而且要征得其他相关部门的同意。这实质上增加了境外非政府组织在华活动的难度,使它们认为中国政府是很难打交道的。有学者指出,境外非政府组织在云南开展活动的困

---

① 王妮丽、王虹:《国际非政府组织在云南的项目运作》,《云南师范大学学报》(哲学社会科学版)2009年第4期。
② 沈海梅:《国际NGO项目与云南妇女发展》,《思想战线》2007年第2期。
③ 韩俊魁等:《境外在华NGO:与开放的中国同行》,社会科学文献出版社2011年版,第198页。
④ 张钟汝、范明林:《政府与非政府组织合作机制建设——对两个非政府组织的个案研究》,上海大学出版社2010年版,第76页。

难，最主要的是与政府部门的协调①。同时，境外政府组织与政府之间的合作靠某些政府官员来维系，必然使二者间关系受官员更换、官员之间的冲突等因素的影响。再加上，制度不健全、制度漏洞给个别官员的图利行为开了方便之门。这些使境外非政府组织认为"中国没有相关法律，即使有一些相关规定也形同儿戏"②。在这种背景下，境外非政府组织容易对政府部门产生对抗情绪。

三 合作：境外非政府组织与中国政府间关系的主流

上述分析表明，境外非政府组织与中国政府之间，既有合作的一面，又有冲突的一面。如果仅从一个方面看问题，就不会全面、准确把握二者之间关系。现在的问题的是，合作、冲突哪一个才是双方关系的主流？基于以下四点原因，笔者认为，合作是境外非政府组织与中国政府间关系的主流。

第一，基本价值观的相似性使境外非政府组织与中国政府之间易于建立长期、密切的合作关系。改革开放以来，尤其是党的十六大以来，可持续发展、科学发展、和谐社会、服务型政府建设、社会公平逐渐成为中国的主流政治话语。除极少数意识形态色彩浓厚、别有用心的境外非政府组织之外，多数境外非政府组织是认同上述政治话语的。因此，境外非政府组织与中国政府在意识形态上存在许多交叉和重叠，有着许多共同的观点。有学者指出，在意识形态上，境外非政府组织与中国政府目前强调的以民为本，建立和谐社会以及促进经济和环境的和谐发展的观念并不冲突，因而存在着活动的正当性③。在

---

① 王妮丽、王虹：《国际非政府组织在云南的项目运作》，《云南师范大学学报》（哲学社会科学版）2009年第4期。

② 韩俊魁等：《境外在华NGO：与开放的中国同行》，社会科学文献出版社2011年版，第99页。

③ 朱刚健：《国际NGO与中国地方治理创新——以珠三角为例》，《开放时代》2007年第5期。

可持续发展、和谐社会等政治话语的关照下，境外非政府组织与中国政府很容易找到利益的汇合点和合作的切入点。境外非政府组织主要在社会发展领域开展活动，以贫困地区为主要活动地域，以残障人、妇女儿童、老年人等弱势群体为主要服务对象，聚焦疾病、失业、犯罪、饥饿、生态恶化等社会问题，显然与政府的努力目标是一致的。有学者指出："境外非政府组织的活动主要是改善民生，促进社会和谐发展，与政府的发展目标是一致的"[1]。由于和谐社会、科学发展等政治任务的实现不是一朝一夕的，而是一个长期的历史过程，所以，境外非政府组织与中国政府之间易于建立长期、密切的合作关系，同时也意味着双方的合作在短期内是不会逆转的。

第二，政治上的自信和发展的渴望使中国政府具有很强的合作愿望。在"颜色革命"和"阿拉伯之春"中，一些西方非政府组织或受政府指派或受"救世使命"驱使，积极在中亚和中东地区推广"民主价值观"，鼓吹街头政治，资助各种反政府活动。因此，在中亚和中东地区某些国家的政权更迭过程中，"西方非政府组织发挥了至关重要的作用"[2]。以"颜色革命"和"阿拉伯之春"为鉴戒，对于境外非政府组织的负面影响，尤其是它们对于国家安全的潜在威胁，中国政府是十分警惕的[3]。但是，政治上的自信仍然战胜了将境外非政府组织"妖魔化"的非理性态度。中华人民共和国成立后，境外非政府组织被视为殖民主义和帝国主义的帮凶，被赶出中国。改革开放后，境外非政府组织进入中国开展活动，是中国政府主动推动的结果。比如，像福特基金会、世界自然基金会之类最早来华活动的境外非政府组织，都是中国政府以邀请方式引入的。境外非政府组织与中国政府这种历史渊源，使中国政府认为，境外非政府组织在华活

---

[1] 李丹萍：《境外非政府组织在华运作的法律规制——地方实践引发的思考》，《云南大学学报》（法学版）2013年第4期。

[2] 中国现代国际关系研究员课题组编著：《外国非政府组织概况》，时事出版社2010年版，第148页。

[3] 邓建兴、冯立刚：《境外非政府组织的渗透威胁与对策研究》，《产业与科技论坛》2016年第10期。

动是可控的。而且，现有的证据表明，"外国非政府组织通过刺探和收集中国的军事、政治或者经济等方面的情报以及其他方式危害了中国国家安全的事例迄今还并不多"①。此外，在中国政治形势总体稳定的情况下，即使少数境外非政府组织有开展颠覆和破坏活动的企图，也难以动摇中国国家政权的社会基础。例如，一位最早和世界宣明会合作的永胜县级官员说，他不害怕世界宣明会搞和平演变。原因是，"和平演变也需要个过程呀！况且，在永胜的地盘上我们怕什么？我还想演变他们呢！"② 党的十一届三中全会以来，中国政府始终坚持以经济建设为中心，将发展视为解决中国所有问题的关键。境外非政府组织拥有的资金、技术和管理经验，对于中国政府来说，是很有吸引力的资源。在经济发展过程中，伴随着"全能政府"向"有限政府"转型，中国政府也需要境外非政府组织的协助，以填补职能空白。因此，总体而言，由于政治上的自信和发展的渴望，中国政府对境外非政府组织来华活动是持欢迎态度的，与之合作的积极性和主动性非常高。如外交部、民政部的领导人均表示，欢迎境外非政府组织与中国政府合作，为推动中国改革开放事业发挥积极作用③。

第三，合作是境外非政府组织在既定社会结构中采取的理性选择。改革开放以来，随着中国国家与社会关系的调整，中国社会的自主性、自治能力有了一定提升，但是，"在政府—社会权利的对比格局中，政府始终处于绝对主导地位"④。在这样的社会结构中，境外非政府组织都愿意与中国政府合作。"他们认为内地的民间组织发育还不太健全，合作起来麻烦多"⑤。同时，政府的权威性、号召力和

---

① 赵黎青：《如何看待在中国的外国非政府组织》，《学习月刊》2006 年第 9 期。
② 韩俊魁等：《境外在华 NGO：与开放的中国同行》，社会科学文献出版社 2011 年版，第 61 页。
③ 郭声琨：《欢迎和支持境外非政府组织来华发展》，《学会》2015 年第 10 期。
④ 中国青少年发展基金会、基金会发展研究委员会编：《处于十字路口的中国社团》，天津人民出版社 2001 年版，第 110 页。
⑤ 马国芳：《国际非政府组织在云南发展状况研究》，《云南行政学院学报》2004 年第 2 期。

公信力有助于项目活动的开展,甚至决定着项目的成败。"英国救助儿童会的一位项目官员和一个'艾滋病健康医生'的项目官员都表达了这样的观点,同样的项目在某一个地区很成功,但是在另外一个地区效果就很差,原因在于不同地方的政府支持的程度不同,而非其他"①。相关经验研究证实了境外非政府组织与政府合作的强烈愿望。"在云南活动的国际非政府组织最成功的经验在于与政府部门的合作,最大的期望仍然是加强与政府的合作"②。而在现实生活中,双方合作行为发生的频率也是非常高的。一项调查显示,"被调查的境外在华 NGO 大部分都与政府有密切的合作关系,74.5% 的组织表示与政府经常合作"③。政府的主导地位不仅关系到项目的成败,而且对境外非政府组织在华生存和发展有着至关重要的影响。在当代中国,政府具有清理整顿非政府组织的权能。那些选择冲突策略、挑战中国政府权威的境外非政府组织,往往成为中国政府取缔的对象。因此,合作是境外非政府组织在既定社会结构中采取的理性选择。

第四,境外非政府组织采用的本土化策略有效降低了冲突发生的概率。基于对中国国情的了解,境外非政府组织会采用本土化策略,从而使它们的活动具有明显的"中国特色"。一些境外非政府组织在华实施项目时,会主动进行"自我审查",即不触及或规避某些政治议题或比较敏感的议题。比如,卡特中心、美国共和研究所在参与中国基层选举时,谨慎地采取少带有意识形态色彩的策略,主要提供有关选举技术层面的支持,而不触及根本性的问题,如中国政治多元化、党的统治等。在他们的观察研究报告和评价中往往突出中国民主发展的积极的一面。尽管卡特中心、美国共和研究所也很坦诚地指出了村民选举的问题与不足,但大多数建议与批评是技术性的和非政治

---

① 康晓光等:《依附式发展的第三部门》,社会科学文献出版社 2011 年版,第 213—214 页。

② 王妮丽、王虹:《国际非政府组织在云南的项目运作》,《云南师范大学学报》(哲学社会科学版)2009 年第 4 期。

③ 韩俊魁等:《境外在华 NGO:与开放的中国同行》,社会科学文献出版社 2011 年版,第 33 页。

性的。民政部自然会愉快地接受它们的支持和帮助①。境外非政府组织还会根据中国的环境条件，主动调整自己的行事方式。一些在西方和其他地方行之有效的激进的施压方式，境外非政府组织并没有将之运用于中国。比如，绿色和平一向给人"惹是生非"的感觉。但是在华活动期间，绿色和平非常谨慎。它花了很多精力与中国政府沟通，主动放弃了一些过激的组织策略，改变了它一贯的"反政府"形象②。境外非政府组织为适应中国国情而采取的本土化策略，有效减少了其与中国政府之间的冲突，进一步凸显了合作在二者关系中的主流地位。

　　尽管合作是境外非政府组织与中国政府间关系的主流，但是绝不能对二者之间的冲突持放任态度。因为冲突因素的不断累积、放大，可能会侵蚀、削弱二者之间合作关系的基础——互信。基于此，政府必须采取一系列行之有效的举措，最大限度地化解境外非政府组织与中国政府间的冲突。要构建二者之间的制度化对话渠道和沟通机制，加强理解，增信释疑。通过二者之间的定期会晤、对话协商，使政府了解境外非政府组织开展活动面临的实际困难，及时解决它们反映的共性问题，宣示政府对境外非政府组织合作活动的欢迎态度。同时，引导境外非政府组织正确认识中国国情、中华文化和社会主义政治体制，鼓励它们采取本土化策略，主动嵌入中国的治理架构之中，主动融入中国的文化场景之中，尊重中国的发展自主权和社会事务治理主导权。要以落实《境外非政府组织境内活动管理法》为契机，切实保障境外非政府组织的合法权益，增强政府部门的服务意识和能力，为境外非政府组织的合作活动提供更多的便利。对于少数政府官员的不作为、乱作为，要依据《境外非政府组织境内活动管理法》第51

---

① 郎友兴：《外国非政府组织与中国村民选举》，《浙江学刊》2004年第4期。
② 康晓光等：《依附式发展的第三部门》，社会科学文献出版社2011年版，第214页。

条的规定予以惩处①。要建立入口管理—事中监管—事后追惩一体化的工作机制，及时识别少数境外非政府组织开展的非法营利性活动、政治活动、宗教活动，精确打击危害中国国家安全和国家利益的犯罪行为，以儆效尤，使境外非政府组织能够心有所戒，珍惜和维护与中国政府之间的合作关系。要对合作成效显著的境外非政府组织给予官方表扬。通过给予慈善奖、友谊奖等奖励，激励更多的境外非政府组织"见贤思齐"，主动放弃冲突策略，使它们在认同中国主流价值观的前提下开展各项合作活动。

---

① 《境外非政府组织境内活动管理法》第51条规定，公安机关、有关部门和业务主管单位及其工作人员在境外非政府组织监督管理工作中，不履行职责或者滥用职权、玩忽职守、徇私舞弊的，依法追究法律责任。

后　　记

呈现在读者面前的这本小书是我十多年来思考和研究社会组织的一个结晶。2004年，初登教坛时，我就选择了《非营利组织管理》作为主讲课程。彼时，一般的社会公众对"社会团体""非政府组织""非营利组织"等概念知之甚少，关于社会组织的研究论著也较少。然而，十年过去了，中国社会组织迎来了发展壮大的春天，政府对社会组织的重要作用有了更深刻的体认，社会组织的身影频频见诸报端，有关社会组织的学术成果（其中不乏精品力作）如雨后春笋般涌现。我有幸经历了这一历史进程，并有幸加入社会组织研究队伍之中，为社会组织研究尽绵薄之力。

本书从社会组织行政化、社会组织政策参与、社会组织监管、慈善组织规制、境外非政府组织管理五个维度对当代中国社会组织治理进行了探索性研究。社会组织行政化、社会组织政策参与、社会组织监管三个维度研究了一般性的社会组织治理问题，慈善组织规制、境外非政府组织管理二个维度则聚焦于特殊类型的社会组织治理问题。其中，社会组织行政化着重探讨了行政化的表现、根源、去行政化改革的困境和实践经验总结；社会组织政策参与以政策倡导为切入点，详细分析了社会组织政策参与的特征、理想条件和现实因素；社会组织监管从登记管理改革、营利禁止、政府职能转变等角度剖析了社会组织监管的策略、方式等；慈善组织规制重点关注了信息公开、第三方评估、公信力建设；境外非政府组织管理聚焦于涉外社会组织对国家安全影响、在华境外非政府组织与中国政府关系调适等问题。

后　记

民国时期的学者胡适曾将做学问的人比作三种动物。第一种人好比蜘蛛，他的材料不是从外面找来，而是从肚子里吐出来的。第二种人好比蚂蚁，他也找材料，但是找到了材料不会用，而堆积起来；好比蚂蚁遇到什么东西就背回洞里藏起来过冬，但是他不能够自己用这种材料做一番制造的功夫。第三种人可宝贵了，他们好比蜜蜂。蜜蜂飞出去到有花的地方，采取百花的精华；采了回来，自己加上一番制造的工夫，成了蜜糖。这是做学问人的最好的模范——蜜蜂式的学问家。我愿意竭尽全力成为"蜜蜂式的学问家"，希望写一本高质量的学术著作。但由于种种原因，理想和现实之间总存在一定差距。本书一定存在这样那样的不足，尤其是，本书的研究对象——社会组织处于不断变化之中，有关的政策法规经常更新，因此，理论滞后于实践的问题自不可避免。竭诚欢迎各位学界前辈、各位方家提出宝贵意见。

本书的出版得益于许多人的帮助和支持，在此一并致谢。感谢郑州大学政治与公共管理学院党委书记焦世君、院长高卫星、副院长余丽、博士生导师霍海燕的指导和关怀。感谢郑州大学政治与公共管理学院邢海棠等诸位同事给予的学术鼓励和帮助。感谢各位学界同行，他们撰写的学术论著是本书的坚实后盾，没有这个后盾，本书断难面世。感谢本书责任编辑赵丽女士的辛勤付出，她的许多中肯建议一定使本书增色不少。